REMERCIEMENTS

Les personnnes qui, grâce à leurs témoignages, ont permis la rédaction de cet ouvrage sont citées dans ces pages. Je leur exprime toute ma gratitude pour leur confiance et le temps qu'elles m'ont consacré.

Je remercie chaleureusement : Marcelle, ma femme, pour son aide précieuse à la mise en forme du texte en français ; la journaliste Isabelle Lignier pour son inestimable assistance dans la conduite de nombreux entretiens et la recherche de documents inédits ; Marie Bouard, étudiante à Sciences Po, pour son enquête sur les élections de 1965 ; Géraldine Catalano et ma sœur, Rosemary.

Je tiens à faire part de ma reconnaissance au personnel des Archives départementales de Nevers, et de mon amitié à Lucien Roy, de Marzy, qui, à plusieurs reprises depuis ces dix dernières années, m'a mis en contact avec des politiciens et militants socialistes de la Nièvre.

Merci enfin à Bernard Lefort, des Éditions du Félin, pour sa collaboration éditoriale à trois de mes livres.

La plupart de mes sources sont indiquées dans le texte et chaque chapitre contient, en annexe, notes et copies de documents.

PREMIÈRE PARTIE

LA IVe RÉPUBLIQUE

CHAPITRE I

LE LIT DE FRANÇOIS

« Tout recul est une bataille perdue. »
Revue Montalembert, avril 1938.

Sur les hauteurs de Château-Chinon dans la Nièvre, un ancien couvent du XVIIIe siècle, vestige de l'omniprésence de l'Église, abrite le musée du Septennat. Créé par François Mitterrand, tel un monument à sa gloire personnelle, il offre l'occasion unique de contempler la grandeur, la vanité et la faiblesse du pouvoir suprême, dans l'exposition de centaines d'objets hétéroclites, hommages de chefs d'État étrangers au président français.

Ce lieu solitaire, découpé sur l'arrière-plan sombre des collines du Morvan, distinguées de l'intérieur du musée à travers une immense baie panoramique, regorge de cadeaux d'une grande beauté ou d'une affligeante vulgarité, mais tous évoquent le destin de leur donateur. Des dirigeants, quelquefois arrogants et se croyant invincibles, ont gravé leur nom sur des présents somptueux avant de dégringoler de leur piédestal, déboulonnés démocratiquement ou disgraciés, humiliés, expulsés ou encore assassinés.

Mitterrand, plus apprécié à Château-Chinon pour ses vingt-deux ans à la mairie que pour ses quatorze années à la présidence de la République, trône dans la galerie des portraits parmi des hommes et des femmes d'État dont les ambitions n'ont désormais plus rien à attendre sinon le jugement de l'histoire. Indira Gandhi, George Bush, Margaret Thatcher, Félix Houphouët-Boigny, Mikhaïl Gorbatchev, Ronald Reagan forment un parterre de démocrates, souverains et dictateurs qui ont goûté à l'ivresse des cimes sans partage avant d'être vaincus par l'âge, la trahison, des élections, ou simplement le ridicule. Les témoignages d'amitié de ces leaders, mélange de cristal, métaux précieux ou essences rares, trahissent souvent leurs préoccupations ou reflètent les valeurs de leur pays. Ceux des cheiks arabes, enveloppés d'une aura magique laissent imaginer un conte des Mille et Une nuits. Un objet, en particulier, évoque une parabole de l'ambition politique : un esclave, agrippé au tronc d'un palmier en or, grimpe sans espoir et pour l'éternité vers des dattes composées de minuscules rubis.

Néanmoins, l'allégorie la plus présente est militaire. Pendant ses années à la présidence, Mitterrand a été accablé de plus de symboles guerriers que n'en recevra jamais aucun maréchal. Une abondance de médailles et de rubans, inspirés par des animaux sauvages – l'ordre de l'éléphant, du lion ou de l'aigle –, honorent sa puissance et sa virilité. Et, surtout, sont exposées en ce lieu une pléthore d'épées et de dagues, recouvertes d'or ou incrustées de pierres précieuses, qui, comme Excalibur, semblent attendre la consécration de leur puissance mythique dans une dernière bataille ou un suicide rituel.

Cette imagerie colle à la réalité. La politique se joue comme une guerre, avec des manœuvres fourbies comme des opérations militaires. Des générations de politiciens fascinés par la carrière de François Mitterrand étudieront ses campagnes électorales à l'instar des saint-cyriens qui décortiquent les manuels de stratégie des généraux de Napoléon Bonaparte. Ils ne rechercheront pas les preuves d'une éthique mais tenteront de percer le secret de la longévité de la carrière d'un homme passé maître dans l'art de survivre politiquement, d'exploiter les failles d'un adversaire et de savoir attendre son heure. Mitterrand apparaît doté de toutes les techniques du champ de bataille : l'attaque de face ou de dos, les alliances et les mésalliances, la ruse et le bluff. Il a porté les couleurs de ses ennemis et employé la flatterie pour séduire des alliés potentiels. Ces machinations ont touché cruellement des amis fidèles, abandonnés comme des chevaux boiteux, mais aussi des ennemis d'antan introduits dans la tente du chef pour y être gavés d'espoirs empoisonnés.

Avant tout, Mitterrand a démontré qu'un échec peut être utilisé pour programmer la prochaine victoire, et que la politique n'est pas une guerre de tranchées mais un combat mobile où les idéologues cantonnés dans leurs doctrines sont vite cernés et annihilés. Ses facultés d'adaptation ont été mises en évidence par sa victoire sur deux champs de bataille très différents : la IVe République où la réussite reposait sur des compromis, et la Ve République où l'autocratie a primé.

Pour préparer ses victoires, Mitterrand ne s'est pas privé de tricher. Je plains les futurs biographes qui tenteront de démêler le vrai du faux dans le cheminement du président. En étudiant sa carrière, j'ai découvert un spécialiste de l'art de récrire sa propre histoire, une technique qui oscille entre le malentendu justifié, le camouflage douteux et le mensonge grossier. Ces méthodes, employées depuis les régimes les plus anciens pour donner à un leader l'étoffe d'un personnage de légende, placent aujourd'hui le journaliste devant un dilemme. Dans la mesure où Mitterrand est à l'origine de dissimulations significatives dans des livres rédigés avec la collaboration des meilleurs observateurs politiques, on est tenté de mettre en doute sa parole sur ses plus nobles exploits. Serais-je le seul à ne pas croire l'histoire suivante, relatée par le président lors d'une émission télévisée en septembre 1994, comme contre-argument aux accusations de xénophobie portées contre lui dans les années trente. Selon lui, il avait sauvé Georges Dayan (à une époque où il ne connaissait pas son futur conseiller politique), un juif, quand celui-ci avait été agressé par des fascistes sur le boulevard Saint-Michel. Et ce n'est que plus tard que les deux hommes se rencontrèrent vraiment, pendant leur service national. Je trouve la coïncidence d'un premier contact par trop opportune.

C'est en partie pour tenter de séparer la part de vérité de la part de mensonge que j'ai décidé d'écrire ce livre. Six campagnes électorales en forment la trame et mettent en évidence le parcours de Mitterrand, de la droite vers la gauche, avec en arrière-plan certains événements de sa vie privée qui pesèrent sur ses choix.

J'ai commencé cette étude au moment où la controverse sur les attaches politiques à droite de Mitterrand, avant et après la guerre, a éclaté. En découvrant des secrets, pourtant de Polichinelle, beaucoup ont crié au scandale. Les insinuations, en France, mettant en cause l'honnêteté du président, trouvèrent vite un écho, quelquefois dans des analyses beaucoup plus sévères de correspondants étrangers, y compris italiens, espagnols et allemands. *The Times*, journal conservateur et antieuropéen, se délecta d'un essai sur Mitterrand intitulé *The Death of Politics*, écrit par un jeune professeur anglais de Sciences-po, John Laughland, vers la fin de 1994, et dans lequel on trouve cette phrase : « Durant cette longue carrière politique, Mitterrand n'a fait preuve de presque aucune idéologie, ni constance politique, quelle qu'elle soit. »

C'est une généralisation très répandue, surtout dans les pays qui se méfient d'une Europe unie et de l'influence de la France, mais c'est une idée qui, dans certains domaines, ne s'accorde pas avec la réalité. Par exemple, il faut reconnaître que Mitterrand a fait preuve de continuité, depuis ses débuts en politique en 1946, dans sa détermination à voir aboutir l'union de l'Europe. Dès sa première campagne, il a également recherché une entente avec le tiers monde, et surtout avec les anciennes colonies françaises en Afrique. Pendant cinquante ans, il a aussi soutenu, presque sans restriction, des réformes en faveur des plus démunis ; une attitude en accord avec sa théorie, que j'expose plus loin, selon laquelle le socialisme est compatible avec le christianisme, l'inspiration de sa jeunesse.

À propos de son engagement sur certains principes de gauche, même quand il se lia avec des partis de droite, voici l'opinion de Daniel Mayer, ancien leader de la Section française de l'Internationale ouvrière (SFIO), l'ancêtre du socialisme moderne : « Il y avait une certaine sympathie des idées sur le plan social. Il soutenait toutes les réformes : sécurité sociale, lutte contre le chômage, garanties données aux chômeurs. À l'époque, je pensais qu'il envisageait sa carrière personnelle dans le cadre du renouveau de la démocratie française. » Mayer ne cachait pas un certain mépris pour le parcours du président. Néanmoins, il le considéra comme un allié utile pendant la IVe République. Je dois aussi mentionner un autre témoin moral, Mendès France, qui reconnut pendant la campagne présidentielle de 1965 : « Dans toutes les affaires graves depuis vingt-cinq ans, j'ai toujours trouvé Mitterrand du bon côté de la barricade[1]. »

Même les communistes savent être objectifs. Anicet Le Pors, l'un des quatre ministres PCF du gouvernement de Pierre Mauroy en 1981, exprimait sa grande admiration. Il disait qu'il suffisait d'entendre Mitterrand en Conseil des ministres, échanger des propos sur des questions essentielles avec d'autres dirigeants du Parti socialiste, pour constater qu'il y avait une différence de classe. « On sentait qu'il était un homme politique expérimenté et cultivé. On ne peut limiter son comportement à une succession de ruses. Il a une vision, des idées, des amitiés, des affections, et il maîtrise tout cela dans une occupation du pouvoir très réfléchie. Il a le souci d'exister dans l'histoire. »

En dépit de ces témoignages, ceux qui pensent que Mitterrand est plutôt la somme de ses contradictions, ne seront pas déçus. Ses campagnes électorales confirment le chemin tortueux qu'il a suivi avant de trouver foi en la gauche. Mais vers la fin de son second septennat, au cours d'une conversation avec quelques journalistes, le président sembla assez amusé par les jugements critiques de sa ligne politique. « Il est assez curieux de constater que ceux qui vous reprochent le plus de ne pas appliquer exactement ce qui fut écrit bien avant sont quelquefois vos amis. Mais ce sont davantage les autres qui se font les juges, très sévères, de votre ligne de conduite. Il m'est souvent arrivé d'entendre les conservateurs français dire : " Mais il n'est pas socialiste " ; peut-être, mais je ne sais pas ce qu'ils en savaient. » Il a aussi tancé les socialistes « jusqu'au-boutistes » et les théoriciens absolus qui prenaient plaisir à souligner les différences entre le projet annoncé et la réalité quotidienne. « Alors, il faut faire ce que l'on croit devoir faire, et laisser passer. »

Ce livre n'est pas une biographie, mais je pense qu'il est important d'étudier les influences majeures qui ont pesé sur les choix politiques de Mitterrand : son milieu familial, sa formation professionnelle, ses années de guerre et sa vie sentimentale.

La première photographie de François fut prise quelques jours

1. *Le Nouvel Observateur*, 27 octobre 1965.

après sa naissance dans une famille catholique de Jarnac, en Charente, en octobre 1916. On le voit dans les bras de sa mère, Yvonne Mitterrand, une femme imposante dont on imagine sans peine qu'elle fut une fidèle épouse et une chrétienne confite en dévotion (messe à 6 heures tous les jours), une bonne ménagère, mais une mère un peu distante. Le père, chef de gare à Angoulême était, selon Mitterrand, glacial, avec la solitude et le silence comme compagnons. Mais il serait faux de penser que Mitterrand a souffert plus que d'autres enfants de son âge de l'attitude de parents qui inspiraient plus le respect que l'amour. Dans les familles nombreuses – dans le cas du président, quatre garçons, quatre filles et beaucoup de cousins –, les enfants tendent à partager les moments de vrai bonheur et d'amitié entre eux. « Je suis né, j'ai vécu au sein d'une famille nombreuse. Les leçons que j'ai reçues restent mes plus sûres références » écrit-il en 1988, dans sa *Lettre aux Français,* avant sa dernière campagne présidentielle. Ce milieu clos, introverti, développe un esprit de clan et de loyauté qui peut résister aux querelles religieuses, politiques et autres, la vie durant : un constat que le choix non sectaire des compagnons de route de Mitterrand tend à confirmer.

Comme Freud, on ne peut exclure le phénomène de rivalité fraternelle, la concurrence éternelle entre frères et sœurs qui perdure jusqu'à la mort. Mitterrand était plus petit, moins élégant et moins beau que ses frères Jacques et Robert qui ont magnifiquement réussi leurs carrières respectives dans l'armée de l'air et les affaires. Mais c'est François qui, tous les ans, réunit la famille autour d'un dîner où l'on évoque des souvenirs réciproques et où chacun fait son bilan personnel (dont le plus impressionnant est sans doute celui de François) tout en se remémorant les absents, comme le benjamin, Philippe, décédé d'un cancer de la prostate. Sans doute ces réunions sont-elles assez mornes, car Mitterrand n'y rit jamais « à gorge déployée », selon son beau-frère, Roger Gouze. Néanmoins l'observateur ne peut échapper au côté cocasse de la ressemblance physique entre François et sa sœur artiste peintre, Marie-Josèphe. Cette ressemblance conduit régulièrement cette dame excentrique à demander à la police d'être traitée avec tous les égards et les honneurs dus à son rang de sœur aînée du président de la République. Et ça marche. Après la folle épopée du président Deschanel prenant son bain dans les fontaines de Versailles ou errant dans la campagne en pyjama, on ne peut exclure la possibilité qu'un dirigeant national ait des lubies bizarres et que la vieille dame qui interpelle les forces de l'ordre ne soit François en travesti.

Des souvenirs des jeunes années du président apparaissent dans certains de ses livres, apportant un témoignage sur l'ambiance qui régnait dans cette famille unie. Nombreux sont les provinciaux, catholiques de droite de naissance, qui reconnaissent leur milieu dans la description d'un univers suffisant et désuet de l'après-Grande Guerre, et dans l'évocation d'un environnement où « les bruits de la politique mouraient à notre seuil, assourdis par le moteur poussif de la batteuse au moment des moissons, par les pluies de l'automne ou par l'épaisseur de ce silence qui n'est jamais silence, occupé par le vent, les oiseaux, la basse-cour, les volets mal fermés, les crapauds et ces rumeurs qui viennent d'on ne sait où [1] ».

En d'autres termes, le Mitterrand de 18 ans, qui sortait du collège privé Saint-Paul d'Angoulême pour aller étudier à Paris en 1934, était archiprotégé des réalités du temps à un moment où la démocratie était menacée par des ligues antirépublicaines.

Pendant sa période à Sciences Po et à la faculté de droit, il resta fidèle aux idées de la droite et vécut avec d'autres pensionnaires catholiques au 104, rue de Vaugirard, sous le regard attentif des religieux. L'Église, méfiante à l'égard de tout républicanisme athée, autrement dit, socialiste, préférait la charité chrétienne à toute forme d'agitation. Mitterrand n'était pas dépourvu de sentiments de fraternité, inculqués par sa mère, et servait la soupe aux pauvres en souvenir de Saint-Vincent-de-Paul, sans être encore convaincu que la méthode la plus efficace pour éradiquer la misère résidait dans un programme de solidarité de gauche.

Écrit en 1969, à l'époque où les liens avec le Parti communiste s'affermissaient, *Ma part de vérité*, publié à partir de conversations avec le journaliste Alain Duhamel, passe sous silence une

---

1. François Mitterrand, *Ma part de vérité*. Voir la bibliographie, p. 257.

grande partie du parcours de Mitterrand, depuis son arrivée à Paris en 1934 jusqu'à son entrée dans la Résistance en 1943. Heureusement, Pierre Péan, dans son livre *Une jeunesse française*, a éclairci beaucoup de mystères ou, plutôt, poussé le président à reconnaître des faits dont la rumeur circulait depuis 1945. Maintenant on peut affirmer que Mitterrand fut un sympathisant du mouvement Croix-de-Feu, qu'il adopta des idées ultranationalistes et antiparlementaires, tout en suivant une politique assez ouverte dans certains domaines de justice sociale.

S'il n'a jamais adhéré au mouvement royaliste et antisémite de Charles Maurras, l'Action française, Mitterrand fut forcément monarchiste par tradition familiale ; un penchant manifeste pendant sa captivité en Allemagne après la défaite de la France. Un de ses amis de collège d'Angoulême, et compagnon de réclusion pendant la guerre, le notaire Jacques Biget, évoqua l'enthousiasme de Mitterrand pour la maison de France au cours des réunions de l'« académie de Ziegenhain » – un groupe de discussion de dix prisonniers réunis autour du sergent d'infanterie François Mitterrand. Pendant les sessions, les adhérents se paraient de blasons imaginaires et portant devise, dont celle de Mitterrand : « François partout, étranger nulle part. »

« Mitterrand était un homme d'extrême droite et ne cachait pas ses opinions, rappelle Biget dans un mémoire où il décrit la passion de Mitterrand pour le XVIIIe siècle. Il me conta la visite qu'il avait faite, un peu avant la guerre, au comte de Paris, à Bruxelles. Mit-Mit (son surnom au camp) fondait de grands espoirs sur le chef de la maison de France et voyait dans la monarchie le seul gouvernement souhaitable pour notre pays ».

Cette visite remontait à 1937 et Mitterrand avait été accompagné par un autre ami étudiant, François Dalle, et Eugène Schueller, fondateur de la Compagnie des cosmétiques L'Oréal et financier du groupe terroriste de droite, la Cagoule.

Cinquante ans plus tard le comte de Paris devint un visiteur régulier à l'Élysée. Bertrand Renouvin, dirigeant de la Nouvelle Action royaliste, assista à un dîner privé auquel était convié le prétendant au trône. Selon Renouvin, le président et le comte entrèrent en même temps dans la pièce, l'étiquette voulant que l'un ne dépassa pas l'autre d'un millimètre. « Ce protocole millimétré m'a fait sourire. C'était début 1988 et Mitterrand ne s'était pas encore déclaré candidat. Au moment du café, lui et le comte s'assirent sur le même canapé. Mitterrand dit sur un ton de coquette : " Je ne sais pas ce que vous en pensez, Monseigneur, mais on dit beaucoup que ma politique est similaire à celle du président de Gaulle. Vous l'avez bien connu, qu'en pensez-vous ? " Le comte répondit : " Oui, vous êtes dans sa lignée " ; et il ajouta d'un ton enthousiaste : " Il faut naturellement que vous vous représentiez. Vous êtes chef d'État, demeurez le chef de l'État. " »

Un compagnon d'infortune au stalag, Bernard Monsur, futur haut fonctionnaire et caricaturiste à ses heures, avait détecté chez Mitterrand des prétentions de monarque et il le croqua sous les traits d'un empereur romain. La légende qui accompagne le croquis le décrit « hautain, sensible et péremptoire », traits de caractère confirmés par la suite, et auxquels on peut ajouter le jugement de sa sœur Geneviève : « Une bête de travail, têtu par nature et mauvais perdant. »

Des décennies plus tard, Édouard Balladur admettra avoir été choqué par ce qu'il a appelé le cynisme de Mitterrand, une attitude probablement motivée par les désillusions traumatisantes subies par sa génération dans les années trente et quarante, quand les institutions françaises et les instances morales – l'Église, la présidence, les partis politiques et l'armée – montrèrent une grande pusillanimité face aux défis de l'époque [1].

Beaucoup d'autres hommes autrefois voués aux grandes valeurs françaises, bafoués par l'humiliation de 1940 et la trahison de Vichy, se réfugièrent dans le cynisme et la méfiance. Mitterrand lui-même a décrit sa grande déception vis-à-vis de la hiérarchie pendant son séjour au stalag. Dans un entretien avec Roger Priouret, pour *L'Expansion* en 1972, il dit en parlant de

1. Pour moi, un seul livre a saisi la vraie décadence de la France et de ses institutions de l'époque, sans se départir d'une grande admiration pour le peuple français : *The Collapse of the Third Republic*, par le grand correspondant américain d'avant-guerre, William L. Shirer (W.M. Heinemann, Londres, 1969). Pour comprendre les vrais dilemmes des hommes de la génération de Mitterrand, ce livre est indispensable.

cette période : « J'ai connu le dénuement, j'ai connu la solidarité, j'ai découvert d'ailleurs que, malgré cette éducation que vous dites (non sans raison) douillette, j'avais une très bonne capacité de survie.

« Cette vie communautaire m'a marqué en profondeur. Moi qui suis profondément individualiste, j'y ai trouvé plaisir. Mais le choc principal, c'est que je me suis soudain rendu compte que la hiérarchie naturelle, c'est-à-dire morale et physique, de la société à laquelle j'appartenais – celle des camps de prisonniers – ne correspondait absolument pas à la hiérarchie que j'avais connue pendant ma jeunesse. Le notaire et l'instituteur se jetaient à plat ventre pour ramasser les mégots que leur lançaient en riant les Allemands. J'ai vu des sous-officiers en faire autant. C'est là qu'est né en moi ce doute, qui n'a fait que s'élargir, sur la valeur d'une société qui n'est pas mise à l'épreuve. La hiérarchie de la décoration, du diplôme, de l'argent, ne vaut rien. L'échelle des vraies valeurs est ailleurs. Toute la société française d'aujourd'hui est construite pour que la hiérarchie des valeurs héritées du passé ne soit jamais mise à l'épreuve alors qu'elle est fausse. Oui, c'est là que j'ai commencé à remettre en cause de façon fondamentale notre société. »

Je ne crois pas que les convictions de Mitterrand aient subi une transformation philosophique aussi rapide pendant sa captivité. Peut-être s'est-il aperçu très tôt que les ressources humaines n'avaient aucun rapport avec l'appartenance politique de l'individu, mais sa période de fonctionnaire à Vichy, de 1942 à 1943, dément l'affirmation selon laquelle il avait déjà perdu tout respect pour la hiérarchie au moment de son évasion, vers la fin de 1941. Après tout, la révérence de Mitterrand pour Pétain n'était autre que de la déférence pour la « décoration » qu'il allait dénoncer trente ans plus tard.

Dans un article donné à la publication antisémite et réactionnaire de Vichy, *France, revue de l'État nouveau*, de mars 1942, il se réfère à des erreurs commises depuis la fin du XVIIIe siècle, ce qui permet de supposer qu'à ce moment il recherchait une inspiration plutôt dans un passé autocratique et répressif que dans un futur démocratique. La « révolution nationale », avec son plongeon dans le culte fascisant du pétainisme, convenait admirablement au Mitterrand d'extrême droite. Mais je ne doute pas que, dans les camps de prisonniers, des questions sur la valeur des structures sociales formelles se soient imposées à lui, ouvrant la voie à un accueil tolérant des gens d'horizons sociaux différents, comme son ami de captivité, Roger-Patrice Pelat, communiste et prolétaire.

Avec son entrée dans la Résistance et son rôle, à la Libération, de leader du Mouvement national des prisonniers de guerre et déportés (MNPGD), la formation essentielle de Mitterrand comme homme politique professionnel était presque achevée. Pendant son internement en Allemagne, il s'était taillé une belle réputation d'éloquence. Par la suite, il améliora son style d'écriture, fluide, soutenu par une rhétorique puissante. La vie de camp l'obligea à réviser ses préjugés bourgeois dont la rigidité aurait été un obstacle idéologique durant les vagues de changements de l'après-guerre. Puis il se découvrit le don d'inspirer de fidèles compagnons avec qui il forma un cercle d'intimes, auquel se joignirent des anciens de l'université et des proches de sa famille. Ses trois évasions confirmaient une santé exceptionnelle, élément primordial, souvent sous-estimé, dans la carrière de tout homme d'État. Voilà les données essentielles pour les fondations de l'homme public.

L'homme privé est plus complexe et, si la part de hasard dans la carrière de Mitterrand est immense, le poids de ses attachements sentimentaux est probablement encore plus important. Les femmes ont joué un rôle de premier plan, et on peut légitimement se demander si le politicien Mitterrand, plutôt que le journaliste ou l'avocat, aurait existé sans une déception amoureuse de premier ordre.

Jacques Biget fut le témoin du bouleversement émotionnel causé par l'infidélité de la première fiancée de son ami, Marie-Louise Terrasse, la future speakerine Catherine Langeais. Mitterrand, âgé de 23 ans en 1939, avoua à ses intimes, coprisonniers, qu'il avait été littéralement cloué au sol par un coup de foudre pour l'adolescente Marie-Louise. Peu après sa capture, près de Verdun, à la suite de blessures, François constata un espacement progressif des lettres de sa fiancée. Craignant d'avoir été supplanté dans son cœur, il en fut très perturbé et, selon Biget, se mit à tourner en rond dans le camp comme un fauve derrière des barreaux.

Biget est convaincu que le chagrin et le fol espoir, entre autres, de reconquérir la belle Marie-Louise motivèrent son irrépressible envie d'évasion – évasion qu'il opéra sous les balles allemandes. Malheureusement, le président n'a jamais parlé des conséquences d'un tel choc sentimental sur ses choix ultérieurs, mais j'ai été frappé par la survenue, en cinq ans, de trois événements dont le dépassement a dû exiger des ressources intérieures exceptionnelles. En effet, après la défaite de la France et la désertion de sa fiancée, Mitterrand perdait son premier enfant, âgé de trois mois, fruit de son mariage en 1944 avec Danielle Gouze, une infirmière dans la Résistance. Ces trois coups du sort auraient ébranlé quiconque dans sa foi en la patrie, l'amour et Dieu.

Depuis la publication dans *Paris-Match*, à l'automne 1994, de photographies de Mazarine, fille naturelle du président, juste après la célébration, avec son père, de son vingtième anniversaire, j'ai beaucoup débattu avec des journalistes français de la déontologie de la presse quant à la vie privée des hommes et femmes politiques. Certains dénoncèrent le photo-reportage comme un coup bas, en l'assimilant avec horreur aux prétendues méthodes anglo-saxonnes. Je trouve ces arguments spécieux, d'abord parce que la presse française n'hésite pas à se délecter des scandales impliquant des personnalités britanniques ou américaines, et surtout du fait de la fâcheuse habitude de certains chroniqueurs français de distiller de façon insidieuse des informations sur les liaisons sentimentales de leur monde politique. Françoise Giroud a propagé la rumeur de l'existence de Mazarine dans le livre et le film *Le Bon Plaisir*, et je pourrais citer maints livres et articles d'autres journalistes où l'on trouve des références à peine voilées à des affaires sentimentales d'hommes et de femmes en vue. Les lois draconiennes sur la divulgation de secrets personnels, promulguées expressément pour protéger les ministres et les parlementaires, contribuent à entretenir une atmosphère malsaine. Après tout, les maîtresses des rois et des dirigeants démocratiques ont joué un rôle important dans les affaires de l'État en de nombreuses occasions. Je pense à l'influence que la comtesse Hélène

 de Portes eut sur Paul Reynaud, président du Conseil, pendant la crise de juin 1940. Sa rivalité avec la maîtresse d'Édouard Daladier, la marquise Jeanne de Crussol, menaça la France autant qu'une division de « panzers ». La comtesse de Portes, qui détestait sa rivale, était si influente vers la fin du gouvernement de Paul Reynaud, qu'elle remplaçait le président du Conseil quand celui-ci était malade, prenant place à son bureau et donnant des ordres aux ministres, généraux et fonctionnaires. Mais, après la guerre, Reynaud et Daladier laissèrent entendre que le sujet était tabou. Plus récemment, s'éleva la controverse, vite étouffée, sur les absences répétées de Valéry Giscard d'Estaing de l'Élysée au début de son septennat, et les questions posées par *Le Canard enchaîné* sur la sécurité de l'État et de l'accès au dispositif nucléaire. J'ignore si la liaison de Mitterrand a pesé sur le gouvernement de la France pendant les années où sa seconde famille fut hébergée dans une annexe de l'Élysée, mais il est évident que ses préoccupations affectives coïncident avec la campagne présidentielle de 1974.

Le débat fait rage en Grande-Bretagne et aux États-Unis sur la différence entre les questions d'intérêt public et celles qui intéressent l'opinion. De telles considérations n'effleurèrent pas l'esprit de nombreux témoins interviewés pour ce livre, qui m'invitaient à parler de la vie sentimentale du président en usant d'allusions d'ordre privé. Des témoignages me parvinrent spontanément; par exemple, un journaliste suédois m'assura avec conviction qu'une de ses consœurs est la mère d'un enfant du président, alors que la vendeuse d'une boutique d'articles pour bébé est venue me montrer la facture d'une luxueuse layette prétendument commandée, il y a cinq ans, par le chef de l'État. S'il existe une part de vérité dans ces assertions (je n'ai rien fait pour les vérifier), je ne peux que féliciter le père putatif. Comme les vedettes du show-biz, les leaders français sont catalogués d'une façon arbitraire soit comme des Casanovas soit comme des parangons de vertu, pour ne citer que de Gaulle. L'intérêt porté à la sexualité des dirigeants fut démystifié par un sénateur : « Les Français aiment baiser par procuration », m'expliqua-t-il.

J'ai reçu beaucoup de confidences sur les présumés exploits amoureux de François et je n'ai jamais entendu une femme parler de lui sans insister sur son immense charme. J'ai aussi écouté des avis très contradictoires sur son physique, certains allant jusqu'à manifester du mépris pour sa petite taille. Mais unanimement, on attribuait à Mitterrand beaucoup de générosité envers les femmes qui l'ont soutenu affectivement ou politiquement, ce qui alimente d'ailleurs l'injuste impression qu'aucune femme – l'ancien Premier ministre, Édith Cresson, en tête – n'a fait son chemin dans le Parti socialiste que grâce à ses seuls talents politiques. Suzanne Lowry, correspondante du très conservateur *Daily Telegraph*, a écrit, en citant « un ami proche du président », « qu'il avait eu au moins cinquante maîtresses » et qu' « il est resté en bons termes avec presque toutes et leur envoie des fleurs pour leur anniversaire ».

Inévitablement, après de tels propos, l'appréciation d'une femme peut être mal interprétée, mais il s'agit de celle de Marguerite Duras, une amie très proche de Mitterrand, qui le décrit « vif, rusé mais jamais méchant », tout en décelant dans son regard un pessimisme permanent. Elle l'avait observé de près, quand, compagnons dans la Résistance, Mitterrand, *alias* Capitaine Morland, s'était réfugié chez elle, à Paris, en 1944. Elle avait remarqué son habitude de fumer ouvertement des cigarettes anglaises, un défi à la Gestapo interprété comme un geste suicidaire romantique à la suite de son immense chagrin d'amour.

Une autre amie, Jacqueline Bernigaud, veuve du maire de Magny-Cours, près de Nevers, me dévoila une image du président dans un environnement plus familial. Mitterrand descendait fréquemment chez eux, dans leur grande ferme maintenant enfouie sous le complexe immobilier du circuit du grand prix automobile. La majeure partie de son témoignage concerne des points particuliers de la carrière de Mitterrand et je l'utiliserai chaque fois dans son contexte au moment opportun. Mais Jacqueline Bernigaud avait, elle aussi, des idées très précises sur le charme capricieux de l'homme qu'elle rencontra au début de sa députation et à qui elle essaya, sans succès, d'apprendre à danser.

« Oui, il a beaucoup de charme, affirma-t-elle. S'il voulait être charmant, il charmait tout le monde. Une fois, mon mari et moi avions organisé un dîner à Magny-Cours pour un groupe de médecins. C'était vers 1965 et François est arrivé sans nous prévenir. Il revenait de Rome où il avait été reçu par le pape et je craignais qu'il ne fût ennuyeux. Mais il a fasciné tous les invités avec ses connaissances d'historien passionné. Il nous a emmenés sur les traces de Louis XVII, car il avait visité tous les lieux associés au prétendant Naundorff, pour comprendre son histoire. »

Un réseau de médecins, vétérinaires et autres notables locaux joua un rôle important dans la progression politique de Mitterrand dans la Nièvre. À cette période, ces professions libérales représentaient presque le quart des militants nivernais de la Convention des institutions républicaines (CIR), le groupuscule qui prépara la voie du député pour une OPA sur le Parti socialiste. Mais comme me le démontra Jacqueline Bernigaud, le charme n'était pas toujours présent quand il n'était pas indispensable de séduire.

« Après l'élection présidentielle de 1965, j'avais organisé un dîner spécial pour toutes les personnalités qui avaient soutenu François. Le rendez-vous avait été fixé à 20 heures. À 20 h 30, pas de François. À 21 heures, personne. À 22 heures, on commence à manger. François arrive un peu plus tard. Il était d'une humeur noire et refusa de dîner avec nous et de remercier ses supporters. Il monta toute de suite se coucher. Le lendemain quand je le lui ai reproché, il m'a répondu : “ Moi, je m'occupe de mes ennemis, pas de mes amis. Ces gens continueront de voter pour moi de toute façon. ” » Avec un soupir, Jacqueline ajouta : « Avec François, il y a les bons et les mauvais jours. Son élection à la présidence a créé une distance entre nous, mais je sais qu'il viendrait si j'avais besoin de lui. »

Le manque de ponctualité, devenu légendaire, du président est maintenant immanquablement lié à son image, comme la cravate blanche à celle de Pierre Laval. Cette désinvolture délibérée – tellement acceptée comme partie intégrante du personnage qu'il désempare ses supporters dans les rares occasions où il arrive à l'heure – s'accorde bien avec son refus de porter une montre ou de l'argent sur lui. Au mariage de l'un des fils de Jacqueline Bernigaud, Mitterrand lui « emprunta » 50 francs pour la quête, une anecdote parmi des centaines qui concernent autant le fringant jeune député que le vieillissant président aux poches vides.

quand les notes restaient à régler, les réactions de son entourage variaient entre le ressentiment et le ravissement. D'après

François Boillereau, fils d'un colistier de Mitterrand en 1946, « quand Mitterrand vous invitait à dîner, vous aviez intérêt à avoir un carnet de chèques. Il ne payait jamais. Il y avait toujours un coup de fil entre le fromage et la poire qui " l'obligeait à partir " ». Par ailleurs, pour contrebalancer cette remarque un peu amère, nous avons l'exemple des assauts de politesse de deux courtisans assidus du président, le couturier Pierre Bergé et l'avocat Georges Kiéjman, qui, dans un acte double à la Laurel et Hardy, se disputent avec une politesse exquise l'honneur de régler l'addition, après avoir été invités au restaurant par le président.

Trois facettes du caractère de Mitterrand apparaissent dans l'anecdote suivante : sa reconnaissance vis-à-vis des amis de ses débuts, sa générosité dans l'attribution de la Légion d'honneur, qui s'abattit comme pluie en automne sur la Nièvre, et son obsession de la mort. Jocelyne Rateau, fille d'un grand résistant, avait 16 ans en 1947, quand Mitterrand la rencontra courant sur un chemin près du village de Moux. Il la taquina au sujet d'un petit ami et enchaîna avec la promesse d'assister à son mariage. La promesse fut tenue en 1953 et, plus tard, Jocelyne et son mari, maire de Moux, reçurent la Légion d'honneur. La dernière fois que Jocelyne Rateau rencontra le président, c'était le 26 juin 1994, à l'époque où on le savait très malade d'un cancer de la prostate. « Il se trouvait à Montsauche pour une cérémonie liée à la Résistance. Je voulus l'approcher mais ses gardes du corps me refusèrent l'entrée de la salle des Fêtes. Mitterrand m'a aperçue et a fait signe qu'on me laisse passer. Comme je lui tendais la main, il m'a regardée longuement et a prononcé d'une voix grave : " Pour cette fois, je crois que tu pourrais m'embrasser. " J'ai été très surprise car il n'est pas homme à autoriser ce genre de familiarité, même à ses proches. J'ai eu la certitude que je le voyais pour la dernière fois. »

Dans ce geste mélodramatique d'un homme obsédé par la mort, on pourrait aussi voir ce que Rudyard Kipling appelait *the common touch* dans son poème « If », l'art de donner l'impression que, même roi, on a maintenu le contact simple et généreux avec le peuple.

Entre juin 1946 et mai 1988, Mitterrand se présenta dix fois devant les électeurs pour les législatives, quatre fois pour la présidentielle, une fois pour les sénatoriales, six fois pour les cantonales dans la Nièvre et six fois pour les municipales. Avant de le suivre dans les étapes les plus importantes, j'ajouterai un aperçu personnel de l'homme.

Au printemps 1988, comme des dizaines d'autres journalistes, je me rendis à Château-Chinon dans l'espoir de découvrir si le président avait décidé d'être à nouveau candidat. Il était attendu dans sa ville pour l'inauguration d'une fontaine, œuvre de Jean Tinguely, un assemblage ludique et très coloré qui paraissait assez saugrenu au centre d'une place bordée de demeures austères dans une ville excessivement provinciale.

Une légère couche de neige avait recouvert Château-Chinon et les collines alentour, conférant au paysage un air de désolation et aux habitants un sentiment d'isolement. À l'hôtel du Vieux-Morvan, où Mitterrand avait maintes fois attendu les résultats de différents scrutins électoraux, et notamment en 1974 et 1981, la famille Chevrier qui faisait partie de l'entourage nivernais du président avait cédé son commerce à de nouveaux propriétaires jeunes et dynamiques. L'hôtel n'avait pas encore été rénové et je pus visiter la chambre 15, réservée à Mitterrand pendant ses années de conseiller général, de maire et de député. C'était une pièce digne d'un musée de l'Habitat des années trente jusqu'à l'après-guerre. La pauvre lumière d'une faible ampoule électrique accentuait l'apparence miteuse de la chambre dont les sanitaires consistaient en un lavabo (un luxe, comparativement aux autres chambres), et dont le mobilier de travail se limitait à la table en formica sur laquelle, aux cours des ans, tant de pages de nombreux ouvrages furent écrites tard dans la nuit. Il est vrai que le matelas tout bosselé, du lit au sommier métallique, ne promettait pas un sommeil bienheureux. Malgré tout, la chambre fut une révélation aussi émouvante que mélancolique. Une petite fenêtre donnant sur une arrière-cour ouvrait sur les collines du Morvan où de longues taches noirâtres ressemblant à d'énormes andains se détachaient sur un fond enneigé. Des nuages bas boulochaient le long des crêtes, et des vagues de brume constamment en mouvement couraient le long des ravins, puis s'estompaient en un voile léger qui occultait toute manifestation de présence humaine. Entre la chambre et les nuages, l'espace me paraissait empreint d'une beauté infiniment triste.

Aujourd'hui, la chambre 15 a perdu son aspect morose. Les nouveaux propriétaires l'ont agrémentée d'un tissu mural vert pâle, de meubles modernes, d'une couche confortable et d'une petite salle de bains. Le lit austère de François, lieu de mille rêves et cauchemars, a été relégué au grenier, pauvre relique de bois et de fer perdue dans un bric-à-brac dû à la rénovation de l'hôtel. Si l'histoire prononce un jugement favorable sur les années Mitterrand, le lit de François, pour inhospitalier qu'il fût, occupera peut-être une place d'honneur dans la mythologie du pouvoir, comme la cabane en rondins d'Abraham Lincoln.

En attendant ce verdict futur, par la petite fenêtre, la vue de la chambre reste telle que l'aperçut tant de fois celui qui ambitionnait d'être le premier de tous les Français ; un paysage insaisissable qui s'illumine quelques instants sous un ciel pur avant de s'envelopper dans un rideau de brume, secrète et mystérieuse.

CHAPITRE II

LÉGISLATIVES, 10 NOVEMBRE 1946

« Je me suis construit à ma manière. »
France 2, septembre 1994.

Un grand magasin de meubles et décoration occupe maintenant le coin de la rue Saint-Martin, à Nevers, à l'endroit même où François Mitterrand lança, avec une plate-forme de droite anticommuniste, la campagne électorale qui le conduisit à l'Assemblée nationale au cours de la première élection de la toute jeune IVe République. À l'époque, un cinéma, le Ciné-Parc, ouvrait ses portes sur un auditorium vétuste et enfumé, encore très présent dans les mémoires, où les 400 sièges en bois s'alignaient au pied d'un écran de la taille d'un mouchoir de poche. À 16 h 30, le 26 octobre 1946, le jour de son trentième anniversaire, environ mille personnes se pressaient dans la salle de spectacle pour écouter le discours d'un héros de la Résistance dont la physionomie n'était connue que de ceux qui avaient reçu les tracts électoraux – qui mettaient en valeur une photographie récente et flatteuse de Mitterrand prise à Paris par Harcourt. Le candidat avait insisté sur la qualité du portrait, persuadé que l'électorat féminin qui votait pour la première fois pour une Assemblée nationale pléniaire pourrait être influencé par sa prestance.

La veille, le calendrier des réunions des quatre candidats de sa Liste d'action et d'unité républicaine avait été publié dans la presse locale et le nom de Mitterrand figurait en tête écrit avec un seul *r*, une faute qui se répétera souvent et longtemps, même dans des documents officiels et des articles signés.

Aucune précision n'était donnée sur son manifeste, et le peu que l'on connaissait de Mitterrand, dont les colistiers comprenaient deux agriculteurs et un directeur d'école à la retraite, avait été propagé de bouche à oreille par une poignée de sponsors influents, séduits par son anticommunisme et son respect pour la monarchie. Malgré la proximité et l'importance des élections du 10 novembre pour la première assemblée de la nouvelle Constitution, qui succédait à deux assemblées constituantes et deux gouvernements provisoires depuis 1944, aucun média ne présenta un profil des candidats susceptible de fournir aux électeurs un minimum d'informations. Après la réunion au Ciné-Parc, ni la presse ni la radio – la télévision n'existait pas – ne parlèrent de l'allocution de Mitterrand.

Cette pénurie médiatique – difficilement imaginable de nos jours où un candidat passe des heures à répéter une émission, supposée spontanée, en présence de conseillers en communication et autres professionnels – est un indice du changement qui s'est opéré dans l'univers électoral en un demi-siècle. L'assistance silencieuse et respectueuse des meetings actuels, où les services d'ordre filtrent les entrées et chassent les perturbateurs, n'aurait pas été à l'aise au Ciné-Parc en constatant les interventions répétées et quelquefois tumultueuses de contradicteurs chevronnés qui arrivaient même à s'emparer de l'estrade pour proclamer les orientations de leur propre parti.

Parmi les gens de gauche, il est probable que seuls les quelques officiels du Parti communiste qui colportaient des rumeurs sur le passé de Mitterrand à Vichy, en espérant nuire à son élection, avaient deviné les intentions du candidat. Celui-ci se situait clairement à droite, influencé entre autres par l'Église catholique et les doctrines papales contre le marxisme athée. À la préfecture, il s'était déclaré républicain-indépendant, s'associant à un groupe parlementaire de même nom fondé en 1945 par le député Marcel Roclore, un médecin qui fut l'un des parrains de Mitterrand dans la région. Certaines idées du mouvement de Roclore, très lié à l'aristocratie et à la haute finance, inspirèrent plus tard la Fédération nationale des républicains-indépendants présidée en 1966 par Valéry Giscard d'Estaing.

En 1946, la carte du monde politique français était difficilement déchiffrable. À l'aube d'un renouveau, chacun souhaitait fuir les humiliations de la IIIe République et la honte des années de Vichy. À l'étranger, la plupart des démocraties se partageaient entre deux grands partis, tels les démocrates et les républicains aux États-Unis, les conservateurs et les travaillistes en Grande-Bretagne, une tradition qui remontait au début de l'ère chrétienne à Byzance, où l'on retrouvait déjà les deux factions politiques des bleus et des verts, conservateurs et progressistes. Mais dans la France de l'après-guerre, démocrates chrétiens, socialistes et communistes se partageaient le pouvoir dans un système appelé tripartisme, alors que des outsiders nouaient des alliances bizarres entre vichystes, résistants, détracteurs et défenseurs de la IIIe République, monarchistes et fascistes. Avec la chute du pétainisme, la droite discréditée avait tout intérêt à se faire oublier en adoptant pour ses partis des noms qui créaient la confusion chez les électeurs. La Nièvre n'était pas une exception, selon le maire communiste de l'après-guerre, Marcel Barbot : « Partout les listes communes étaient en vogue et il était très difficile de savoir exactement qui se cachait derrière les affiches. C'était incroyable le nombre de mouvements qui se réclamaient de la Résistance. Dans la région, il y avait La Croix de Lorraine qui ne contenait pas un seul résistant mais un ramassis de semi-repentis de Vichy, de radicaux et autres. »

Au milieu de cette mascarade, Mitterrand faisait figure d'homme nouveau, un homme d'avenir et, en apparence, rien ne le rattachait aux partis d'avant-guerre. Au fil des ans, une cohorte d'inconditionnels de Mitterrand s'est constituée dans la Nièvre. Parmi eux figure Michel Girand, un futur maire adjoint de Nevers, qui assistait au meeting au Ciné-Parc en 1946. Cinquante ans plus tard il ne se séparait toujours pas de sa carte d'adhérent à l'Union démocratique et sociale de la Résistance (UDSR), le parti auquel adhéra Mitterrand l'année suivante. Fils d'un fonctionnaire militaire et petit-fils d'un membre à vie de la Section française de l'internationale ouvrière (SFIO), Girand avait 16 ans au moment de la campagne de François Mitterrand.

« Mitterrand était totalement inconnu mais son aura de résistant et sa jeunesse ont été prépondérantes, se souvint Girand. En ce temps-là, je souscrivais aux doctrines de la gauche mais les candidats SFIO avaient l'âge de mes grands-parents. Le discours de Mitterrand était jeune. J'ai eu tout de suite confiance en lui. La Nièvre n'est pas riche en hommes célèbres et j'ai senti que cet homme était hors du commun.

« Sur l'estrade il y avait deux ou trois autres personnes aux côtés de Mitterrand et, parmi elles, mon professeur de langues classiques, Albert Cockerton. Je me souviens du thème clé du discours de Mitterrand : la rupture avec le stalinisme. Je pense qu'il cherchait surtout à cristalliser sa campagne et à séduire les électeurs qui rejetaient le communisme et le socialisme. Je ne l'ai pas entendu attaquer de Gaulle avant 1958. »

Girand gardait le souvenir d'un Mitterrand « très parisien », et il semble bien que ce dernier n'ait fait aucune concession à son auditoire de province en butte aux préoccupations quotidiennes dues aux pénuries de l'après-guerre, en présentant sa vision d'une coopération française en Afrique francophone. Des décennies plus tard, ce sujet restait cher au président et il le développait encore, à l'automne 1994, au sommet franco-africain de Biarritz.

J'ai comparé le témoignage de Girand avec un rapport des Renseignements généraux conservé dans les archives de la préfecture de la Nièvre à Nevers. Le rédacteur du procès-verbal y confirmait les réminiscences de mon interlocuteur dans un compte rendu exhaustif du meeting contenant les autres thèmes abordés : une critique du dirigisme économique et de la politique financière, un exposé sur la liberté d'enseignement et une analyse négative de la politique extérieure. Le rapport qualifiait le style oratoire de Mitterrand de « brillant », une qualité qui éblouit à tel point l'adolescent Girand que des années plus tard il avala l'autocensure de Mitterrand dans *Ma part de vérité* sans broncher et sans se poser la moindre question, trouvant même des excuses pour la francisque, qui, me dit-il, était décernée systématiquement à tout prisonnier de guerre évadé.

Girand était même convaincu que Mitterrand (probablement sur les assurances de ce dernier) avait souhaité rejoindre la SFIO en 1945, mais en avait été découragé par les exigences du parti d'une adhésion préalable de trois ans pour une candidature à un siège de député. Daniel Mayer, leader de la SFIO à l'époque, démentit cette affirmation en précisant que Mitterrand aurait évité la période probatoire grâce à ses années de résistance. « Nous l'aurions accepté tout de suite, mais je n'étais pas dans son cœur », ajouta Mayer.

La campagne de Mitterrand de 1946 allait à l'encontre des « forces de progrès », mais, avant de l'étudier de près, il faut résumer le parcours du candidat à partir de la libération de Paris. Ses prouesses de résistant et ses brèves responsabilités de secrétaire général pour les prisonniers dans le gouvernement provisoire de la Libération, mis en place par de Gaulle, occultèrent ses relations avec le gouvernement de Vichy et son soutien au maréchal Pétain. (Je laisse aux puristes le soin de décider si Mitterrand fut vichyssois, pétainiste ou maréchaliste.) Sa position à la tête du Mouvement national des prisonniers de guerre et déportés (MNPGD) lui avait gagné un nombre de sympathisants qui faisait pâlir d'envie ses rivaux. Dans ce milieu solidaire, comparable à celui des survivants de Verdun, Mitterrand pouvait exploiter l'amertume d'une génération sacrifiée sur l'autel de ce qu'ils considéraient comme une incompétence politique.

Ses éditoriaux dans *Libres*, le quotidien des anciens prisonniers, reflétaient la déception d'hommes revenus au pays, accablés par le poids de la défaite et retrouvant en place les complices du déclin de la France d'avant-guerre. Des politiciens comme Daladier, Herriot ou Reynaud tenaient à nouveau des postes influents. Mitterrand apporta sa contribution à la campagne hostile contre cette classe politique, avec ses articles dans lesquels il décrivait la période d'avant-guerre comme une « pauvre épopée contrainte de passer par la bouche d'or de nos politiciens ».

Les revendications qui unissaient les anciens combattants les rapprochèrent du Parti républicain de la liberté (PRL), successeur du Parti social français (PSF) fondé par le comte Henri de la Rocque dans les années trente et composé essentiellement de vétérans de la Grande Guerre et de patriotes déçus. Le PSF était l'héritier du mouvement Croix-de-Feu qui menaça la République pendant les émeutes du 6 février 1934.

L'indulgence de Mitterrand pour le gouvernement de Vichy dans ses écrits sur le procès de Pétain en 1945 – une sympathie non démentie cinquante ans plus tard – s'avéra un *bona fide* lorsque, à la recherche d'un emploi, il proclama son appartenance à la droite. Avant la guerre, des relations familiales l'avaient mis en contact avec Eugène Schueller, propriétaire de L'Oréal, qui entretenait ses anciens liens avec les mouvements antirépublicains de l'extrême droite. La revue *Votre Beauté*, appartenait à la firme de cosmétiques et, en 1944, Schueller usa de son influence pour faire nommer Mitterrand au poste de rédacteur en chef. Cette année-là, Schueller favorisa aussi la carrière journalistique et politique d'un autre ancien étudiant du 104 de la rue de Vaugirard, André Bettencourt, un très bon ami de Mitterrand qui rejoignit son mouvement des prisonniers de guerre en 1943, après avoir écrit des articles pro-pétainistes dans le journal antisémite, *La Terre française*. En 1950, Bettencourt – futur vice PDG de L'Oréal – épousa la fille de Schueller, Liliane, et, en 1966, vice-président du Mouvement des républicains-indépendants, aux côtés de Valéry Giscard d'Estaing.

En février 1995, la collaboration de Bettencourt à *Terre française,* fut évoquée par Serge Klarsfeld, président de l'association *Les fils et filles des déportés juifs en France*, qui était interrogé par *Le Monde* sur le rôle de L'Oréal après la guerre, société décrite par un adversaire de Bettencourt comme « une machine à recycler les nazis ».

« À recycler les hommes d'extrême droite, du réseau conspiratif et terroriste de la Cagoule qui étaient proches des nazis, dans ce qu'ils avaient de pire, oui, disait Klarsfeld. Une des nuits les plus chaudes à Paris, a été celle des attentats contre des synagogues. Or, c'est une proposition et une réalisation de la Cagoule, c'est-à-dire d'Eugène Schueller et d'Eugène Deloncle [...]

« Il ne faut pas oublier, ajoutait Klarsfeld, que ce sont MM. Bettencourt, Mitterrand et de Benouville qui sont venus témoigner pour sauver Schueller à la Libération. Ce qu'écrivait Bettencourt ne devrait pas beaucoup surprendre François Mitterrand. Il ont été proches avant, pendant cette période, et ils le sont encore aujourd'hui. »

 De 1944 jusqu'au début de sa carrière parlementaire en 1946,

Mitterrand écrivit régulièrement des éditoriaux pour *Votre Beauté*, mais, par une curieuse coïncidence, les exemplaires de cette revue conservés à la Bibliothèque nationale et aux archives de la compagnie ont disparu. Le futur président avait nourri l'espoir de devenir un éditeur égal à Gallimard, au lieu de quoi il s'était retrouvé à écrire sous le séduisant nom de plume de Frédérique Marnais.

En compulsant des numéros de *Votre Beauté*, on s'aperçoit que les activités éditoriales de Mitterrand, quand il supervisait la chronique « La petite correspondance », étaient aux antipodes de celles qu'il exerçait dans *Libres*, où il pontifiait sur la haute politique. Des femmes anonymes comme « Coquette, retour d'exil » et « Pensée d'automne » quémandaient des conseils pour se débarrasser d'une couperose ou restaurer l'élasticité d'une poitrine affaissée.

La lettre d'une lectrice réclamait le retour de Monsavon dont la production avait cessé suite aux mesures d'austérité qui prévoyaient que le lait soit utilisé pour nourrir les enfants plutôt que pour traiter des peaux ternes. La publication de ce courrier pourrait être considérée comme un premier exemple de publicité clandestine car Monsavon, une filiale de L'Oréal, avait alors pour président-directeur général adjoint François Dalle, l'ami d'université de Mitterrand quand ils logeaient au 104 de la rue de Vaugirard, et avec qui il avait rendu visite au comte de Paris, à Bruxelles, en 1937 en compagnie de Schueller.

Dans l'édition du Nouvel An 1946 de *Votre Beauté*, un article trahit une douleur profonde et très personnelle de son auteur, Frédérique Marnais. Dans ses colonnes, le rédacteur en chef lance un appel émouvant à ses lectrices pour la repopulation de la France. « Il faut que tous les foyers s'animent, qu'ils se fleurissent de berceaux. C'est la vie des petits qui fait le bonheur des parents, le vrai, le solide, le durable. Un jeune ménage qui n'a pas d'enfants, c'est charmant deux ou trois ans, et puis, on se lasse des plaisirs... »

À peine six mois plus tôt, Danielle et François Mitterrand avaient perdu leur premier enfant, Pascal, et le couple rencontrait des difficultés sentimentales. Danielle, malade et déprimée, se sentait négligée dans leur appartement d'Auteuil dans le XVIe arrondissement, quartier qu'elle décrivait comme n'étant ni la campagne ni la ville, alors que son mari avait peu de temps à lui consacrer entre l'édition de son magazine, son travail auprès des anciens prisonniers et la rédaction de son premier ouvrage politique, *Les Prisonniers de guerre devant la politique*.

Confronté au refus des propriétaires de transformer *Votre Beauté* en revue littéraire de qualité, Mitterrand se mit à douter de son avenir dans le milieu de l'édition, bien que pendant un certain temps il continuât à se présenter comme « éditeur », et qu'il n'abandonnât le journalisme qu'à son élection à la présidence de la République. La politique devint, presque inévitablement, une passion. Au MNPGD, il avait démontré ses capacités à organiser et à manipuler les hommes en obtenant le meilleur des gaullistes et des communistes, et l'occasion se présenta à lui de tenter sa chance pour un mandat national lors des élections pour la deuxième Assemblée constituante en juin 1946, le vrai début de sa carrière politique.

Le financement de la campagne fut un handicap sérieux, mais Roger-Patrice Pelat, son ami de captivité et de la Résistance, qui venait d'épouser une riche héritière et montrait un sens aigu des affaires, se proposa comme trésorier et pourvoyeur de fonds. Le moyen d'obtenir une investiture qui lui donnerait au moins une faible chance de gagner était un autre problème, qui laissait envisager des transactions persistantes et ardues, des pressions et des marchandages. Mitterrand avait limité ses possibilités en excluant un compromis avec la gauche, mais on ne peut pas l'accuser d'opportunisme de s'être allié avec la droite.

La droite classique, en tant que force politique, se réduisait à 60 sièges sur 545, obtenus à l'élection de la première Assemblée constituante en octobre 1945. Des notables, principalement radicaux, avaient été balayés lors des dernières élections municipales, sanctionnés à cause du bilan négatif d'avant-guerre ou de leur collaboration avec Vichy, et leurs chances de réintégration dans la vie politique semblaient très minces.

La force montante de la droite était le Parti républicain de la liberté, successeur du PRL présidé à l'Assemblée par Michel Clemenceau, fils de Georges Clemenceau. Même si certains députés avaient troqué leurs activités à Vichy contre des exploits de résistants, la réhabilitation de Pétain restait l'un des objectifs du PRL. Avec ses inclinations politiques, Mitterrand aurait pu accepter de figurer sur la liste de ce parti où il comptait des alliés tel Edmond Barrachin, ancien conseiller du comte de la Rocque et député de Sedan de 1934 à l'avènement du Front populaire en 1936.

Mitterrand préféra l'aide d'un autre groupe de pression et obtint une nomination sur la liste du Rassemblement des gauches républicaines (RGR) qui incluait le tout récent mouvement de l'UDSR, les radicaux, l'Union gaulliste et la Réconciliation française, un autre mouvement d'ex-membres du PSF d'avant guerre. Le Rassemblement, qui n'avait de gauche que le nom, était constitué et animé principalement par des anciens de Vichy et de la IIIe République, comme Pierre-Étienne Flandin, et présidé par le radical Édouard Daladier, le président du Conseil pendant la crise de Munich de 1938, envers qui Mitterrand affichait son mépris dans *Libres*. De façon générale, le Rassemblement défendait des idées très conservatrices malgré la présence de l'UDSR dont la vocation originelle visait à créer un mouvement égalitaire dirigé par des héros de la Résistance. Ce climat convenait parfaitement à un homme plutôt réactionnaire, et Mitterrand devint membre du comité directeur du RGR, participant ainsi au choix des candidats.

Le territoire de la première campagne malheureuse de Mitterrand, en juin 1946, la cinquième circonscription de l'ancien département de la Seine, commençait à un arrêt d'autobus de son appartement d'Auteuil. Son électorat très mélangé s'étendait de banlieues aisées telles que Neuilly à des communes alliant résidences et industries comme Asnières, Saint-Ouen, Clichy, Levallois, Courbevoie, Puteaux et Boulogne. Mitterrand avait récolté suffisamment de fonds et d'appuis politiques pour mener la liste disparate du Rassemblement avec sept colistiers aux activités professionnelles très diverses : professeur d'éducation physique, ménagère, docteur en médecine, directeur de fonderie, haut fonctionnaire, employé, chef du personnel et lui-même se déclarant journaliste, mais tous unis par leur opposition au communisme.

Quarante-huit candidats se disputaient huit sièges au terme d'un scrutin à la représentation proportionnelle (RP) à un tour.

L'affrontement se situait principalement entre le Parti communiste français (PCF), le Mouvement républicain populaire (MRP) des chrétiens-démocrates, et la SFIO, tous trois architectes d'un accord tripartite en vue d'un éventuel partage du pouvoir qui, théoriquement, devait assurer le respect d'une certaine déontologie au cours de la campagne. Dans la pratique, celle-ci offrit le spectacle de coups bas, d'insultes et d'insinuations mesquines. Les communistes remportèrent trois sièges, les socialistes et le MRP deux chacun. Le score de la droite dans son ensemble s'éleva à un siège pour Edmond Barrachin, tête de liste PRL, publiciste et futur sénateur ; 17 % des électeurs avaient donné leurs suffrages aux listes de droite – 39 101 pour Barrachin et 21 511 pour Mitterrand – sur 363 571 voix exprimées. Barrachin, au-dessous du quotient de 44 877 voix, se vit attribuer un siège d'après une règle de la plus forte moyenne [1].

Même si les électeurs de Mitterrand comptaient probablement un bon nombre de membres appartenant au cercle des prisonniers de guerre, il était évident que le rétrécissement de l'électorat de droite ne pouvait justifier les espoirs des conservateurs de décrocher un deuxième siège dans cette circonscription. Pour Barrachin, Mitterrand faisait figure de rival potentiellement dangereux dans de futures élections. Il suggéra donc un autre terrain de chasse pour ce dernier après le référendum d'octobre à l'origine de la IVe République. Au cours d'une concertation de responsables PRL, radicaux, UDSR et Union gaulliste, pour désigner les représentants dans vingt-quatre départements, Barrachin proposa la nomination de Mitterrand, présent à la réunion, comme tête de liste dans la Nièvre où le PRL était bien implanté. Avec une alliance entre le PRL et le RGR, une victoire paraissait assez facile et ils espéraient détourner des milliers d'électeurs du MRP. En juin, les deux groupes avaient présenté des listes rivales et récolté 24 190 voix, juste en dessous du quotient pour gagner un siège.

Les circonstances précises de la désignation de Mitterrand me furent révélées par Marcelle Devaud, troisième sur la liste de Bar-

 1. Voir p. 58, les résultats détaillés de l'élection.

rachin dans le 5e secteur de la Seine, et qui devint plus tard sénateur PRL, avant de rejoindre le mouvement gaulliste. Dans son appartement de Neuilly, elle me raconta : « Mon mari était député avant la guerre. Il appartenait aux républicains d'action sociale dans le groupe parlementaire du PSF. En 1946, j'étais membre PRL et je faisais partie d'une commission chargée de distribuer les circonscriptions qui regroupait tous les partis du centre et de droite. Il y avait relativement peu de candidats et nous les avons répartis par ordre alphabétique. J'avais été chargée des M, dont Raymond Marcellin (futur ministre de l'Intérieur de Georges Pompidou) et François Mitterrand. J'ai choisi les circonscriptions, le Morbihan pour le premier et la Nièvre pour le second et ils y sont restés toute leur vie.

« Barrachin et moi avions fait figurer la Nièvre sur notre liste de vingt-quatre départements car c'était une circonscription à garnir et une terre de traditions plutôt radicale-socialiste. Barrachin avait là-bas un ami, le comte Hervé d'Armaillé, qui avait possédé le journal du cru. Mitterrand nous a dit : " Si je trouve un journal pour appuyer ma campagne, j'accepte. " »

Selon Marcelle Devaud, il n'y avait pratiquement aucune différence entre le programme du PRL et celui du Rassemblement des gauches républicaines. « Historiquement, le PRL a été classé dans l'extrême droite, ce qui a le don de me hérisser. En vérité les indépendants-paysans étaient beaucoup plus à droite que nous. »

Mitterrand resta l'ami de Barrachin jusqu'à la mort de celui-ci en 1985. Il aurait été difficile pour le futur président de trouver un meilleur conseiller dans l'art de la politique politicienne. Barrachin avait un réseau très influent dans le patronat et le Jockey Club. Il avait lui-même beaucoup appris de l'expérience de son beau-père, François Pietri, deuxième mari de sa mère, et plusieurs fois ministre, qui fut condamné par la Haute Cour de justice à cinq ans d'indignité nationale en 1948.

« Barrachin n'était pas un idéologue. Il avait une philosophie assez superficielle mais c'était une bête politique. Il s'était passionné pour le jeu politique et, en particulier, était un très grand spécialiste des scrutins. C'est lui qui m'a appris comment on pouvait manipuler une élection selon le mode choisi. Les électeurs ne s'en rendent pas compte, mais le mode de scrutin est plus important que le vote. Il aurait fait un bon ministre de l'Intérieur », ajouta Marcelle Devaud [1].

Pour la sœur d'Edmond Barrachin, la marquise Élisabeth de Ségur, l'étiquette d'extrême droite attachée au PRL restait une source de fierté. À 98 ans, elle était la doyenne des personnes rencontrées pour ce livre. Elle occupait toujours le même appartement rue du Cirque, près de l'Élysée, face à celui de son frère Edmond. Très sourde, au cours de notre entretien, elle comprit mal les mots Parti social français et s'écria : « Ah non ! ne prononcez pas le mot " socialisme " chez moi, c'est un mot horrible que je ne supporte même pas d'entendre ! » Entre ses réminiscences sur l'amour de son frère pour les courses, la boxe, le rugby, et le sport préféré de Mitterrand, le golf, Élisabeth de Ségur rappela que Mitterrand suivit Barrachin pendant l'élection de juin 1946 pour apporter la contradiction. « Sur le parvis de Saint-Denis, Edmond fit un discours très brillant et s'apprêtait à repartir quand un jeune homme très beau demanda la parole. Il se montra très éloquent et obtint plus d'applaudissements que mon frère qui en fut très vexé. Il se rendit auprès du jeune homme qui lui avoua qu'il le suivait depuis plusieurs semaines car il l'admirait. C'était un avocat nommé Mitterrand.

« En rentrant, Edmond m'a dit : " Tu vois, Liz, ce jeune est dangereux pour moi. Je vais le convoquer demain matin dans mon bureau pour l'éloigner. " » D'après la marquise, Barrachin dit à Mitterrand : « Voilà, je suis prêt à vous aider. Si vous acceptez ce billet de train vous serez député. Vous serez à Nevers demain et vous serez accueilli par quatre marquis. »

Même si cette version est évidemment romancée, elle convient au personnage beau joueur et excentrique de Barrachin qui, selon sa sœur, n'avait pas d'ennemis. « Il échangeait fréquemment des piques amicales avec Jacques Duclos. Le dirigeant communiste lui disait souvent : " Alors, toujours d'extrême droite ? " et mon frère répondait : " Mais moi, je ne change pas, tandis que vous, vous avez été enfant de chœur avant d'être communiste. " »

---

 1. Voir aussi les autres commentaires de M. Devaud, p. 59.

Grâce à la longue association de Mitterrand et de Pierre Bérégovoy avec la Nièvre, le nom de ce département est devenu l'un des plus en vue sur le plan politique, alors qu'il reste méconnu exception faite du parcours de la nationale 7 le long de sa limite ouest, entre les départements du Loiret et de l'Allier. Le jeune candidat de 1946 ne possédait de cette région, située à environ deux cents kilomètres au sud-est de Paris, que des connaissances superficielles, mais elle s'avéra convenir parfaitement à son tempérament. Le président est souvent dépeint comme un Janus, et la Nièvre a elle aussi deux visages qui regardent dans des directions opposées. À l'ouest, la Loire constitue la frontière naturelle avec le Cher, et, à l'est, l'Yonne traverse le pays dans la partie occidentale du Morvan de Château-Chinon à Clamecy. Des industries se sont développées de préférence autour de la vallée de l'Yonne, boisée d'essences variées y compris de conifères. Peuplées d'ouvriers et de petits exploitants agricoles, les communes, majoritairement de gauche, ont été pendant des décennies déchirées par les rivalités entre communistes et socialistes. Dans les années vingt, la SFIO tenait les quatre sièges départementaux à l'Assemblée nationale. Les grands propriétaires terriens, aristocrates de surcroît, et les riches éleveurs de charolais et de chevaux soutenaient la droite et étaient concentrés à l'ouest, côté Loire.

En novembre 1946, le scrutin à représentation proportionnelle à un tour posait un énorme défi. En effet, la Nièvre formait une seule circonscription couvrant un territoire de 6 837 kilomètres carrés que devaient parcourir tous les candidats. L'électorat était inférieur en nombre et plus dispersé que dans les départements voisins de l'Yonne, de la Côte-d'Or et de la Saône-et-Loire, qui maintenant forment avec la Nièvre la région Bourgogne. À cause de sa configuration, la Nièvre bénéficie de deux zones climatiques différentes, l'une océanique à l'ouest et l'autre continentale à l'est, qui ont une incidence, dit-on, sur le caractère des habitants.

Nevers, le chef-lieu et la ville la plus peuplée avec ses 44 000 habitants, s'étire sur les bords de la Loire. Les Nivernais se targuent d'être moins provinciaux, plus tolérants et plus gais que la population rurale et ouvrière des environs de l'Yonne où les villages sont souvent cachés dans les replis des collines et en apparence retranchés du monde.

« À Nevers nous sommes bons vivants et plus joviaux, estima

Michel Girand. Près de Château-Chinon et Clamecy, les gens sont plus lents à se faire des amis, mais leur fidélité est infaillible. Il suffit d'étudier les résultats des premières élections de Mitterrand dans la Nièvre pour comprendre pourquoi il a choisi de s'y installer après 1958, quand le département a été divisé en trois circonscriptions. Là-bas, ils ont été derrière lui dans les bons et les mauvais moments. »

Mais ce sont les conservateurs de la vallée de la Loire qui accueillirent Mitterrand et le mirent sur les rails. Barrachin assurait qu'environ 75 % des votes nécessaires à l'élection de son protégé seraient apportés par la droite, dans son ensemble loyale au PRL. L'électorat sur lequel s'appuyait Barrachin était un réseau constitué d'aristocrates, d'ecclésiastiques et de bourgeois catholiques persuadés – par les représentants du PRL – des tendances royalistes et des convictions anticommunistes de Mitterrand.

Parmi les nobles qui parrainèrent Mitterrand en 1946, l'un d'eux avait toujours belle allure en 1995 quand le second mandat du président approchait de son terme. Le comte Jean de Brondeau, éleveur de charolais et maire du village d'Arthel, occupait toujours le Marquisat, une ancienne demeure qui jouxte le château familial. Mitterrand s'y reposa souvent avant que ses tractations avec les communistes en vue des élections législatives de 1958 ne séparent les deux hommes. Avec ses trois châteaux, son environnement ondoyant, de belles prairies et des bosquets épars, Arthel est classé site rural protégé. La prospérité du début du siècle – quand la Nièvre fournissait en bois la capitale pour les fours des boulangers et le chauffage – déclinait rapidement quand Mitterrand fut reçu au château pour discuter d'une tactique de campagne avec de Brondeau.

À 89 ans, de Brondeau, toujours convaincu que le système démocratique et les erreurs attribuées à Daladier et consorts ont conduit le pays à la ruine en 1940, ressentait encore une forte nostalgie pour l'Ancien Régime. Juste avant mon arrivée, il avait été pris au dépourvu par des questions de journalistes sur sa réaction aux révélations, dans le livre de Pierre Péan, sur le passé de Mitterrand et ses amitiés peu glorieuses avec René Bousquet, chef de la police de Vichy.

 « Depuis qu'il nous a trompés d'abord avec les socialistes, puis avec le programme commun, son manque de franchise ne me surprend pas, avait-il déclaré au *Journal du Dimanche*. Je ne l'ai jamais cru candide. Avec moi, qui avais écouté l'appel du 18 Juin dans un camp de prisonniers à Bordeaux, il ne parlait pas de la Résistance, il me savait gaulliste. Je dois manquer de souplesse en politique. Dans ma mairie, j'ai affiché des portraits de Charles de Gaulle, de Pompidou et de Giscard, pas celui de Mitterrand. » En fait, lorsque de Brondeau m'ouvrit fièrement les portes de sa petite mairie, magnifiquement entretenue, un portrait de Mitterrand reposait sur un meuble, dominé par ses trois prédécesseurs bien accrochés au mur du bureau municipal.

Au cours du déjeuner auquel me convia de Brondeau, M. le comte, noblesse oblige, se montra confus de sa critique de Mitterrand : « Après tout, il est le chef de l'État et commande le respect. » Mais il ajouta avec une pointe de tristesse : « Mes amis et moi avions investi beaucoup d'argent et de temps en lui. J'ai passé des heures et des jours avec lui, le conduisant partout, et je l'ai si souvent vu déjeuner à cette table à la place même où vous êtes assis. »

En 1946, de Brondeau, d'une dizaine d'années plus âgé que le jeune candidat, joua un rôle majeur dans le ralliement de notables – médecins, vétérinaires, notaires – autour de Mitterrand. L'influence de ces personnalités fut capitale car leurs activités professionnelles les mettaient en permanence en contact avec une population peu éduquée à qui ils expliquaient les subtilités des élections et donnaient des consignes de vote. Sur le plan pratique, elles présentaient l'avantage de compter parmi les rares abonnés au téléphone. Le réseau des sympathisants actifs prit une telle ampleur qu'il attira l'attention de la préfecture qui le signala au ministère de l'Intérieur.

Les espoirs du comte – un ancien directeur de Mobil Oil – en ce nouveau challenger ne se concrétisèrent pas, mais il ne se défit jamais des souvenirs d'une chaleureuse amitié, qui se renforça lorsqu'ils parcoururent ensemble, dans une traction avant noire, les chemins ruraux qui sillonnaient sa terre d'élection. Encore aujourd'hui, avec d'excellentes routes et une bonne signalisation, il n'est pas aisé de trouver facilement son chemin dans la Nièvre, particulièrement dans la région boisée de Montsauche et du lac des Settons, au nord-est. Quarante ans après ses désillusions avec Mitterrand, de Brondeau avait la consolation d'avoir un pied bien ancré dans le camp opposé au président avec sa nièce, Bernadette Chirac, épouse de Jacques.

Des précisions sur l'investiture de Mitterrand me furent apportées, entre autres, par François Boillereau, fils de Hubert Boillereau, l'un des quatre colistiers aux élections de 1946 et affilié au PRL. D'après François Boillereau qui faisait partie du comité de soutien, tous les maires de droite du département apportèrent leur appui au candidat. Pour obtenir l'approbation du clergé et l'assurer de sa dévotion au catholicisme, Mitterrand fit savoir que sa jeune femme, issue d'une famille SFIO, laïque et franc-maçonne, avait été convertie grâce à la force de sa foi. Il s'agissait là d'un mensonge, mais, précisa Boillereau, « il était impossible de détecter le vrai du faux dans les déclarations de Mitterrand. Il se présentait comme UDSR, dont la signification politique n'était claire pour personne. Le nom de sa liste, Action et unité républicaine, voulait tout dire et rien dire. Mitterrand était envoyé par Barrachin qui lui avait dit : " Écoute mon petit gars, il y a une place à prendre dans la Nièvre, démerde-toi, vas-y. "

« Le financement était assuré par les conserves Olida appartenant au marquis Jean de Roualle, et par Hervé d'Armaillé, l'ancien propriétaire du quotidien *Paris-Centre* (interdit à la Libération et relancé après, sous le titre *Le Journal du Centre*). Pour s'assurer la contribution du comte d'Armaillé, Mitterrand promit de lui faire restituer ses actions dans ce journal publié pendant l'Occupation, promesse que Mitterrand ne tint pas lorsqu'il devint ministre de l'Information.

« Mon père, Hubert, qui était le seul vrai représentant du PRL, accepta de figurer sur la liste de Mitterrand tout simplement parce que François était très convaincant. On n'a jamais su et on ne saura jamais s'il disait le fond de sa pensée. Ma seule certitude, c'est qu'il n'a toujours travaillé que pour lui-même. »

Boillereau père resta l'allié politique de son député jusqu'au virage à gauche de ce dernier à la fin des années cinquante, et, par la suite, éprouva du dégoût pour l'homme politique. Son fils me confia : « J'ai encore le souvenir de mon père, qui est mort en 1981 juste après l'élection présidentielle, nous disant en riant : " Mes pauvres enfants, il n'y a que moi pour vous en débarrasser. " Mitterrand ne s'est pas manifesté lors des obsèques de mon père, vous voyez, il n'est pas si fidèle que cela en amitié. »

Dans *Ma part de vérité*, Mitterrand donne peu de précisions sur sa désignation pour mener campagne dans la Nièvre, en mentionnant brièvement qu'il reçut l'ordre d'Henri Queuille, futur président du Conseil, de s'y rendre rapidement. « Je me suis présenté à la députation dans la Nièvre, en 1946, lit-on dans ce livre. Le bon docteur Queuille m'avait envoyé avec pour tout viatique cet encouragement : " On vous offre cette chance parce qu'elle n'existe pas. Allez-y quand même. Vous réussirez si vous écoutez tout le monde et n'en faites pas qu'à votre tête. " »

Avec ce livre, édité en 1969, une légende s'imposa d'un Mitterrand solitaire parachuté dans la Nièvre, sans amis et sans espoir. En 1974, la légende s'amplifiait dans *Mitterrand, l'homme, les idées*, ouvrage écrit par le romancier Bernard Pingaud assisté d'écrivains socialistes anonymes [1]. On y lit : « Quand il y était arrivé pour faire campagne au nom du Rassemblement des gauches républicaines, il n'y connaissait pas une âme. Seul au volant d'une vieille traction avant, il se perdait dans les chemins vicinaux pour aboutir à des petits groupes de paysans méfiants. Au bout de quinze jours, il avait gagné 30 000 voix en se démenant comme jamais de sa vie il ne l'avait fait. Il y avait eu un coup de foudre mutuel : la Nièvre s'était donnée mais il se retrouvait drôlement heureux de ne pas être député de Paris. Dans le Morvan, comme en Angoumois, on se reconnaît entre timides. »

L'une des méthodes déconcertantes du président pour cacher son passé est celle qu'il emploie pour manipuler la presse dans le but de donner une crédibilité à des faits remaniés. Dans des livres construits sur des entretiens, des journalistes tels que Franz-

1. En 1981, Bernard Pingaud était choisi par Mitterrand pour présider une commission dont l'objectif était de définir une nouvelle politique du livre. Ses romans incluent : *La Voix de son maître*, Gallimard, 1973.

Olivier Giesbert, Alain Duhamel, Guy Claisse et Jacques Julliard furent plus ou moins aiguillés sur de fausses pistes par Mitterrand qui n'hésita pas à laisser entendre qu'ils n'avaient pas posé les bonnes questions, quand leurs propos se révélèrent inexacts.

Dans *François Mitterrand ou la tentation de l'Histoire*, Giesbert, aujourd'hui directeur de la rédaction du *Figaro*, assoit la légende mitterrandienne selon laquelle, deux jours avant la clôture des inscriptions, Henri Queuille donna au candidat Mitterrand le choix entre les départements de la Vienne et de la Nièvre. Vingt-quatre heures se seraient écoulées avant qu'il ne se décide : « Je prends la Nièvre. »

Et Giesbert de continuer : « C'est le jour même de la clôture des inscriptions qu'il débarque à Nevers. Il a juste quelques heures pour former sa liste. Il prend, au hasard, un conseiller général, un agriculteur, un instituteur. À 11 heures du soir, il arrive à la préfecture pour s'inscrire. Le préfet (socialiste) refuse sa candidature. " Et la loi? " proteste Mitterrand. " La loi, fait le préfet, elle ne fonctionne pas pour vous. Vous n'êtes pas d'ici, vous venez troubler le jeu. " Mitterrand s'insurge : " C'est un scandale " et il téléphone à toutes ses " relations " parisiennes. À minuit moins le quart, le préfet cède. Il enregistre sa liste. »

Cela fut écrit en 1977 et je suis persuadé que Giesbert tenait les informations et l'affirmation que Mitterrand « n'avait ni parti ni réseau de notables derrière lui » du maître lui-même. Pour rétablir la vérité, il faut savoir que Mitterrand enregistra sa liste le 20 octobre à 9 h 20 (six jours avant son trentième anniversaire) et que le préfet, Henri Pougnet, la télégraphia immédiatement au ministère de l'Intérieur. Huit heures plus tard, les communistes déposaient la leur. Se référant à la profession de foi de Mitterrand, Giesbert mentionne un engagement « banalement anticommuniste » dans lequel le candidat cite Léon Blum pour justifier une condamnation du « parti nationaliste étranger [1] ». Ces termes sont loin d'être l'écho de la circulaire électorale que je pos-

1. Dans son livre, *À l'échelle humaine* (1941), Léon Blum écrit : « Le PC se manifestait comme un parti nationaliste étranger puisqu'il reposait sur le postulat que la cause des travailleurs dans les autres pays dépend de l'intérêt particulier d'un État unique, la République des Soviets, non pas de son intérêt idéal et permanent, mais de son intérêt temporel et politique. »

sède. Ce document (rédigé en octobre 1946) est difficilement accessible car le « Barodet » de 1946, un registre de l'Assemblée nationale regroupant toutes les circulaires électorales de l'année, disparut peu de temps avant la première candidature de Mitterrand aux présidentielles, en 1965. La Bibliothèque nationale n'en conservant pas de copie, il est intéressant de publier ce document *in extenso*.

DÉPARTEMENT DE LA NIÈVRE

ÉLECTIONS GÉNÉRALES DU 10 NOVEMBRE 1946

Liste d'Action et d'Unité Républicaine

La Constitution a été votée le 13 octobre par 35 % des électeurs. Mais huit millions de Français et de Françaises ont voté NON. Plus de huit millions se sont abstenus.

Pourquoi ?

Parce que les libertés fondamentales sont menacées.

Parce que la gabegie gouvernementale du tripartisme a provoqué le dégoût et le mécontentement.

Parce qu'une loi électorale injuste prive les citoyens de choisir véritablement leurs élus.

LE TRIPARTISME A FAIT FAILLITE

Il n'a pas su rendre au pays la stabilité politique indispensable au redressement.

Il a offert le spectacle de partis associés au pouvoir mais incapables de gérer les affaires publiques.

Il a suscité des scandales (vin, viande, points textiles, etc.) en laissant chacun des trois partis (Parti Communiste, SFIO, MRP) maître absolu et incontrôlé de secteurs ministériels.

Il a accumulé les réglementations, les brimades, les interdictions.

Il a tenté de supprimer les libertés publiques.

Il a violé la propriété individuelle.

CONTRE LE TRIPARTISME

Il fallait que l'unité se fasse entre tous ceux qui pensent que le moment est venu de rétablir l'ordre politique, l'équilibre économique, les droits des citoyens.

CETTE UNITÉ EST FAITE

CITOYENNES et CITOYENS de la Nièvre, dans votre département, la discipline républicaine a triomphé. Contre les trois partis qui nous ont si mal gouvernés, UNE SEULE LISTE D'OPPOSITION a été constituée. Elle est composée d'hommes qui, avec le Général de Gaulle, avec Édouard Herriot, avec Pierre Bourdan, avec Michel Clemenceau, ont dit « NON » à la Constitution.

Elle est composée d'hommes qui ont l'accord de TOUS les partis d'opposition, de TOUS les groupements qui ont voté NON.

Elle est composée d'hommes qui, chacun dans leur domaine, se sont toujours faits les défenseurs des libertés publiques :

– liberté de pensée et d'expression contre les fanatismes;
– liberté du commerce et de l'agriculture contre les contrôles excessifs, les règlements abusifs;
– liberté d'enseignement contre le monopole d'État;
– indépendance du pouvoir judiciaire par la séparation des pouvoirs.

49000 ÉLECTEURS DE LA NIÈVRE ONT DIT « NON » AVEC EUX

Il faut de nouveau que leurs voix se regroupent pour démontrer définitivement que la dictature communiste, la faiblesse socialiste, les fluctuations MRP ne menaceront plus le pays.

Il faut maintenant que leurs voix se rassemblent sur LA SEULE LISTE D'OPPOSITION dont le succès sera un premier pas vers la sécurité nationale et fera la preuve que le Parti Communiste n'est pas près de conquérir le pouvoir.

En votant pour la LISTE D'ACTION ET D'UNITÉ RÉPUBLICAINE, vous réaliserez le bloc de tous ceux qui sont décidés à arracher au moins un siège au Parti Communiste dans la Nièvre.

Vous répondrez à la manœuvre MRP qui maintenant part en guerre contre le tripartisme après en avoir été le pilier et qui prétend que voter pour lui, c'est en faire le premier parti de France alors qu'il l'est déjà depuis six mois et que cela n'a servi qu'à donner à Maurice Thorez, Billoux, Marcel Paul et consorts plus de moyens encore pour noyauter nos administrations et préparer la bolchevisation de la France.

ÉLECTRICES, ÉLECTEURS,

SI VOUS VOULEZ AVEC NOUS

que le droit de propriété ne soit plus hypothéqué par le bon plaisir du législateur et soit respecté intégralement;
que les droits économiques et sociaux des travailleurs soient respectés ainsi que leur liberté syndicale;
que les droits de la famille soient reconnus par l'État;
que la paix religieuse soit maintenue dans un climat débarrassé de tout sectarisme;
que l'Union française des territoires d'Outre-Mer se réalise dans le respect des droits des peuples en même temps dans la sauvegarde de notre civilisation.

SI VOUS EXIGEZ AVEC NOUS :

- la libération progressive du marché alimentaire;
- un effort de reconstruction qui donne un toit aux sinistrés et réfugiés sans abri;
- l'amélioration de l'habitat rural, l'électrification des campagnes, l'eau potable dans chaque maison, l'approvisionnement en semences et engrais des agriculteurs auxquels on demande tant quand on leur donne si peu;
- la défense de l'épargne, la réforme d'une législation mal conçue et mal réalisée (nationalisations, pensions, retraites des vieux, etc.);
- la défense des droits des victimes de la guerre;
- le droit des jeunes à s'établir, le droit des vieux à vivre dignement, le droit des mutilés du travail à recevoir de justes compensations.

Si vous voulez surtout assainir les mœurs politiques et rétablir l'unité des Français dans le respect de leurs traditions et du progrès social.

VOUS VOTEREZ EN BLOC POUR
LA LISTE D'ACTION ET D'UNITÉ RÉPUBLICAINE

dont le premier candidat fut, aux côtés du Général de Gaulle, au moment de la Libération, le plus jeune Français à participer aux Conseils du Gouvernement depuis 1875,

dont tous les candidats ont lutté avec honneur contre l'oppresseur allemand et continueront de lutter pour la libération TOTALE du pays.

François MITTERRAND
Éditeur, Docteur en droit,
Diplômé de l'École Libre des Sciences Politiques,
Chevalier de la Légion d'Honneur,
Croix de Guerre (3 citations).
Prisonnier de guerre évadé (3 évasions),
Membre du Gouvernement du Général de Gaulle (août-septembre 1944).

Hubert BOILLEREAU
Agriculteur,
Adjoint au Maire de Limanton,
Ancien Combattant (1914-18).
Président du Syndicat d'Électrification de la région de Saint-Saulge.

Georges GUYOT
Agriculteur,
Maire de Dompierre-sur-Nièvre,
Conseiller Général de Prémery,
Président de l'Office des Céréales,
Président de l'Union des Coopératives Agricoles de la Nièvre.

Simon RAVEAUX
Directeur d'École Publique honoraire,
Ancien Combattant (14-18),
Médaillé Militaire, Croix de Guerre.
Ancien Secrétaire Général du Comité Départemental d'Aide aux Prisonniers de Guerre (1939-44).

Même si les promesses électorales ne sont pas nécessairement le reflet de toutes les priorités d'un candidat, cette profession de foi contient des éléments intéressants qui montrent la constance des idées politiques de Mitterrand. La défense des libertés de pensée et d'expression en opposition aux fanatismes, et l'influence française en Afrique sont des thèmes qu'il défendait encore en 1995. La phrase suivante : « Que les droits économiques et sociaux des travailleurs soient respectés ainsi que leur liberté syndicale », pourrait être extraite de ses déclarations de 1994 en faveur des acquis sociaux, contre les intentions du gouvernement de droite d'Édouard Balladur. En revanche, sa condamnation de « la bolchevisation de la France », son soutien à « la liberté d'enseignement contre le monopole de l'État » et son opposition aux nationalisations auraient soulevé des questions embarrassantes lors de sa nomination à la tête du mouvement socialiste en 1971, et lors de l'élaboration ultérieure du programme commun avec les communistes.

Dans son ensemble, ce qui se dégage le plus de ce document ce sont les engagements qui mettent en valeur les enjeux de la scène politico-sociale de 1946 avec, d'un côté, les conséquences de la guerre et les promesses de lutter contre le rationnement alimentaire et, de l'autre, les conditions déplorables d'habitation et l'engagement d'amener l'eau potable dans chaque maison. Côté législatif, y figure une critique de la Constitution de la IVe République et de l'accord entre le MRP, la SFIO et le Parti communiste à l'origine du tripartisme.

Les rapports officiels sur Mitterrand en début de campagne, quand celui-ci tint plus de trente meetings en deux semaines, quelquefois à raison de trois ou quatre par jour, laissent entendre que ce nouveau candidat avait peu de chances d'être élu malgré une assistance enthousiaste appréciant son talent oratoire et ses exploits de résistant. Mais, très vite, son auditoire dépassa celui de ses concurrents. À Châtillon-en-Bazois, d'après les Renseignements généraux, « Mitterrand tint l'audience en haleine jusqu'à la fin et se retira très applaudi. Les assistants furent littéralement enthousiasmés par l'exposé clair et courtois de Mitterrand. Cette réunion ne manquera pas d'être favorable à la liste d'opposition ».

L'absence d'attaches familiales locales représentait un certain handicap, mais il y remédia rapidement en déclarant être originaire de la Saône-et-Loire, et sa femme du Cher, juste au-delà du pont de Nevers. Par la suite, il laissa des présentateurs mentionner qu'il vivait dans le Cher et connaissait la Nièvre mieux que certains de ses rivaux.

Parmi une poignée de comptes rendus succincts de ses réunions se trouve un long résumé rédigé par un secrétaire de police qui assista au rassemblement de Cosne-sur-Loire, à l'Éden-Cinéma, le 8 novembre 1946, où un speaker précédant Mitterrand annonça que le PRL dans la Nièvre s'était allié à d'autres mouvements en raison « du péril particulièrement grave et pour défendre les droits de la France contre la faillite du tripartisme ».

Le seul rapport complet d'un meeting de Mitterrand, pendant cette campagne au cours de laquelle le candidat traitait d'« affreux » un gouvernement où chaque ministre rejetait la faute sur son voisin, s'étale sur deux pages de papier pelure. Nombre de scandales avaient éclaté à la veille des élections, disait-il, avant de revenir à un de ses thèmes favoris en appelant au rétablissement urgent de « toutes les libertés d'opinion, de croyance, d'enseignement, d'association et de la presse ».

Après une condamnation des mesures de nationalisation, Mitterrand continua en des termes que l'on pourrait aujourd'hui qualifier de thatchériens ou de reaganiens : « Pour sauver la maison France, elle doit appliquer les règles d'une maison de commerce, ou d'un foyer qui ne veut pas courir à la faillite. Pour cela il faut supprimer l'économie dirigée et faire retour à la liberté commerciale totale y compris dans le domaine du ravitaillement, car tout irait mieux si l'État faisait son métier et non celui des autres. »

Le reste du discours concernait des sujets constitutionnels et institutionnels, dont des réformes touchant le système électoral et le pouvoir parlementaire, et se terminait par : « Il faut restaurer l'empire colonial dans toute son intégrité », un message qui donne la mesure des vues réactionnaires du candidat, à l'époque.

En s'opposant aux trois grands partis qui dominaient l'Assemblée nationale, sur la question du tripartisme, Mitterrand échangea une résistance militaire pour une résistance politique, faisant même appel au nom de Charles de Gaulle pour donner plus de poids à sa campagne contre les dangers d'une dictature communiste. Les accents de son discours électoral eurent leur écho dans l'un des rares articles de Mitterrand pendant sa campagne, publié dans la Nièvre. Voici de larges extraits de ce papier paru dans *L'Espoir :*

Tribune libre

LE TRIPARTISME ET NOUS

Monsieur François Mitterand *(sic)*, candidat tête de liste d'Action et d'Unité républicaine nous adresse l'article suivant :

Il faut croire que notre liste gêne beaucoup nos adversaires, car elle est depuis quelques jours le point de mire de leurs attaques combinées. Notre unité embarrasse tous ceux qui craignent le rassemblement d'hommes libres en face de la dictature de trois partis.

En effet, notre liste, qui n'a rien à camoufler, mais, par contre, peut légitimement proclamer qu'elle représente tous les membres de l'opposition, reçoit partout un chaleureux accueil. Devant le danger commun, le parti communiste, la faiblesse socialiste et les reniements MRP qui se sont installés confortablement au pouvoir, les Nivernais et les Nivernaises savent bien qu'il était nécessaire de faire bloc.

Il faudrait ramener le débat à ses réelles proportions. Il s'agit maintenant pour tous les citoyens fidèles aux libertés gouvernementales de comprendre que si les trois partis au gouvernement se combattent pendant le temps très bref des campagnes électorales, ils ont toujours été d'accord pour instituer un dirigisme économique et politique avant-coureur de dictature.

Que va devenir l'indépendance de la Justice? En livrant à des hommes politiques nos garanties judiciaires, les trois partis sont en réaction contre nos plus vieilles traditions libérales.

Que vont devenir les libertés du commerce et de l'agriculture, ou plutôt que sont-elles devenues? Là-dessus, chacun de ceux qui me liront savent bien ce qu'il faut répondre. La meilleure preuve de l'utilité de notre liste réside dans le fait que MRP, socialistes et communistes le combattent avec un égal acharnement. Cela nous démontre que nous sommes dans le vrai, et si le MRP s'obstine à nous calomnier, cela démontre aussi qu'afin d'obéir à ses rancunes il n'hésite pas à favoriser la réélection d'un deuxième député communiste.

Nos positions, nous les avons clairement annoncées : PRL, UDSR, Union gaulliste, Parti paysan ont, avec le Parti radical et radical-socialiste, décidé de soutenir notre liste composée d'hommes indépendants. Nous avons fait le rassemblement des non : non à l'État trust, non à la gabegie et non à la faillite, et si le MRP n'avait pas l'habitude des interprétations abusives, il reconnaîtrait avec nous que le général de Gaulle, après avoir protesté contre la Constitution, vient une fois de plus d'inviter les Français et les Françaises à choisir des représentants réellement décidés à lutter contre les institutions [1].

Ce thème fut également exploité par le quatrième colistier de Mitterrand, Simon Raveaux, un directeur d'école honoraire, vétéran de la Grande Guerre et ancien secrétaire général du Comité d'aide aux prisonniers de guerre de la Nièvre durant la période de Vichy, quand il rencontra Mitterrand. En réponse à une requête de la Ligue des droits de l'homme et du citoyen, Raveaux, qui se disait indépendant socialiste, réclamait le retour du système électoral de 1939 et ajoutait : « Pendant quarante années, j'ai enseigné et fait apprendre le texte de la Déclaration des droits de l'homme et du citoyen. C'est vous dire combien je reste attaché à nos libertés. »

---

1. Voir aussi p. 60, un autre article de F. Mitterrand.

La méthode du scrutin de 1946 exaspérait des hommes comme Mitterrand et Raveaux, car il s'agissait d'un système complexe qui permettait quantité de manipulations. Il me fallut une longue conversation avec Marc Daladier, fonctionnaire à l'Assemblée nationale, et petit-fils d'Édouard, pour comprendre les manœuvres électorales possibles pour assurer aux grands partis le partage du pouvoir.

Cette méthode de scrutin, abandonnée en 1958, était fondée largement sur les apparentements. Avant les élections, tous les partis pouvaient nouer des alliances officielles même avec des mouvements privilégiant des priorités opposées. Ces transactions toujours au centre d'âpres marchandages assuraient un transfert automatique des voix à la liste apparentée la mieux placée après le vote à la proportionnelle. Les grands partis impliqués dans le tripartisme utilisaient ce système pour exclure les petits groupes de l'opposition. Il se trouva souvent qu'un électeur ayant voté pour un candidat eût sa voix comptée dans le résultat d'un autre. Du respect de ces accords électoraux dépendait le bon partage des postes au gouvernement.

Ces magouilles d'arrière-cuisine électorale semblaient très éloignées des soucis d'un électorat qui souhaitait avant tout la fin d'une austérité, tellement aiguë en 1946 que l'on demanda aux électeurs de rédiger eux-mêmes leur bulletin, si nécessaire, pour compenser une pénurie de papier. À 6 heures du matin, le jour avant la commémoration de l'armistice, la population commença à exprimer son verdict sur l'outsider de droite qui un jour deviendrait le plus célèbre politicien de la Nièvre (si l'on excepte le collaborationniste Marcel Déat) depuis le révolutionnaire Saint-Just, né à Decize.

Pour François Mitterrand, les résultats de ces élections furent « un succès magnifique » et, comme le montrent les chiffres publiés dans le *Journal du Centre*, sa liste arriva en deuxième position sur les quatre en concurrence.

NIÈVRE

Résultats totaux pour le département

Inscrits, 160.270; votants, 120.355; suffrages exprimés, 118.543.

Ont obtenu : Communistes, 39.909 voix; S.F.I.O., 28.507 voix; M.R.P. 20.050 voix; A.U.R., 30.077 voix.

Sont élus : Mme François, commun.; MM. Dagain, socialiste S.F.I.O.; Béranger, M.R.P.; ***Mitterand*** (sic), ***A.U.R.***

AUX ÉLECTIONS DU 2 JUIN DERNIER, LES CHIFFRES SUIVANTS AVAIENT ÉTÉ ENREGISTRÉS :

INSCRITS, 160.030 : VOTANTS, 127.131; SUFFRAGES EXPRIMÉS, 125.364. AVAIENT OBTENU : COMMUNISTES, 40.023; M.R.P., 32.360; S.F.I.O., 27.681; P.R.L., 16.235; RASSEMBLEMENT G.R., 7.905.

LES SIÈGES SE RÉPARTISSAIENT AINSI : COMMUNISTES, 2; S.F.I.O., 1; M.R.P., 1.

Même dans la victoire, le jeune député fut spolié d'un *r* dans son nom, mais il pouvait se féliciter d'avoir augmenté l'électorat de droite de 6 000 voix sur le plan départemental, depuis les dernières élections de juin, confirmant ainsi les prédictions optimistes du PRL de Barrachin. L'analyse d'un tel score apparut dans le *Journal du Centre*, dans un article non signé, coincé entre des rumeurs sur la réapparition du pain blanc et l'annonce d'une exposition d'aquarelles à Nevers.

La Nièvre, une fois de plus, s'est singularisée. On n'y enregistre ni progression communiste, ni effondrement socialiste, au contraire. Quant au MRP, s'il perd plus du tiers de ses électeurs, ce ne sont pas des chrétiens sociaux comme il en existe en Bretagne ou en Alsace, mais bien des modérés classiques qui s'étaient rués dans son sillage pour faire pièce – programme rudimentaire – à la progression des partis populaires. S'il conserve d'extrême justesse son siège, c'est de sa position acquise. L'ont soutenu ceux qui pensaient qu'il constituait encore une force cohérente. Qu'on revote dans les 15 jours, il dégringolera complètement la pente.

Le rédacteur faisait remarquer que le nombre des abstentions avait augmenté de 7 000 depuis juin mais que Mitterrand avait conservé toutes les voix PRL-RGR tandis qu'il avait recueilli les votes dissidents MRP. Le chroniqueur vedette du *Journal du Centre*, Charles Exbrayat, exprimait sa satisfaction en constatant le succès de la campagne contre le tripartisme menée par le quotidien en soutien à Mitterrand. Le journal précisait que la droite enlevait avec justice un siège aux communistes favorisés dans le passé par « une loi électorale bâtarde, injuste et déloyale ».

Dans le camp communiste, le perdant fut le maire de Nevers, Marcel Barbot, un résistant de la première heure, qui dut attendre dix ans avant de prendre une petite revanche avec son élection à l'Assemblée nationale en 1956. Pendant les années intermédiaires, le journal communiste *L'Émancipateur* ne manqua pas une occasion d'accabler de mépris le nouveau député Mitterrand. Barbot, qui avait été désigné candidat en 1946 suite au décès du député communiste en place, expliqua en partie le succès de son rival par une histoire de betteraves.

« J'ai connu Mitterrand dès son arrivée rue Thiers à Nevers, en 1946, et il m'a battu. Il était d'ailleurs venu pour cela, se souvint Barbot. Avant l'élection, la droite avait envoyé un premier candidat qui n'avait pas reçu l'approbation des locaux. À son arrivée, Mitterrand a annoncé tout de suite la couleur; il était venu pour débarrasser la Nièvre des communistes. Dans le département où il y avait beaucoup de personnes démunies, on allait arracher les betteraves en Saône-et-Loire pour obtenir du sucre en échange. Les élections se sont tenues pendant le fameux arrachage si bien qu'il manquait beaucoup de voix communistes, et Mitterrand est ainsi passé pour une histoire de betteraves. Nous avons fait une étude très sérieuse à l'époque pour analyser les causes de notre défaite. »

Quelques milliers de votes à gauche auraient inévitablement changé les données pour le calcul de la plus forte moyenne, peut-être en faveur d'un second siège communiste, mais il est probable que le MRP ou la SFIO, plutôt que Mitterrand, en auraient payé le prix. Le taux d'abstentions frappa encore plus cruellement les communistes dans les élections municipales qui se déroulèrent simultanément. La SFIO enregistra à Nevers un net gain de voix

 aux dépens du PCF. Cela contribua à alimenter les hostilités entre les deux grands partis de gauche, dans la Nièvre, hostilités qui se prolongèrent jusqu'à la candidature de Mitterrand à la présidentielle de 1965, quand la gauche s'unifia derrière lui. Entre-temps, sa lutte contre les communistes connut une autre phase lorsqu'il entreprit de faire de la Nièvre son fief incontesté.

Résultat officiel de la première campagne de Mitterrand dans la banlieue parisienne

SEINE *(5ᵉ Secteur)* (8 députés)

Inscrits	417 965	*Suffrages exprimés*	359 016
Votants	363 571	*Bulletins blancs et nuls*	4 555
Abstentions	54 394	*Quotient électoral*	44 877

ÉLUS	QUALITÉS
FAJON (Étienne)	Instituteur, D. s.
COSTES (Alfred)	Métallurgiste, D. s.
BOUXOM (Fernand)	Employé, D. s.
GAZIER (Albert)	Employé, D. s.
P.F.M. :	
GUÉRIN (Mlle Rose)	Sténo-dactylo, D. s.
FAGON (Yves)	Fonctionnaire, D. s.
BARRACHIN (Edmond)	Publiciste, D. s.
DENIAU (Roger)	Employé.

Parti communiste et d'union républicaine et résistante.

131 642 suffrages.

Fajon (Étienne), instituteur, D. s.
Costes (Alfred), métallurgiste, D. s.
Guérin (Mlle Rose), sténo-dactylo, D. s.
Dutilleul (Émile), comptable, D. s.
Hertzog-Cachin (Marcelle), docteur, C. m.
Barbet (Raymond), cheminot, maire, C. g.
Mercier (Jean), radio-électricien, maire, C. g.
Lefort (Fernand), journaliste, maire.

Liste du parti socialiste SFIO

76 489 suffrages

Gazier (Albert), employé, D. s.
Deniau (Roger), employé.
Colliard (Lucie), institutrice retraitée.
Le Gallo (Alphonse), employé, maire, C. g.
Navier (Henri), antiquaire, C. g.
Raco (Jean), directeur commercial.
Huet (Jean), docteur en médecine, C. m.
Roche (Gabriel), directeur régional à l'Office du blé, C. m.

Liste du rassemblement des gauches républicaines.

21 511 suffrages.

Mitterand [sic] (François), journaliste.
Dallier (Amédée), professeur d'éducation physique.
Beaumont (Lucienne), ménagère.
Barret (Benoît), employé de commerce.
Talpin (Jean), docteur en médecine.
Tasdhomme (Léon), directeur de fonderie.
Brocard (René), fonctionnaire.
Latour (Jean), chef de personnel.

Liste du mouvement républicain populaire.

85 684 suffrages.

Bouxom (Fernand), employé, D. s.
Fagon (Yves), fonctionnaire, D. s.
Touquet (Germaine), secrétaire.
Grémillet (Fernand), tourneur-outilleur.
Ferrier (Gabriel), directeur commercial, C. g.
Lucet (Jeanne), institutrice.
Chaumeret (Yves), ingénieur.
Gourbin (André), employé.

Parti républicain de la liberté.

39 101 suffrages

Barrachin (Edmond), publiciste, A. D.
Pèze (Edmond), négociant en draperies.
Devaud (Marcelle).
Féron (Jacques), agent technique métallurgiste.
Lamotte (Félix), commerçant.
Bayard (Gaston), chirurgien oculiste.
Poizet (Charles), agent de maîtrise.
Blacque-Bélair, représentant de commerce.

Parti communiste internationaliste.

4 589 suffrages.

Frank (Pierre), ingénieur.
Henger (Pierre), métallurgiste.
Masson (Albert), métallurgiste.
Rambeaud (Marcelle), métallurgiste.
Monier (Roger), métallurgiste.
Mansion (Maurice), métallurgiste.
Lesourd (Paul), métallurgiste.
Moser (Roger), métallurgiste.

Mme Devaud ajouta quelques précisions sur le PRL et son prédécesseur, le PSF :

« Il est temps de rétablir la vérité sur le PSF et je m'inscris en faux contre ceux qui l'ont assimilé aux ligues. C'était un mouvement totalement différent qui a d'ailleurs été au plus mal avec les ligues telles que l'Action française. J'ai vécu cette période et je me rappelle que le PSF était constamment en procès avec les ligues qui lui reprochaient de n'être pas assez à droite. De même, pendant la guerre, les militants du PSF ne se sont pas rangés du côté de Pétain, d'ailleurs de La Rocque a été déporté et Noël Ottavy, son bras droit, est mort en déportation. Je les ai bien connus et, selon moi, ils ont mené une action très bénéfique dans le domaine social. Ils ont été les premiers à introduire le souci du social dans la droite française et en particulier dans la bourgeoisie.

« Avant le RPF [le Rassemblement du peuple français fondé par de Gaulle et ancêtre du RPR de Chirac], le PSF avait réussi à réunir un rassemblement énorme avec autant d'ouvriers que de bourgeois, et sa doctrine sociale, très inspirée du christianisme social, était très avancée pour l'époque. Le PSF était notamment à l'origine de la création de dispensaires et de centres culturels dans des villes de banlieue qui étaient bien plus rouges qu'elles ne le sont maintenant. Le PRL se trouvait dans la continuité de l'esprit du PSF. Barrachin avait voulu reconstituer un groupe de ce genre avec une action sociale plus avancée. Pour vous donner un exemple, c'est moi qui ai déposé la proposition de loi sur la Sécurité sociale étudiante.

« Lors de la création du RPF (avril 1947), j'ai eu une crise de conscience : comme beaucoup d'élus du PRL, j'étais également gaulliste. Barrachin était dans le même cas, il était d'ailleurs à Alger pendant la guerre.

« Nous avions donc la double appartenance PRL-RPF. Cela a bien marché pendant plusieurs années, puis un beau jour (vers 1953), le RPF, un peu grisé par la gloire, est devenu plus exigeant et a voulu que nous choisissions entre le gaullisme et le PRL. Comme le RPF était un mouvement qui avait une assiette plus large, j'ai choisi d'aller au RPF en 1953. Le groupe s'est amenuisé peu à peu et ceux qui avaient choisi de rester au PRL ont finalement fusionné avec les indépendants.

« Au moment du choix, Barrachin s'est buté avec de Gaulle de façon très désagréable en lui disant qu'il n'avait pas le droit d'exiger que les députés PRL entrent au RPF et qu'il valait mieux avoir une formation indépendante. De Gaulle n'a pas voulu et, comme ils avaient tous les deux un caractère difficile, ils sont restés fâchés. Barrachin a essayé de remonter quelque chose de plus proche des radicaux-socialistes mais cela n'a pas marché. »

Le 28 octobre 1946, *La Voix du Centre,* publia un autre article de Mitterrand titré : CONTRE LE DOUBLE JEU

Le fait le plus remarquable de la situation politique dans la Nièvre est que, malgré le vote unanime des députés du département, tous partisans du « oui », près de cinquante mille électeurs ont répondu « non » lors du référendum du 12 octobre. Or, il nous faut constater que le parti radical et le PRL qui, seuls ici, préconisaient le « non », totalisaient au mois de juin vingt-quatre mille suffrages. Cela signifie donc que vingt-cinq mille électeurs n'ont pas répondu de nouveau aux consignes du tripartisme.

C'est pour cette raison sans doute que nous voyons désormais chacun des trois partis au pouvoir, MRP, communiste, socialiste, répudier à cor et à cri la formule du gouvernement dont ils partagent pourtant la responsabilité.

Car, à quoi sert de proclamer pendant une campagne électorale que le tripartisme est néfaste aux intérêts du pays si, pendant une année, on a tout fait pour le maintenir? Ce double jeu irrite les Français et les déconcerte. [...]

Ces trois partis ont oublié une règle de gouvernement fondamentale, à savoir que les ministres sont solidaires devant la Nation et que les fautes ou les erreurs de l'un atteignent du même coup tous les autres.

Il est très facile de partager les bénéfices du pouvoir et d'en réclamer ensemble les avantages pour tenter au moment où les choses se gâtent de tirer son épingle du jeu.

De ce fait, la position de la liste d'action et d'unité républicaine est simple : elle représente en face des trois partis qui dirent « oui » au référendum et qui portent solidairement la responsabilité d'une mauvaise gestion des affaires publiques, le bloc des adversaires de la Constitution, le bloc de l'opposition.

Des voix autorisées nous ont indiqué le chemin. Le général de Gaulle, Édouard Herriot, Michel Clemenceau, Pierre Bourdan ont défini le lourd passif des partis au gouvernement. En face des dangers qui nous menacent, ils ont réclamé des institutions efficaces et durables. À la dictature des partis, ils ont répondu par l'appel à l'unité des Français fidèles à la liberté.

Aussi, la liste que j'ai l'honneur de présenter aux électrices et aux électeurs de la Nièvre a-t-elle fait son choix. Seule liste d'opposition, elle évite, grâce à la discipline des républicains, la dispersion des suffrages. Aucune hésitation n'est permise à ceux qui ont voté « non » comme à tous ceux qui ne veulent plus du tripartisme.

Le PRL et le parti radical n'ont pas voulu permettre l'éparpillement des voix républicaines. Quelles que soient leurs divergences particulières, ils sont, avant tout, les défenseurs de nos libertés.

L'exemple qu'ils donnent en invitant leurs amis à voter pour la liste d'action et d'unité républicaine sera suivi.

Le parti communiste et ceux qui, par faiblesse ou par intérêt, gouvernent avec lui resteront solidaires jusqu'au bout et recevront ensemble le désaveu des patriotes.

François MITTERRAND,

Candidat tête de liste
pour la liste
d'Action et d'Unité Républicaine.

Les professions de foi des autres candidats :

ÉLECTIONS GÉNÉRALES DU 10 NOVEMBRE 1946.
DÉPARTEMENT DE LA NIÈVRE

Liste Communiste et d'Union Républicaine et Résistante

FRANÇAIS, FRANÇAISES,

Après avoir ratifié la Constitution qui permet à la France de sortir du provisoire et d'être dotée d'institutions stables et démocratiques, vous êtes appelés à élire le 10 novembre prochain vos députés à l'Assemblée nationale. Vous êtes appelés à fixer par votre vote l'orientation de la politique française pour une période de cinq années qui peut être décisive pour l'avenir de la France.

Le Parti Communiste Français vous soumet, à cette occasion, les grandes lignes de son programme de renaissance nationale, de progrès social, de renouveau économique et de sécurité française.

Le Parti Communiste Français est le Parti de l'accord entre les paroles et les actes. Après avoir joué un rôle essentiel dans la lutte pour la libération nationale où 75 000 de ses membres sont tombés glorieusement, il est aujourd'hui le champion des libertés et de la sécurité de la patrie.

Il a lutté inlassablement pour l'augmentation de la production qui permet au pays de remonter la pente. Il a porté la production du charbon à 110 % de la production d'avant-guerre.

Il a soutenu et fait triompher les revendications légitimes des diverses catégories de la population : relèvement des salaires, traitements, retraites et pensions; organisation de la sécurité sociale; statut de la fonction publique, réparation des dommages de guerre.

Il a empêché la remise en vigueur du système vichyssois des réquisitions chez les paysans.

Plein de sollicitude pour la famille, il a défendu les droits de la femme; il a établi l'égalité des salaires féminins et masculins; il a protégé la maman et l'enfant par le relèvement des primes et allocations; il a multiplié les œuvres sociales en faveur de l'enfance, notre plus doux espoir; en faveur de la jeunesse (colonies de vacances, cantines scolaires, etc.); il a fait triompher l'augmentation de la retraite des vieux travailleurs et son extension à 2 millions de nouveaux bénéficiaires.

Il a soutenu les anciens combattants, prisonniers et déportés et leurs familles ; fait adopter le rajustement des pensions au coefficient 3,5 et fait obtenir d'autres améliorations sérieuses, aide médicale, habillement des rapatriés, appareils de prothèse, cures thermales pour mutilés ; extension des réparations aux victimes civiles de la guerre, etc.

Il a agi avec succès pour que soient proclamés dans la Constitution, les droits économiques et sociaux, la laïcité dans le respect des convictions de chacun, la souveraineté des élus du peuple.

Il a combattu pour le droit de la France à la sécurité et aux réparations.

Le Parti Communiste Français entend poursuivre demain ses efforts dans le même sens.

Renaissance économique

Pour mener à bien la reconstruction de la France, pour restaurer son économie et assurer son indépendance à l'égard de l'étranger, il est nécessaire d'intensifier encore notre production industrielle et agricole.

L'essor économique exige :

Que l'effort des ouvriers techniciens, ingénieurs et fonctionnaires soit stimulé par une amélioration parallèle de leurs conditions de vie et de celles de leurs familles.

Que le labeur des paysans soit encouragé **par une protection efficace de nos cultures contre la concurrence étrangère**, par la fourniture de machines et d'engrais à bon marché, par la juste application du Statut du fermage et du métayage, par l'amélioration de l'habitat et des chemins ruraux et par l'extension du réseau électrique à l'ensemble des villages et hameaux de France.

Que soit consolidée la propriété paysanne par une aide efficace aux jeunes ruraux et par l'accession des travailleurs de la terre à la propriété.

Que la France maintienne, en tout état de cause, ses productions essentielles contre toutes les tentatives des trusts internationaux.

Qu'il soit mis fin à la hausse abusive des prix qui tend à frustrer les masses laborieuses des améliorations qu'elles ont obtenues, en un moment où les magasins reçoivent de plus en plus de marchandises.

Que le franc soit défendu par une politique d'économies budgétaires et par une action énergique contre les spéculateurs qui veulent organiser la vie chère et qui édifient des fortunes énormes sur les souffrances et les misères du peuple.

Que la propriété, fruit du travail et de l'économie, soit respectée et protégée.

Que les postes essentiels de l'administration et de l'économie

soient enfin débarrassés par une épuration énergique de l'esprit, des méthodes et des hommes de Vichy, trop souvent maintenus en place par un esprit de caste contraire à l'intérêt national.

Que notre industrie et nos transports reçoivent, au titre des réparations, le charbon de la Ruhr et le matériel allemand nécessaire pour nous dédommager des pillages nazis.

Rénovation de la Démocratie

L'adoption par le pays de la Constitution soumise à ses suffrages assure le passage de la France du régime provisoire à celui de la démocratie organisée.

Le Parti Communiste Français luttera pour l'application concrète des libertés et droits proclamés par la Constitution nouvelle; il s'efforcera de remédier à la grande détresse de l'école laïque qui doit être aidée, encouragée et honorée; il veillera au bon fonctionnement des institutions de la République.

Le Parti Communiste Français s'opposera à la révision de la Constitution dans un sens réactionnaire. Il dénonce toute menée qui serait faite en ce sens comme contraire aux intérêts de la France.

Le Parti Communiste Français qui a protesté seul contre les acquittements scandaleux de la Haute Cour en faisant démissionner ses jurés et qui, seul, a voté contre les validations du munichois Daladier, du fossoyeur de la France Paul Reynaud et du collaborateur Frédéric Dupont, agira démocratiquement pour la révision des mises en liberté et des grâces scandaleuses accordées à des traîtres notoires.

Le Parti Communiste Français, **le Parti de la propreté qu'aucune éclaboussure n'a jamais atteint,** portera le fer dans les scandales intolérables provoqués par d'ignobles trafiquants trop souvent couverts par des services non épurés. Il le fera sans autre considération que l'intérêt supérieur de la France si haut placés qu'en soient les responsables.

Indépendance-Sécurité-Paix

La politique extérieure de la France ne doit dépendre **que des seuls intérêts français. Tout traité conclu avec une autre puissance doit l'être sur un pied d'égalité et uniquement en fonction de nos intérêts nationaux.**

Pour soutenir cette politique, outre une économie puissante et libre, la France a besoin d'une armée nationale et républicaine au seul service du pays.

Envahie trois fois en soixante-dix ans par le même agresseur allemand, la France doit exiger des garanties pour sa frontière de l'Est, le bassin de la Ruhr doit être internationalisé, la Sarre doit être rattachée économiquement à la France. De plus, si l'éveil des forces démocratiques doit être favorisé en Allemagne, il faut avant tout détruire toutes les survivances du nazisme et du militarisme prussien.

Il faut rompre avec FRANCO, établir des relations amicales avec les démocraties avancées d'Europe, resserrer nos liens avec l'URSS, la Grande-Bretagne et les États-Unis en rejetant toute politique de blocs. Ainsi la France pourra vivre en paix.

FRANÇAIS ET FRANÇAISES,

Face à la réaction qui mène une formidable offensive dans l'espoir de s'emparer du pouvoir pour cinq ans et plus, afin de ramener la France aux plus sombres périodes de l'oppression, de détruire la laïcité et de liquider les nationalisations au bénéfice des trusts, rassemblement des forces ouvrières et démocratiques, rassemblement autour du Parti Communiste Français, le plus grand des partis de gauche, le seul qualifié pour assurer la victoire de la République!

Rassemblement autour du Parti de Maurice THOREZ, Jacques DUCLOS, André MARTY, Benoît FRACHON, Marcel CACHIN, Gaston MONMOUSSEAU, Arthur RAMETTE, François BILLOUX, Charles TILLON, Raymond GUYOT, Léon MAUVAIS, Marc DUPUY, Étienne FAJON, Waldeck ROCHET, Georges COGNIOT, Florimond BONTE.

VOTEZ pour la liste communiste et d'Union Républicaine et Résistante, afin de donner des moyens encore plus puissants

– au Parti de la Renaissance qui fut aussi celui de la Libération

– au Parti des Hommes d'action et des Réalisateurs audacieux

– au Parti de la Propreté et du Dévouement au bien public

– au Parti de la Sécurité et du Paiement des réparations

– au Parti de l'Indépendance nationale et de la Paix

– au grand Parti des Travailleurs de la ville et des champs

– au grand Parti de la République.

VOTEZ pour les hommes propres, clairvoyants, courageux qui veulent faire de la France une terre de prospérité et de liberté.

VOTEZ pour la liste de **FRANÇOIS Germaine, BARBOT Marcel, GILLOT Roger, RIQUIER Suzanne,** sans rien y changer.

VIVE LA FRANCE! que nous voulons et que nous ferons libre, forte et heureuse.

VIVE LA RÉPUBLIQUE laïque, démocratique et sociale!

Vu : LES CANDIDATS.

ÉLECTIONS LÉGISLATIVES DU 10 NOVEMBRE 1946

Parti Socialiste SFIO

CITOYENNES,
CITOYENS,

Le 29 septembre, grâce aux efforts obstinés et clairvoyants des socialistes, l'Assemblée Nationale a adopté une Constitution démocratique et républicaine.

Le 13 octobre, conscients du danger grandissant du pouvoir personnel, vous avez tenu à mettre fin au provisoire.

Le 10 novembre, vous aurez à désigner vos représentants à une Assemblée législative élue pour cinq ans.

De graves problèmes attendent ces hommes.

Pour faire face au désordre économique et financier, pour arrêter le danger de l'inflation, pour assurer un ravitaillement suffisant, *une politique énergique cohérente et saine* s'impose de toute urgence.

■

Au lendemain de la Libération, le Parti Socialiste SFIO a proposé les solutions hardies permettant de sauver la nation et de rendre confiance au peuple dans son avenir.

Il a la fierté d'avoir *seul entre tous* demandé en février 1945 l'échange des billets avec blocage qui eût alors écarté le péril de l'inflation et jugulé le marché noir.

Le 31 décembre 1945, c'est sur son initiative que les crédits militaires ont été réduits de 25 %.

Aujourd'hui, le Parti Socialiste, fort des expériences du passé, vous demande de lui faire une confiance suffisante pour lui permettre de revendiquer demain les responsabilités du pouvoir.

Vous avez tous conscience que l'heure du socialisme est venue. Notre Parti doit être le premier parti de France.

■

Il entend, pour cela, que son programme soit connu de tous.

Autant et souvent mieux que tous autres, il saura défendre les intérêts des travailleurs et des catégories sociales que le régime actuel et la guerre ont plus particulièrement touchées.

 Mais il tient à proclamer cette vérité essentielle :

– LES INTÉRÊTS DE CHACUNE DE CES CATÉGORIES SONT INDISSOLUBLEMENT LIÉS À CEUX DE LA NATION TOUT ENTIÈRE, À LA SAUVEGARDE DES INSTITUTIONS DÉMOCRATIQUES ET À L'ORGANISATION DE LA PAIX.

■

LES INTÉRÊTS DE LA NATION ET DU PEUPLE TRAVAILLEUR SONT LIÉS.

Il ne saurait être question d'aménager pour le sauver un régime économique qui meurt et qui n'a jamais engendré que la ruine et la guerre.

Mais il faut que la France soit, dans les années qui viennent, sauvée de la faillite, rééquipée et modernisée.

À cet égard, le Parti Socialiste affirme la nécessité d'organiser la reconstruction de notre pays conformément à un plan préétabli.

La légitime satisfaction des intérêts des classes laborieuses, des ouvriers, des paysans, des fonctionnaires, des artisans, des petits commerçants, des retraités, des vieux, des sinistrés, des victimes civiles et militaires, de tous les exploités quels qu'ils soient, est liée à ce redressement du pays.

■

IL NOUS FAUT DONC :

- Assainir nos finances, par la lutte contre l'inflation, l'assouplissement et la simplification du système fiscal actuel, la réduction massive des crédits militaires et la compression des dépenses civiles ;
- Organiser la production pour tirer le maximum de nos ressources naturelles par la socialisation des industries clés, la gestion démocratique des secteurs socialisés et, dans le secteur libre, le retour progressif à la liberté complète des producteurs ;
- Développer sur le plan agricole la coopération, moderniser le matériel et les méthodes culturales ;
- Entreprendre à une grande échelle la reconstruction des immeubles sinistrés et mettre en œuvre une politique hardie du logement ;
- Relever le pouvoir d'achat réel des masses laborieuses, améliorer le ravitaillement par l'égale répartition des denrées, la suppression systématique des intermédiaires parasitaires et la répression impitoyable des trafiquants ;
- Assouplir, décentraliser et déconcentrer l'administration ;
- Pratiquer une politique sociale tendant essentiellement à subvenir aux besoins de ceux qui ne sont pas en état de travailler ;
- Organiser, sous le contrôle de l'État, l'enseignement public gratuit et laïque, dans le seul but de faire respecter partout et toujours le droit de l'enfant à être éduqué dans une atmosphère de liberté.

LES INTÉRÊTS DES TRAVAILLEURS SONT SUBORDONNÉS À LA SAUVEGARDE DES INSTITUTIONS DÉMOCRATIQUES.

Notre Parti se félicite de ce que le pays soit enfin sorti du provisoire.

Il demande à tous les républicains de ne pas se laisser détourner de la bataille politique et sociale par la propagande de la réaction qui s'efforcera d'obscurcir l'enjeu de la lutte en réclamant une révision immédiate de la Constitution.

C'est seulement quand elles auront fonctionné qu'il sera possible de voir si les institutions ont besoin d'être amendées.

Le Parti Socialiste dénonce les manœuvres révisionnistes qui tendent en réalité à l'instauration d'un pouvoir personnel.

■

MAIS AVANT TOUT, IL FAUT SAUVER ET ORGANISER LA PAIX.

La France, sur la proposition socialiste, a été le premier pays du monde à inscrire dans sa Constitution que, sous réserve de réciprocité, elle est prête à renoncer à une partie de sa souveraineté au bénéfice de l'organisation internationale.

Le Parti Socialiste proclame solennellement la condition primordiale de la paix : toutes les nations, petites et grandes, doivent accepter de se plier aux lois de la démocratie internationale, s'incliner devant les décisions prises à la majorité et promouvoir une coopération économique entre les peuples.

La France, ne subordonnant sa politique à celle d'aucune nation, désireuse d'être le ciment d'amitié entre toutes, et de faire prévaloir les intérêts collectifs de l'humanité sur les intérêts particuliers des puissances, doit grouper autour d'elle toutes les nations ayant les mêmes aspirations, et être l'animatrice de la solidarité internationale.

La sécurité collective exige un règlement international du sort de l'Allemagne. Hostile à tout démembrement et à toute annexion, le Parti Socialiste réclame une occupation internationale prolongée jusqu'à la dénazification totale, l'internationalisation économique au profit de la communauté des États sinistrés, de cet arsenal de guerre que constitue la Ruhr, l'attribution par priorité à la France, à titre de réparations, du charbon de la Sarre.

Léon DAGAIN, *Député sortant.*
Edmond NESSLER, *Adjoint au Maire de Nevers.*
Henri GAMARD, *Ancien Député.*
Marcelle LAURENT, *Secrétaire commerciale.*

Élections Générales du 10 Novembre 1946

MOUVEMENT Républicain Populaire

◆

NIVERNAISES,
NIVERNAIS,

Par l'action inlassable du MRP – seul parti nouveau issu de la Résistance à l'ennemi – la France, notre Patrie, est délivrée des servitudes du provisoire, comme des périls de la dictature d'une assemblée ou d'un parti.

La IVe République est née. Il reste à la bâtir. *Elle sera ce que le Peuple français la fera.*

Pour la Nièvre, la Fédération départementale du MRP propose à vos suffrages quatre candidats également dévoués à la cause de la renaissance de la Nation :

André BÉRANGER, *Député sortant ;*

Georges COINTE, *Avocat-Avoué, à Clamecy ;*

Docteur Ch. BOURDILLON, *Conseiller général de Nevers ;*

Louis CHARTOGNE, *Employé de commerce.*

Ces hommes, purs de toute compromission, vous demandent de leur apporter votre confiance. Ils ont la conviction que, seul, le MRP auquel ils appartiennent peut mener notre pays à *une vie meilleure, plus juste, dans le respect de toutes nos libertés comme de notre indépendance nationale.*

Ils vous invitent à considérer pendant quelques instants les efforts déjà entrepris par les hommes du MRP à la deuxième Assemblée Constituante, efforts qu'ils entendent poursuivre. Vous leur en donnerez les moyens !

... *C'est Georges BIDAULT,* ancien Président du Conseil National de la Résistance, Président du Gouvernement Provisoire, Ministre des Affaires Étrangères depuis la Libération, qui, par son autorité et sa ténacité, que nul ne conteste, a tant fait pour que la France reprenne sa place auprès des grandes Nations alliées et puisse faire entendre ses justes revendications ;

... *C'est Pierre-Henri TEITGEN*, Ministre de la Justice, inébranlable malgré les calomnies de ceux qui partagent pourtant avec lui les responsabilités du Gouvernement, qui a maintenu *le principe de l'indépendance absolue de la Justice à l'égard du pouvoir politique.* C'est lui qui a fait voter la *peine de mort pour les affameurs et les trafiquants du marché noir ;*

... *C'est François de MENTHON*, Ministre de l'Économie Nationale, qui s'est acharné – souvent même contre son collègue communiste de la Production Industrielle – à conserver un équilibre difficile entre les prix et les salaires; les travailleurs savent que seule compte la valeur de l'argent, et que toute augmentation de salaire est un acte de pure démagogie s'il s'ensuit une augmentation équivalente ou supérieure des prix, qu'elle soit directe ou camouflée par des subventions de l'État, c'est-à-dire des contribuables;

... *C'est Robert SCHUMAN,* Ministre des Finances, qui s'est acharné à défendre notre franc contre le désordre démagogique des spéculateurs de tous ordres, tout en donnant, *au mieux de nos possibilités*, satisfaction aux demandes légitimes de bien des catégories de Français;

... *C'est Edmond MICHELET*, Ministre des Armées, qui s'est courageusement attaché à la compression des dépenses militaires, tout en s'attelant à la réorganisation de notre armée nationale, garante de notre prestige et de notre mission dans le monde;

... *C'est Robert PRIGENT*, Ministre de la Population, militant de longue date des mouvements populaires familiaux, qui a fait constamment prévaloir les droits de la famille française;

... *C'est toute une série de militants AUTHENTIQUEMENT POPULAIRES*, tels que Fernand BOUXOM, Germaine PEYROLLES, Maurice GUÉRIN, qui s'est toujours trouvée à l'avant-garde de la défense des droits des travailleurs : travailleurs des champs et des villes, ménagères aux prises avec les difficultés du ravitaillement; etc.

Si nous feuilletons le dossier des projets et propositions soumis à la deuxième Assemblée Constituante par les députés du Groupe M.R.P., nous relevons entre autres :

AGRICULTURE ET RAVITAILLEMENT. – Plan de production laitière . – Retour au marché libre dès que la production le permet. – Plan de rééquipement et de modernisation de l'agriculture. – Aide aux jeunes foyers ruraux. – Organisation d'un enseignement agricole post-scolaire. – Augmentation de l'abattement à la base sur les bénéfices agricoles. (N'oublions pas que c'est grâce aux efforts du MRP que la liberté syndicale des agriculteurs a été reconnue).

Signalons à cette place l'action personnelle, couronnée de succès, d'André BÉRANGER *en faveur de l'abolition du régime de Vichy concernant les ventes de bois communaux* source d'importants revenus pour de nombreuses communes nivernaises.

COMBATTANTS ET VICTIMES DE LA GUERRE. – Relèvement des pensions et allocations des veuves de guerre. – Application de la législation sur les « emplois réservés » aux membres de la Résistance, aux veuves et aux orphelins. – Statut des réfractaires au STO – Réparation intégrale des dommages de guerre.

COMMERCE ET ARTISANAT. – Reconnaissance et statut de la coopération commerciale. – Statut de l'artisanat (organisation professionnelle et interprofessionnelle, diminution des charges fiscales qui grèvent beaucoup trop lourdement cet important secteur de l'économie française).

FAMILLE. – Allocations familiales plus substantielles. – Primes aux naissances. – Prêt au mariage. – Allocation-logement.

FONCTIONS PUBLIQUES. – Statut général des fonctionnaires. – Reclassement et revalorisation de la fonction enseignante. – Indemnité de première mise d'équipement pour les instituteurs et professeurs de l'enseignement public.

PRODUCTION. – Statut des entreprises nationalisées. – Recherche d'une organisation des professions dans la liberté.

SÉCURITÉ SOCIALE. – Élection des administrateurs des caisses de sécurité sociale par les assurés eux-mêmes.

TRAVAIL. – Protection de la liberté du travail dans la liberté d'opinion. Augmentation de l'abattement à la base pour le calcul de l'impôt sur les traitements et salaires. – Prêts pour jardins ouvriers. – Délégués des jeunes dans les Comités d'entreprises.

VIEUX TRAVAILLEURS ET RENTIERS. – Utilisation des crédits, affectés jusqu'ici aux subventions économiques, à l'extension immédiate de l'aide aux vieux travailleurs. – Amélioration du sort des rentiers viagers de l'État.

Enfin, en ce qui concerne la Constitution d'une part, et la loi électorale d'autre part, nous rappelons les quatre points principaux suivants :

1° Le MRP reste partisan de LA REPRÉSENTATION PROPORTIONNELLE, SEULE ÉQUITABLE ET HONNÊTE. Il s'agit d'une représentation proportionnelle aménagée *dans le cadre départemental.* LE MRP AVAIT D'AILLEURS PROPOSÉ DE SOUMETTRE LA LOI ÉLECTORALE À L'ACCORD DES ÉLECTEURS PAR VOIE DE RÉFÉRENDUM.

2° Le MRP s'est engagé à poursuivre, SI LES ÉLECTEURS LUI EN DONNENT LES MOYENS, l'amélioration de la Constitution DANS LE SENS DE L'AUTORITÉ ET DE LA STABILITÉ D'UN ÉTAT DÉMOCRATIQUE ET SOCIAL ASSURANT TOUTES LES LIBERTÉS CHÈRES À TOUT FRANÇAIS.

3° La Constitution « réaffirme solennellement les droits et les libertés de l'homme et du citoyen consacrés par la Déclaration des Droits de 1789 et les principes fondamentaux reconnus par les lois de la République ». LE DROIT INVIOLABLE DE PROPRIÉTÉ ET LA LIBERTÉ DE L'ENSEI-

GNEMENT SE TROUVENT DONC FORMELLEMENT MAINTENUS.

4° La LIBERTÉ D'ENSEIGNEMENT, en particuler, émanation de la liberté de conscience chère à tout républicain, a en effet été reconnue par le Parlement, le 31 mars 1931, « comme une des lois fondamentales de la République ».

Ainsi, le passé est garant de l'avenir. Nivernaises et Nivernais, vous qui voulez :

- UNE FRANCE PROPRE,
- UNE FRANCE INDÉPENDANTE ET FORTE,
- UNE FRANCE JUSTE, DÉMOCRATIQUE, SOCIALE,
- UNE FRANCE TOUJOURS TERRE DE LIBERTÉS,

– ne dispersez pas vos voix sur des listes de partis *condamnés – vous en avez trop fait déjà l'expérience – à la stérilité et l'inefficacité les plus complètes;*

– n'oubliez pas que le MRP reste le *seul rempart de la République contre la dictature communiste;*

– accordez votre confiance aux hommes du seul grand parti français jeune et ardent qui porte en lui l'espérance et la victoire.

VOTEZ EN MASSE POUR LA LISTE DES CANDIDATS MRP!

Vu, l'un des candidats :
André BÉRANGER.

CHAPITRE III

LÉGISLATIVES, 2 janvier 1956

« Je suis un homme libre. Je ne cesserai pas de l'être. »
Le Journal du Centre, novembre 1958.

Deux mois après son élection à l'Assemblée nationale, François Mitterrand fut nommé ministre des Anciens Combattants et Victimes de guerre, par Paul Ramadier, un poste qu'il conserva dans le gouvernement de Robert Schuman, de novembre 1947 à juillet 1948. Au moment de l'effondrement de la IVe République, en 1958, il avait occupé six autres charges – Information (trois gouvernements), France d'outre-mer (deux gouvernements), ministre d'État, ministre délégué au Conseil de l'Europe, ministre de l'Intérieur et garde des Sceaux –, soit onze fonctions au total. Il avait servi sous neuf présidents du Conseil : Ramadier, Schuman (deux fois), André Marie, René Pleven, Henri Queuille (deux fois), Edgar Faure, Joseph Laniel, Pierre Mendès France et Guy Mollet. Quatre étaient radicaux, deux SFIO, un UDSR, et un (Laniel) était président du PRL quand Mitterrand fut sélectionné dans la Nièvre en 1946, mais se disait indépendant en tant que président du Conseil.

L'histoire de la IVe République, qui dura douze ans, pourrait être racontée telle qu'elle fut vécue par Mitterrand. Ce régime convint probablement parfaitement à un homme politique aux convictions idéologiques assez floues, qui, pourtant, n'accéda jamais à la charge à laquelle il aspirait le plus : la présidence du Conseil. Après un long flirt, il se vit rejeté, comme il l'avait été par Marie-Louise Terrasse. Mais tandis que cette dernière recevait des fleurs à chaque anniversaire de leurs fiançailles en souvenir d'une passion inoubliable, il prit une revanche sur la IVe République, en 1964, dans un ouvrage brillant, *Le Coup d'État permanent*. Dans un passage où implicitement il fait son autocritique, il compare 1945 à la Restauration de 1815, quand les gouvernants mirent très rapidement sous le boisseau les enseignements tirés de la guerre et des révoltes populaires.

Mitterrand écrit : « De la même façon, la France de la Libération s'assoupit comme si rien ne s'était produit entre 1940 et 1944. De Gaulle, que tant de tempêtes avaient assailli sans jamais l'ébranler, s'évanouit et disparut à la première égratignure que lui fit un parlement-croupion. Tout de suite, avec Vincent Auriol et Édouard Herriot, Paul Ramadier et Robert Schuman, Henri Queuille et André Marie, l'ancien système revint de Gand. Il s'installa dans les mêmes palais, fit cesser les tumultes au commandement de la même sonnette, repeupla les mêmes couloirs, retrouva sans gêne et sans peine le fil des mêmes intrigues. Et à la génération qui, dans l'intervalle, avait grandi (ou vieilli) au combat, il ouvrit le chantier d'une nouvelle constitution.

« Celle que le peuple français adopta par le référendum du 2 octobre 1946 fut-elle sage ou folle? Son application douteuse prouve en tout cas, une fois de plus, la vanité des textes devant la force des coutumes. On avait diminué le Sénat : on lui restitua, pièce à pièce, son office. On avait prévu la dissolution : quand Edgar Faure y recourut, on mobilisa contre lui l'ombre de Mac Mahon. On avait inventé la majorité absolue pour que cessât la valse des gouvernements : M. Queuille et après lui ses successeurs se firent un mérite de disparaître " à la troisième ", sur la simple injonction d'un parti, d'un groupe ou d'un clan. Ainsi reprit le tranquille, l'indifférent exercice du pouvoir, tandis que sous le masque d'une crise perpétuelle se déroulait l'enchaînement d'une continuité politique sans imagination et sans grandeur, mais dans le genre, exemplaire. » Et Mitterrand d'ajouter : « Presque tous les ministres ne furent que des variétés plus ou moins séduisantes d'une espèce impavide », sans ouvertement accepter une partie du blâme.

Si Mitterrand avait lu *Le Nivernais*, cinq jours après son élection de 1946, il aurait eu connaissance d'un commentaire d'une analyse britannique pessimiste sur l'avenir de la IVe République :

« Les Anglais estiment que l'avenir de la France est plutôt sombre, puisqu'elle n'a pas su se dégager de l'incertitude politique qui la paralyse et qu'elle semble vouée, et pour longtemps, à d'épuisantes crises intérieures... Les Français sont congénitalement incapables de se gouverner raisonnablement tout autant qu'eux-mêmes le sont à faire de la bonne cuisine. »

Le prestige des nombreuses responsabilités ministérielles de Mitterrand ne le favorisa pas dans la constitution de sa base dans la Nièvre. Son score de plus de 25 % des suffrages, de 1946, ne se répéta jamais et, en 1956, il dut faire appel à son vieil ami de droite, Jean de Brondeau, pour sauvegarder son siège à l'Assemblée. Mais même ses opposants rendirent justice à Mitterrand en lui reconnaissant des qualités de député assidu, travaillant inlassablement à l'édification d'un fief politique, en établissant des contacts personnels, en jouant de ses ministères pour patronner des projets et distribuer des honneurs. Sa qualité de ministre des Anciens Combattants favorisa opportunément le développement de liens avec les mouvements qui regroupaient d'anciens résistants. La Nièvre avait beaucoup souffert des représailles allemandes, notamment à Dun-les-Places près de Château-Chinon, où le maire SFIO, Anatole Emery, un marchand de vins, figurait parmi les vingt-sept fusillés. Après les exécutions, le village avait été incendié et totalement détruit.

Mitterrand jeta son dévolu sur Dun-les-Places, à prédominance socialiste, et entreprit de charmer la population. Le fils du maire, André Emery, remplaçait son père à la tête du conseil municipal et devint un ami de Mitterrand lorsque ce dernier vint se recueillir sur les ruines du village martyr en 1946, inaugurant ce qui allait devenir un pèlerinage annuel. Quand Emery me parla du président, je crus entendre l'évocation de deux hommes différents, l'un « imposant et impressionnant », et l'autre décontracté et bon copain arrivant à l'improviste pour déjeuner à la fortune du pot et montrant un goût pour « les plats simples comme les crapiauds (crêpes au lard) et la salade de pissenlits ».

Emery prêtait à Mitterrand des qualités d'ascète : « Il ne faisait pas d'excès et ne se préoccupait ni de l'argent, ni de l'heure, ni de sa tenue vestimentaire. » Mais son observation la plus intéressante concernait la fascination de Mitterrand pour l'après-vie. « Il était croyant, se souvint Emery. Il allait méditer à Vézelay. À table, il défendait le christianisme sans se préoccuper du nombre d'athées autour de lui. »

Emery pouvait parler de Mitterrand pendant des heures sans émettre la moindre critique du personnage et je ne pense pas que l'attribution de la Légion d'honneur – comme à tous les maires mitterrandistes de la Nièvre – ait influencé ses propos. Roger Hanin, le beau-frère du président, fit une fois la remarque que plus d'hommes que de femmes étaient tombés amoureux de Mitterrand; une façon inattendue de fortifier la théorie que le pouvoir et Éros vont de pair. Erik Orsenna, le lauréat du prix Goncourt, qui côtoya longtemps le chef de l'État, confia que celui-ci possédait le don de communiquer l'impression « que vous êtes seul au monde quand vous êtes chez lui », un sentiment corroboré par Léon Vié, un ami socialiste de la Nièvre : « Dès que François Mitterrand touchait le bras de quelqu'un, celui-ci était pris. »

Entre Mitterrand et ses compagnons, il semble quelquefois exister un gouffre culturel énorme. L'exemple le plus marquant est celui de Camille Marchand, maire du minuscule village de Gouloux, et dont la saboterie était encore en activité en 1995. Que pouvait bien avoir en commun l'humble artisan, qui conserve sept albums de cartes postales envoyées par Mitterrand dans ses déplacements à l'étranger, et le locataire de l'Élysée que l'on accuse si souvent d'adopter les goûts et le comportement d'un monarque?

C'est une question à laquelle une seule réponse ne saurait suffire, mais Marchand, généralement considéré comme le plus ancien proche du président dans la Nièvre, apparaît comme un modèle de sincérité. « Mitterrand est un homme secret mais, dès le début de sa carrière, il a toujours eu une volonté qui en imposait. Sa particularité par rapport aux autres hommes politiques est qu'il n'est ni méchant ni sectaire. Il est également d'une droiture remarquable. Il n'aimait pas l'argent, et d'ailleurs il n'en avait pas. Il a su se faire adopter par les gens de la région très facilement, pourtant nous ne sommes pas faciles à apprivoiser dans le coin. Tout d'abord, après la guerre, il s'est très bien occupé de la reconstruction des trois communes brûlées par les Allemands, Montsauche, Planchez et Dun-les-Places. Ensuite, il n'a jamais oublié de nous faire bénéficier d'aides alors que nous sommes dans une région économiquement sinistrée. Il a, par exemple, fait construire le collège de Montsauche. »

Si Mitterrand exerça vraiment une séduction politique, c'est certainement en ayant conscience qu'aucun militant potentiel ne veut entendre un message dépersonnalisé, adaptable à toutes les situations. Comme Orsenna, le futur adepte souhaite avoir le sentiment d'être seul dans les pensées du candidat, ou tout au moins, sentir celui-ci sur la même longueur d'onde que lui pour l'essentiel. Marchand, le sabotier – ouvrier et commerçant – approuvait toujours sans restriction la simpliste philosophie politico-économique, résumée en quelques mots, qui l'avait rallié à Mitterrand : « Il a toujours dit que l'ouvrier et le petit commerçant c'est l'âme d'une nation et on n'en a pas toujours tenu compte. »

Un autre exemple des capacités de Mitterrand à se mettre au diapason de son assistance transparaît dans un article signé Robert Danger, publié dans *France Soir* le 19 mars 1949. Le journaliste suivait le candidat, alors ministre de l'Information, dans ses déplacements dans le Morvan en vue des élections au conseil général pour le canton de Montsauche, qu'il espérait rafler à un communiste. Au cours d'un débat public, Mitterrand reconnut franchement qu'il visait à déstabiliser le Parti dans le canton, et cette bravade poussa la champion de tennis de table du cru, un communiste, à défier le candidat lors d'une partie de ping-pong. Mitterrand ôta sa veste et battit son adversaire à plate couture. Dans ce récit, l'anecdote se termine par la reconnaissance du sportif que Mitterrand n'était « pas une cloche », mais qu'il ne voterait jamais pour lui. Vains mots puisque Mitterrand délogea le conseiller général communiste, consolidant ainsi sa position dans l'est de la Nièvre et préparant le terrain pour son élection à la mairie de Château-Chinon en 1959.

Pendant ces années, Mitterrand fut considéré par le « parti des fusillés » comme l'ennemi numéro un, surtout à Nevers où il avait été élu conseiller municipal en 1947, et où il resta douze ans. Une fois installé au conseil municipal de Nevers, Mitterrand adopta une forme de résistance passive. « Comme il n'en a rien à foutre de tout ce qui ne le concerne pas directement, il ne portait aucun intérêt aux affaires de la ville », me raconta le maire communiste de l'époque, Marcel Barbot, un ancien ouvrier, âgé de 91 ans en 1995. Il ajoutait : « Aux réunions du conseil, il posait son cul sur une chaise et restait muet pendant les débats, cela pendant des années. C'était incroyable. »

En 1947, socialistes et communistes accusèrent Mitterrand de s'être joint aux votes d'extrême droite du conseil municipal pour empêcher la reconduction du mandat du maire communiste. Après une session de quatre heures et quatorze scrutins (une routine pour un ministre de la IVe République), l'assemblée désigna un maire gaulliste, mais Mitterrand, selon Barbot, soutint un adjoint ancien élu de la municipalité sous Vichy.

L'Émancipateur, le journal communiste de la Nièvre, qui ne laissait jamais passer une chance d'attaquer Mitterrand, saisit l'occasion de sa visite à Dun-les-Places, le 11 novembre 1948, pour publier des détails sur les circonstances de l'attribution de la francisque, dans un article intitulé « Le vichyste Mitterand *[sic]* se démasque cyniquement ». Dans son discours du 11 novembre, le député défendit l'indépendance de l'autorité judiciaire qui refusait de juger certains collaborateurs et le journal commentait : « On ne peut être plus cynique, mais ceci ne doit pas étonner ceux qui savent que le dénommé Mitterand *[resic]* fut un des premiers vichystes de France, ce qui lui valut de figurer dans la liste des dignitaires de la Francisque avec la rubrique suivante, " Mitterand *[resic]* François-Marie, né le 26 octobre 1916 à Jarnac (Charente), domicilié 20, rue Nationale, à Vichy. (Délégué service national des étudiants.) " »

Après avoir rappelé le serment du récipiendaire : « Je fais don de ma personne au maréchal Pétain », le journaliste ajoutait dans son article : « Gens de Dun-les-Places, vous avez pu constater, le 11 novembre, que le dénommé Mitterand *[resic]* n'était pas un parjure. »

Un mois plus tard, le même journal l'incriminait pour « une offense aux sinistrés », suite à une visite des villages détruits par les Allemands en compagnie du ministre de la Reconstruction,

Eugène Claudius-Petit. La « visite-éclair par les ministres papillons » – dont la conduite à 80 kilomètres à l'heure fut critiquée – était comparée à une course humoristique avec un arrêt tous les deux cents mètres pour boire un verre.

Mitterrand resta la cible privilégiée des communistes pendant les législatives du 17 juin 1951, quand le PCF présenta une liste portant le nom, aussi long qu'un programme, d'Union républicaine, résistante et antifasciste pour l'indépendance nationale, le pain, la liberté et la paix, et obtint plus que prévu avec un score de 29,9 %, contre 33,7 % en 1946. Mitterrand, lui, dégringola de 25,4 % à 17,3 %.

En 1951, Mitterrand demanda à l'UDSR d'envisager un rapprochement officiel avec la gauche. Même si cette démarche ne l'engageait pas à renier toutes ses idées réactionnaires ni à remettre en question sa méfiance envers le communisme, elle représentait un pas significatif. Quant au moment exact de sa convertion définitive aux idéologies socialistes, Mitterrand écrivit en 1969 :

> « Non je n'ai pas rencontré le dieu du socialisme au détour du chemin. Je n'ai pas été réveillé la nuit par ce visiteur inconnu. Je ne me suis pas jeté à genoux et je n'ai pas pleuré de joie. Je ne suis pas allé dans l'une de ses églises. Je n'ai pas prié debout, près du pilier où m'attendait sa grâce, de toute éternité. Je n'ai obtenu de lui ni rendez-vous, ni révélation, ni signe privilégié. Si la preuve de l'existence d'un dieu tient à l'existence de ses prêtres, si cette preuve gagne en force et en évidence à mesure que s'accroît leur nombre, que s'aiguise leur intransigeance, que se multiplient leurs contradictions, le dieu du socialisme existe. Mais l'originalité de ceux qui le servent est précisément d'affirmer qu'il n'existe pas sinon sous l'apparence des faits et qu'alors il naît et meurt avec chacun d'eux, création continue, changeante, rigoureuse et créatrice d'elle-même. Le socialisme n'a pas de dieu mais il dispose de plusieurs vérités révélées et, dans chaque chapelle, de prêtres qui veillent, tranchent et punissent. »

Ces mots, tirés de *Ma part de vérité*, sont probablement la meilleure interprétation du mitterrandisme – un socialisme sans doctrine mais pas trop éloigné de la définition du Larousse qui ne fait aucune allusion au marxisme : « Dénomination de diverses doctrines économiques, sociales et politiques, reliées par une commune condamnation de la propriété privée des moyens de production et d'échange. » La plupart des socialistes y ajouteraient probablement la justice sociale et la moralité publique, bien que celles-ci soient revendiquées par tout parti politique.

Même si la conversion de Mitterrand au socialisme se fit lentement, elle avait suffisamment progressé au milieu des années cinquante pour lui attirer des disciples, socialistes de souche. Ce fut au cours de la préparation des élections législatives de 1956, les plus intéressantes dans la carrière de député de Mitterrand, qu'il rencontra Léon Vié, directeur d'école à Chatenay-Saint-Imbert, membre des Jeunesses socialistes et inscrit à la SFIO en 1930, à l'âge de 16 ans.

Né deux ans avant Mitterrand, Vié éprouvait toujours le même attachement pour les principes républicains fondamentaux de la gauche d'avant-guerre. Dans sa maison de Marzy, dans la banlieue de Nevers, il me parla avec conviction et admit avoir été terriblement blessé et déçu quand Mitterrand prit la défense de l'enseignement privé, en 1984, un reproche souvent émis par de fervents socialistes. Mais en 1954, quand Vié entendit pour la première fois Mitterrand haranguer la foule, au marché Carnot de Nevers, il devint, selon ses propres termes, un « adepte ».

Par la suite, Vié entra dans le cercle des proches du futur président et ils prirent l'habitude de se rendre ensemble, en voiture, à la mairie de Château-Chinon tous les samedis, après l'élection de Mitterrand aux municipales de 1959. Dans l'intimité de l'habitacle, celui-ci aimait à expliquer sa conception du socialisme, établissant un parallèle entre sa fidélité au christianisme et son acception de l'idéologie socialiste. « Au cours de discussions avec des athées comme moi ou Charles Hernu, qui nous accompagnait souvent, Mitterrand faisait fréquemment allusion à l'amour et à la justice du Christ, et rêvait de marier les idées de l'Église avec la politique », me dit Vié à qui Mitterrand précisa : « L'Église par sa morale nous invite à nous bien conduire. » Pour Vié, Mitterrand associait l'Église avec l'amour, et le socialisme avec l'espérance.

 Vié, un homme possédant une remarquable faculté d'analyse,

avait été fasciné par la méthode de séduction de Mitterrand. « Il était mielleux et tendre, passant la main sur l'épaule. En voiture c'est moi qui conduisais. Mitterrand parlait d'une voix doucereuse, soutenue par une puissance culturelle et une puissance du verbe. »

Sa persuasion fut telle que Vié fonda la branche locale de la Convention des institutions républicaines (CIR), le mouvement qui prépara la voie à Mitterrand avant le congrès d'Épinay-sur-Seine (Seine-Saint-Denis), en 1971, rassemblement à l'origine du Parti socialiste moderne. Un jour, Vié provoqua Mitterrand sur des rumeurs concernant son appartenance à la franc-maçonnerie, mais il répondit : « Non, il y a suffisamment de chapelles. Mais j'ai beaucoup d'amis francs-maçons. Il faut être ami avec tout le monde et ne pas être sectaire. »

Pour rester dans l'entourage proche du futur président, il fallait impérativement être un inconditionnel. Vié déclina une invitation de rejoindre Mitterrand à Paris après le congrès d'Épinay en 1971 pour exercer de hautes fonctions au sein du Parti socialiste, avec comme excuse : « Je ne serai un inconditionnel de personne. » Vié, toujours très actif à la tête de la section locale du Parti socialiste a gardé en mémoire la réaction de Mitterrand : « Il m'a regardé d'un œil figé et froid. J'ai su que les ponts étaient coupés. Il ne m'a jamais recontacté. »

Vié compta parmi les douze fidèles apôtres à qui Mitterrand adressa des cartes postales quand il visita les États-Unis après sa défaite aux élections législatives en 1958 et il ne regrettait pas sa présence à ses côtés pendant la période turbulente qui commença avec les événements extraordinaires des législatives du 2 janvier 1956.

De toutes les élections législatives de Mitterrand, celles-ci méritent une attention particulière. Un regard superficiel sur leur déroulement pourrait confirmer sa réputation de tacticien électoral subtil et son art de triompher envers et contre tous. Une étude plus approfondie les fait apparaître plus comme un quitte ou double déclenché par la panique et que le hasard couronna de succès.

En 1951 et en 1955, Mitterrand tenta de persuader le Parlement de changer la loi électorale pour mettre en place un scrutin par arrondissement (circonscription) à deux tours, en arguant que le scrutin à un tour au niveau départemental avec représentation proportionnelle et son système d'apparentements avait pour but d'éliminer la troisième force, la coalition informelle du centre à laquelle s'identifiait l'UDSR. Mais lorsque son siège fut mis en péril, il abandonna toutes objections sur les apparentements – « imposés à la nation pour tenter de conserver les positions acquises » – et signa un pacte à la fin de 1955 avec des supporters du PRL. On retrouvait parmi ceux-ci son ami depuis 1946, le conservateur Jean de Brondeau, troisième sur une liste portant le nom de Centre républicain d'action paysanne et de défense des classes modestes, conduite par un chirurgien, Pierre Burgeat. Ses candidats se posaient en rivaux de ceux de la cinquième liste, l'Union des indépendants et des paysans, menée par trois maires progaullistes, grands propriétaires terriens et tous implacables critiques du député sortant. Mais le stratagème électoral ambigu de Mitterrand causa une explosion de colère parmi les adhérents UDSR de la Nièvre et il y perdit probablement autant de sympathisants qu'il n'en glana avec son alliance.

Lorsque Mitterrand exploita un système qu'il avait condamné pendant dix ans, il revint non seulement sur une question de principe mais également sur le glissement graduel à gauche amorcé cinq ans plus tôt, et en conséquence fut suspecté de manœuvre politique. Robert Bacquelin, un médecin, colistier de Mitterrand en 1951, protesta publiquement au cours d'un meeting tenu par ce dernier en décembre 1955.

« Membre de l'UDSR et vice-président de l'organisation départementale de ce parti, je monte à la tribune pour dénoncer François Mitterrand. Après chaque élection, plusieurs de ses colistiers l'ont abandonné parce qu'il avait trahi leur confiance. Je tiens à me désolidariser d'un homme qui n'a jamais fait qu'une politique personnelle. Homme de gauche à Paris, vous êtes un homme de droite dans la Nièvre. Pourquoi votre journal (*Le Courrier de la Nièvre*) qui a fulminé il y a quatre jours contre les listes UDSR apparentées à la droite, ne parle-t-il pas de votre apparentement ici avec les réactionnaires? Électeurs nivernais, votez comme vous voudrez. Votez républicain mais votez surtout contre Mitterrand car votre devoir, c'est de vous débarrasser de cet homme ». Après cette intervention virulente Bacquelin quitta la salle en signe de dégoût.

Les liens électoraux renoués avec de Brondeau ne furent pas faciles à expliquer pour Mitterrand car il avait accusé au mois de décembre son ancien sponsor et mentor, le leader du PRL, Edmond Barrachin de connivence avec le gouvernement d'Edgar Faure et des députés de droite qui, selon lui, usèrent de subterfuges pour provoquer une dissolution de l'Assemblée nationale et précipiter ainsi une campagne électorale prématurée pendant les fêtes de fin d'année.

L'hebdomadaire gaulliste, *Le Régional de Cosne,* écrivit : « La liste de division du comte de Brondeau n'a jamais eu d'autre raison d'être que de tenter d'assurer, par l'appoint de quelques voix modérées que leur procurera un apparentement immoral et scandaleux, l'élection de Mitterrand, vice-président du Front républicain », la référence à une coalition électorale autour de Mitterrand où se retrouvaient l'UDSR, le RGR, radicaux et radicaux-socialistes.

Dans une de ses offensives contre Mitterrand, qui ne semblèrent d'ailleurs jamais ébranler ses choix politiques, l'hebdomadaire national conservateur, *Les Nouveaux Jours*, estimait que Mitterrand battait le record des volte-face dans le temps comme dans l'espace. « Si Mitterrand jouait les balanciers au compte de sa carrière personnelle, l'évocation de ses zigzags serait anecdotique. Il a hélas joué contre la France. »

Malgré cette affirmation, les pressions qui pesaient sur Mitterrand étaient, avant tout, personnelles. Âgé de presque 40 ans, il risquait d'être éjecté de son siège à l'Assemblée et de perdre ses chances d'être nommé président du Conseil. Il devait faire face au problème de tout père de famille de pourvoir aux besoins d'une femme et de deux enfants – connus de son électorat par la publication dans *Le Courrier de la Nièvre* de photographies, prises dans sa maison de location à Champagne, dans le Nivernais, et destinées à faire connaître une vie familiale heureuse et unie. Ses qualités d'avocat et son inscription au barreau de Paris en 1954 ne pouvaient apporter l'assurance d'une sécurité matérielle à un politicien sans fortune qui, dans son journal, se décrivait toujours comme fils et petit-fils de cheminot. L'alliance de Mitterrand avec la droite classique était très risquée car il essayait, par ailleurs, de s'attirer la sympathie des communistes. Moins d'une semaine avant les élections, il eut un entretien (sans en informer ses alliés de droite) avec des journalistes de *L'Observateur*, *Libération* et *L'Humanité*, au cours duquel il réclama un « renversement de l'hypocrisie qui entoure la politique française ».

Il considérait qu'une collaboration avec le Parti communiste était indispensable car, d'après lui, « historiquement, il n'y avait pas de véritable politique de nombre sans la classe ouvrière dont le Parti communiste représentait indiscutablement une large fraction. Isoler le Parti communiste, c'est pratiquement ouvrir la voie du pouvoir à la réaction, puisqu'il sera impossible, dans la nouvelle chambre, d'obtenir une politique de gauche sans le communisme » déclara-t-il aux journalistes. Ces propos cléments sur le communisme tenus à Paris et le pacte inattendu avec des conservateurs dans la Nièvre produisirent un effet qui se répercuta sur les deux professions de foi élaborées par Marcel Barbot, le numéro un de la liste communiste. Dans la première datée du 9 décembre 1955, le parti estimait avoir perdu entre 60 et 80 sièges en 1951 à cause du système des apparentements, mais il incitait les socialistes, radicaux et autres républicains à « retourner les apparentements contre la réaction en les faisant servir à la victoire d'une politique de gauche ».

Aucune critique de Mitterrand ne figure dans ce document et l'on peut imaginer que les communistes présumèrent qu'il accorderait au moins quelque réflexion à leur offre d'alliance tacite. La seconde circulaire électorale, rédigée quelques jours plus tard, lorsque le revirement de Mitterrand fut révélé, contient une avalanche de termes méprisants pour le futur leader du Parti socialiste, rappelant qu'il vota pour « l'amnistie des assassins d'Oradour-sur-Glane, le réarmement de l'Allemagne, les subventions aux écoles confessionnelles (loi Barangé) [1]... Partisan de la répression en Afrique du Nord sous Mendès France, Mitterrand, ministre de l'Intérieur, déclarait à l'Assemblée nationale le

1. Edmond Barrachin était cosignataire de cette loi très contestée par la gauche. Il fut très déçu que la loi ne portât pas son nom.

12 novembre 1954 : " L'Algérie, c'est la France, la seule négociation possible, c'est la guerre "... »

Les communistes prédirent que « le réactionnaire Mitterrand peut être battu », mais celui-ci ignora le sarcasme dans ses propres professions de foi, moins acerbes qu'en 1946, en évitant toute allusion à l'extrême gauche. Selon André Emery, le maire de Dun-les-Places, Mitterrand avait beaucoup appris dans l'art de composer une circulaire électorale après son attaque du bolchevisme, en 1946, et il écarta autant de sujets qu'il en aborda en recommandant : « Il ne faut vexer personne [1]. »

Léon Vié reconnaissait en Mitterrand un « maître du double jeu » mais ne fut apparemment pas troublé ni par les allégations communistes ni par l'engagement implicite avec le PRL, et il se joignit à l'équipe de Mitterrand pour jouer le rôle de contradicteur de service, en posant les questions adéquates pour valoriser l'orateur ou, au contraire, en essayant de déstabiliser le candidat adverse. Physiquement, la campagne de 1956 se révéla être la plus dure qu'entreprit Mitterrand. À plusieurs reprises son médecin dut lui administrer des piqûres. Curieusement, il confia à Catherine Nay : « Pendant la campagne législative de 1956, tout le monde m'a cru fatigué, voire peut-être malade. En fait c'était la rage qui m'étouffait de n'être point encore président du Conseil. »

La violence se manifesta au cours de réunions, due aux partisans communistes et poujadistes agacés par l'attitude de Mitterrand. À gauche, l'incident le plus mémorable fut raconté par Vié, lequel se souvenait d'un meeting où des ouvriers d'industrie de Clamecy en vinrent aux mains avec le service d'ordre et essayèrent de forcer le barrage des gardes du corps de Mitterrand, en criant : « À l'eau, à l'eau », une menace très déterminée de le jeter dans la Loire. Juste au moment où le candidat quittait la salle, un pneu de voiture tomba d'un étage et le manqua de peu. « À un autre meeting, continua Vié, l'un de ses gardes du corps, un joueur de rugby très connu, fut molesté par des opposants. Nous fîmes rapidement passer un mot à Mitterrand, sur l'estrade, pour lui dire d'y aller plus doux sur le dos des communistes. Mais il attaqua encore plus fort. »

Dans l'ensemble, il y a convergence d'opinions, même parmi

1. Voir les professions de foi de 1956, p. 95.

ses détracteurs, pour convenir que Mitterrand était à la hauteur dans des rassemblements tumultueux, car il maîtrisait bien la technique pour neutraliser les provocateurs en les ridiculisant. « À la première réunion à laquelle j'étais présent à ses côtés, les communistes lâchèrent un énorme ballon recouvert d'une gigantesque Légion d'honneur », se rappela Vié en faisant référence à la prodigalité de Mitterrand avec les médailles, les décorations et les honneurs – dont les palmes académiques qu'il reçut pour sa carrière d'enseignant. « Mitterrand s'amusa de cette démonstration en disant : " Les Français sont cocardiers. S'ils souhaitent la Légion d'honneur, qu'ils viennent me voir. J'en donnerai. " »

Un adversaire encore plus impitoyable se révéla être la renaissante extrême droite, dominée par l'organisation de Pierre Poujade, l'Union de défense des commerçants et artisans (UDCA), qui mena une campagne violente en s'associant avec la nouvelle droite de l'avocat Jean-Louis Tixier-Vignancour. Ensemble ils composèrent une liste portant le nom d'Union de fraternité française. Mitterrand qualifia les réunions de Poujade de « fascisme à la petite semaine ». Fondé trois ans plus tôt dans le Lot, ce mouvement ressemblait à l'une de ces démonstrations périodiques de petits-bourgeois mécontents de l'ingérence trop forte de l'État. Des années plus tôt, ces manifestants avaient en partie exprimé leur soutien au régime de Vichy, et plus tard ils l'apporteraient au Front national.

Avec une certaine ironie, la campagne des élections générales de 1956, anticipées par le gouvernement d'Edgar Faure pour surmonter une crise interne, se déroula en un temps considéré normalement comme une période de paix et de bonne volonté. Mais partout en France, ni la préparation du réveillon de Noël ni celle de la Saint-Sylvestre ne calmèrent les hargnes et les rancœurs, et les meetings préliminaires au scrutin du 2 janvier se transformèrent en manifestations tumultueuses. La colère poujadiste visa essentiellement des ministres et anciens ministres – Mitterrand n'était plus en fonction depuis la chute du gouvernement Mendès France en février 1955. Ses premières réunions en décembre 1955 à Cossaye, Lucenay-les-Aix et Dornes, donnèrent l'occasion de photographier les méthodes d'intimidation peu orthodoxes des poujadistes face à leurs adversaires. À Lucenay, environ 400 d'entre eux se pressèrent dans le hall et démolirent le podium. Sur les photos, on voit un Mitterrand ahuri assister à la mise en pièces de l'estrade, et on y discerne un manifestant brandissant une chaise au-dessus du candidat et un autre arrachant les bannières.

Pour la première fois dans sa vie politique, Mitterrand n'eut même pas la possibilité de dire un mot avant de quitter la salle. Il se plaignit d'être la cible d'un complot en écrivant que les forces les plus diverses avaient juré de l'abattre, et il dénonça l'alliance secrète de Poujade avec Marcel Boussac, l'empereur du textile et propriétaire du *Figaro* et de *L'Aurore*.

Harcelé par les contradicteurs et les gros bras de l'UDCA, Mitterrand rencontra finalement Poujade lors d'un rassemblement à Château-Chinon. De ce meeting, le souvenir le plus mémorable reste l'exploit de Poujade d'arriver avec plusieurs heures de retard sur Mitterrand, presque à minuit. Dans le débat qui suivit, selon le reporter partisan du *Courrier de la Nièvre*, Mitterrand écrasa son concurrent. Sans perdre de temps, fort de la déconfiture de son adversaire, Mitterrand grignota subtilement sur le terrain du démagogue. Peut-être pensait-il à son ami, le sabotier Camille Marchand, quand il écrivit dans *Le Courrier de la Nièvre* du 17 décembre : « Des revendications légitimes peuvent et doivent se faire entendre ! Dans la foule de Saint-Saulge ou de Decize, je percevais à travers les interventions de mes contradicteurs [poujadistes] les accents sincères de ceux qui souffrent et qui peinent. Que de commerçants et d'artisans ont dû supporter d'intolérables brimades ! Que d'agriculteurs inquiets de la mévente ou de la baisse ! Que d'ouvriers réduits à des salaires de misère !... »

Une semaine plus tard, la veille de Noël, l'éditorial aurait pu être écrit par Poujade lui-même. L'auteur fulminait contre « les maladresses commises à l'égard des contribuables, les brimades et les contrôles abusifs, les règlements imbéciles et inhumains, la politique étriquée et vexatoire du ministère des Finances qui ont fini par exaspérer les plus paisibles de nos citoyens. Une fiscalité compliquée, obscure et brutale a fait le reste ».

L'éditorial prenait ensuite un ton de prédiction politique :

« Monsieur Poujade n'est qu'un épisode. Il ne compte pas. Il sera vite balayé et remplacé par son propre état-major. Alors surgira peut-être un véritable chef, intelligent et aux vastes desseins. Son nom est inconnu aujourd'hui. S'il a le cerveau de Déat et l'abattage de Doriot, la République tremblera. »

Parmi les cinquante-trois députés UDCA élus le 2 janvier 1956, figurait Jean-Marie Le Pen dont la campagne personnelle pour « faire trembler la République » commença avec son combat pour l'Algérie française. Par la suite, une extrême droite amère, terroriste et fascisante contribua à faire tomber la IVe République.

Aux législatives de 1956, les tactiques violentes et perturbatrices de l'UDCA favorisèrent Mitterrand plus qu'elles ne lui portèrent préjudice. En fait, il termina troisième avec 18,2 % des voix et n'eut pas besoin des votes obtenus par sa liste apparentée, Burgeat-Brondeau, dont une fraction des 2 % représentait probablement les suffrages de quelques petits commerçants mécontents, destinés normalement à un poujadiste. Les communistes marquèrent le meilleur score avec 29,3 % et enlevèrent deux sièges. Marcel Barbot, vaincu en 1946 à cause de la rivalité de Mitterrand, entra enfin à l'Assemblée et, par la suite, joua un rôle important dans sa carrière sous la Ve République. Les socialistes, menés par le député sortant, Léon Dagain, un inspecteur principal des PTT, arrivèrent seconds avec 18,3 %.

En définitive, pour Mitterrand ces élections ne constituèrent qu'un sursis avant la défaite, deux ans plus tard. Elles lui permirent néanmoins de continuer de profiter de la générosité de ses supporters dans la région, au titre desquels figuraient le propriétaire de l'hôtel de France, à Nevers – maintenant un immeuble d'appartements – où deux chambres lui furent réservées pendant des années, et celui de la patisserie Lyron dans la rue du Commerce. La spécialité de cette confiserie, le Négus, devint le péché mignon de Mitterrand. Ses goûts pour cette friandise au caramel en forme de cabochon, à la carapace croquante et au centre onctueux, pourraient être considérés comme des indices de la personnalité profonde du président.

La comparaison entre le bonbon faux-dur et le politicien ne semble pas si saugrenue en 1958 quand le futur président perdit son siège au Parlement et, terriblement déçu et désemparé, s'enferma dans sa chambre d'hôtel après un premier tour désastreux, refusant de répondre à quiconque.

Les premières élections de la Ve République se déroulèrent cinq mois après la prise de pouvoir du général de Gaulle, en mai 1958. La longue lutte de Mitterrand pour un changement du système électoral cessa, à sa grande satisfaction, avec l'introduction de la formule de scrutin par circonscription à deux tours, presque identique à celle réinstaurée par le gouvernement de Jacques Chirac pour les législatives de 1988 – après une expérience de Mitterrand de représentation proportionnelle en 1986. La Nièvre fut partagée en trois arrondissements : Cosne, Nevers et Château-Chinon/Clamecy. Après une étude des résultats des élections locales et nationales – Mitterrand était toujours conseiller général de Montsauche –, il opta pour la troisième circonscription de Château-Chinon où émergeait une forte tendance mitterrandiste.

À l'échelle nationale, il existait peu d'espoir pour la plupart des candidats de gauche face à la marée gaulliste, avec à sa tête l'Union pour la nouvelle république (UNR), mais Mitterrand resta persuadé que son prestige dans la Nièvre lui assurerait la fidélité de ses électeurs les 23 et 30 novembre, cela en dépit d'une brouille avec la SFIO qui soutenait le retour du général et excluait tout désistement réciproque. Le 22 novembre, Mitterrand restait optimiste, et, dans *Le Courrier de la Nièvre*, il envisageait les chances de victoire de l'UNR comme « peu probables ». Son adversaire gaulliste, Jehan Faulquier, maire de Cervon, était considéré désavantagé par le soutien d'Antoine Pinay, détesté par les agriculteurs, et par celui de Jacques Soustelle, partisan de l'Algérie française qui, d'après Mitterrand, « compromet le candidat UNR aux yeux des partisans du retour de la paix en Algérie ».

Le premier tour ébranla sérieusement Mitterrand qui non seulement traînait loin derrière le candidat UNR, mais était en

Élections législatives de 1958
Pourcentages des voies obtenues par tendances et par circonscriptions

PREMIÈRE CIRCONSCRIPTION
(arrondissement de Nevers)

(abstentions : 23,63 % contre 27 % au 1er tour)

Ont obtenu :
M. Durbet, U.N.R. : 20 863 voix, Élu; 51,74 % (43,04);
M. Barbot, communiste : 11 368; 28,19 % (26,08);
M. Cloix, socialiste S.F.I.O. : 8 090; 20,06 % (19,24),
soit 40 321 suffrages exprimés pour 41 116 votants
sur 53 822 inscrits

DEUXIÈME CIRCONSCRIPTION
(arrondissement de Cosne)

(abstentions : 28,06 % contre 26,5 au 1er tour)

Ont obtenu :
M. Boulet, U.N.R. : 21 603 voix, Élu; 59,86 % (29,56);
M. Hostier, communiste : 14 401; 39,97 % (26,28);
M. Clément : 24,
soit 36 028 suffrages exprimés pour 38 570 votants
sur 53 621 inscrits

TROISIÈME CIRCONSCRIPTION
(arrondissements de Château-Chinon et Clamecy)

(abstentions : 22,17 % contre 28,3 au 1er tour)

Ont obtenu :
M. Faulquier, U.N.R. : 15 318 voix, Élu;40,28 % (36,28);
M. François Mitterrand, U.D.S.R. : 12 219; 32,13 % (21,78);
M. le Dr Benoist, socialiste : 10 489; 27,58 % (24,60),
soit 38 026 suffrages exprimés pour 38 799 votants
sur 49 852 inscrits

plus devancé par son rival SFIO, Daniel Benoist, un médecin de Luzy. Celui-ci sembla profiter d'une campagne que Mitterrand décrivit, dans *Le Journal du Centre*, comme une attaque personnelle fondée sur des mensonges et des vilenies inspirés des méthodes chères à l'extrême droite. Le jour de la parution de cet article, le 27 novembre, l'hebdomadaire SFIO de la Nièvre, *Le Progrès social du Centre*, titrait : « De la francisque à l'extrême gauche, buvant le calice jusqu'à la lie, Mitterrand " le déloyal " va au comble de l'abjection. » Un article en première page affirmait : « La légende est détruite, mais cet homme reste dangereux [1]. »

Le seul espoir du candidat UDSR de rebondir résidait dans un désistement du candidat communiste qui avait suivi la ligne nationale du Parti, antigaulliste à outrance. Dans la Nièvre cette politique accentua les divisions traditionnelles de la gauche. Les communistes terminèrent quatrièmes à Château-Chinon et décidèrent de saboter les chances socialistes en soutenant Mitterrand au deuxième tour.

« Le scrutin avait été un désastre pour lui, se souvint Marcel Barbot. Le dimanche soir, après le vote, Mitterrand était dans sa chambre à l'hôtel de France. D'après ce qu'on raconte, il pleurait en criant à qui voulait l'entendre qu'il ne se représenterait pas au deuxième tour. S'il y a une chose que Mitterrand ne sait pas faire, c'est bien perdre. Toujours est-il, continua Barbot, que Pierre Saury [l'assistant parlementaire de Mitterrand] jouait les intermédiaires entre son patron éploré et le siège du Parti communiste. Le candidat communiste, Raymond Bussière, était prêt à se désister en faveur de Mitterrand mais ce dernier s'obstinait à dire qu'il ne se représenterait pas. Finalement, Bussière, d'autres camarades et moi avons dû nous rendre à la préfecture car l'heure limite pour le dépôt de candidature approchait. Nous avons attendu jusqu'à la dernière minute car nous commencions à connaître le caractère de Mitterrand et alors que nous allions faire la démarche officielle, nous avons vu Pierre Saury arriver ventre à terre : Mitterrand avait changé d'avis. »

Auprès de son électorat, l'image de Mitterrand avait quelque

1. Le journal montrait Mitterrand avec la faucille et le marteau sur le revers gauche de sa veste et la francisque sur le droit.

peu été ternie par sa longue association avec la IVe République déchue, mais il persistait à croire que son standing politique le sauverait du naufrage, surtout lorsque cinquante et un maires et 200 élus municipaux lancèrent un appel de mobilisation autour de lui pour le second tour. Mais Benoist accentua sa campagne personnelle, farouchement anti-Mitterrand. *Le Courrier de la Nièvre* essaya de prétendre que « l'excès de Benoist » allait aliéner à leur auteur des sympathies locales et que les communistes se rallieraient derrière Mitterrand, mais l'inévitable se produisit le 30 novembre avec la défaite des deux hommes pour le bonheur de l'UNR, même si le regroupement des voix anti-UNR, reportées sur un seul candidat, aurait facilement fait triompher la gauche. Le taux d'abstentions s'éleva à 22 % mais Mitterrand devança Benoist grâce à un apport significatif de votes communistes. Pour ces derniers, la conséquence des années de méfiance envers la SFIO – à son plus haut niveau avec la politique de Guy Mollet envers la guerre d'Algérie – se manifesta par la déroute communiste dans les deux autres circonscriptions au profit de l'UNR, Barbot perdant son siège à Nevers après un refus d'entente avec la SFIO.

La semaine suivante, l'ex-député Mitterrand écrivait dans son journal, et au-dessous d'une photographie très antipathique, un article intitulé « Commentaires sur un scrutin » dans lequel il considérait avoir été la victime des « plus violentes et plus viles propagandes ».

« L'extrême droite et le parti socialiste ont voulu m'accabler en m'identifiant à la IVe République disparue que j'ai en effet servie aux côtés de MM. Chaban-Delmas, Koenig, Jacquinot ou Coty, sous des présidents du Conseil qui s'appelaient Guy Mollet et Paul Ramadier et que j'ai tenté de redresser alors qu'elle était gérée par des présidents du Conseil qui s'appelaient Antoine Pinay, Joseph Laniel ou Pierre Pflimlin.

« Le " non " que j'ai dit au général de Gaulle lors de son investiture était le refus d'un républicain à la conjuration politique et au coup d'État militaire. Je m'enorgueillis de l'avoir prononcé. Mais depuis longtemps déjà j'avais dit " non " aux combinaisons savantes des partis, à l'immobilisme, aux guerres coloniales qui ont perdu la démocratie en l'éloignant du peuple.

« Oui, je suis un homme libre. Je le répète une fois encore à ceux dont la mission est, paraît-il, de l'ordre du spirituel et qui m'ont calomnié le cœur joyeux et la bouche menteuse. Dans la lutte politique où ils se sont engagés, ont-ils conscience du mal qu'ils font à l'idéal qu'ils prétendaient servir [1]? »

Les élections de 1958 furent un Rubicon pour Mitterrand, le moment où il mit fin à deux ans d'hésitation et d'ambiguïté en s'alliant aux communistes. Mais quand prit-il la décision d'abandonner ce qu'on pourrait considérer comme de l'anticommunisme primaire? Pendant les législatives de 1956, il usa d'un langage contradictoire à Paris et dans la Nièvre. Le 20 décembre 1955, dans le compte rendu d'un meeting à Forchambault où le candidat fut harcelé par des communistes, son journal *Le Courrier de la Nièvre* publiait son point de vue maintenu depuis la guerre : « Ce qui domine réellement l'action de leur Parti, c'est l'attachement inconditionnel à l'URSS. C'est-à-dire le dévouement, sans réserve et sans discussion, à l'égard de l'URSS qui est la pierre de touche de l'internationalisme prolétarien. »

Un éditorial, probablement écrit par Mitterrand, ajoutait : « C'est pourquoi François Mitterrand se refusant à être, de loin ou de près, le serviteur d'une autre nation que la nôtre, a repoussé toute alliance avec les communistes. Il les dénonce en tant qu'ennemis de la République, de cette République dont il se fait le défenseur. »

Au moment de la rédaction de cet article, la liste électorale de Mitterrand était apparentée à celle de droite du comte Jean de Brondeau. Moins de deux ans plus tard le Parti communiste se désistait en faveur de Mitterrand. Si le PCF ne montra aucune rancune, ce fut entièrement grâce au talent de Mitterrand à convaincre ses anciens adversaires qu'il allait prendre le grand tournant, au risque de perdre beaucoup d'amis qui l'avaient soutenu depuis 1946 dans son département-fief.

Néanmoins, les messages conciliants adressés au parti par

---

1. Mitterrand analysa ainsi les raisons de sa défaite dans *Le Journal du Centre* le 27 novembre 1958. Voir p. 102.

l'intermédiaire d'amis de confiance, ou de la presse, ne suffisaient pas. Un acte personnel de contrition, une confession de conduite répréhensible envers les hommes qu'il avait insultés et défiés pendant une décennie était nécessaire. De plus il fallait un endroit sacré pour un serment solennel de son engagement futur. Le moment se présenta par une journée froide et ensoleillée de décembre 1957, à un enterrement; peut-être la cérémonie où cet homme, fasciné par la mort et l'après-vie, est le plus à l'aise.

« C'étaient les funérailles de Robert Gérard, maire de Fourchambault et conseiller général », se rappela Marcel Barbot après avoir répété que Mitterrand avait toujours refusé de parler aux communistes pendant toutes ses années de conseiller municipal à Nevers. « Le corps de Gérard était exposé à la mairie, puis le cortège s'est mis en route pour le cimetière. Nous suivions le corbillard à pied. Tous les hommes politiques se trouvaient dans le même secteur du cortège et j'étais à côté de Mitterrand.

« Alors que nous étions à mi-parcours, Mitterrand, qui avait jusque-là gardé le silence, me dit : " Monsieur Barbot, il faut que je vous le dise, j'ai été plus souvent à droite qu'à gauche. J'ai cru qu'avec la droite je pourrais jouer un rôle et je me suis trompé. " Je lui ai répondu : " Alors, il faudra continuer à gauche. " Puis nous avons repris notre marche en silence. »

Les professions de foi de 1956 :

Liste d'Union démocratique et de défense républicaine

apparentée à la liste du Centre républicain d'action paysanne et de défense des classes moyennes

I

Nivernaises, Nivernais,

Au cours de la législature qui s'achève j'ai participé à trois reprises au gouvernement de la République. D'abord dans le premier Ministère Edgar Faure (février-mars 1952) où j'ai préparé les conventions franco-tunisiennes qui devaient un peu plus tard rétablir la paix et la concorde en Tunisie. La seconde fois dans le Ministère Laniel (juin 1953), où j'ai défini une politique nouvelle en Afrique du Nord et demandé la paix en Indochine. Devant l'inutilité de mes efforts j'ai préféré démissionner (septembre 1953). Enfin, au lendemain du désastre de Dien-Bien-Phu, j'ai participé, comme Ministre de l'Intérieur, au Gouvernement de M. Mendès France dont la politique peut se résumer ainsi : armistice en Indochine (20 juillet 1954 à Genève); conciliation en Tunisie (discours de Carthage, 31 juillet 1954); réaffirmation de l'alliance occidentale (négociations de Londres et de Paris) : réforme électorale (projet de loi pour le retour au scrutin d'arrondissement, 2 février 1955); réforme de la Constitution (octobre 1954); réformes en Algérie (élections libres, réforme agraire, égalité des citoyens, janvier 1955).

Telles sont les responsabilités que j'ai prises et que j'assume pleinement. Telle est l'œuvre à laquelle je me suis associé pour la paix et pour l'Union française.

II

Mais pendant quatre années, c'est une majorité que j'ai combattue qui a gouverné la France.

Aucune propagande n'empêchera que cette vérité soit dite : les trois Ministres des Finances de cette législature, MM. Pinay, Edgar Faure et Pflimlin, qui dirigent aujourd'hui la coalition gouvernementale, ont sans doute leurs mérites; mais ils ont laissé le commerce et l'artisanat sous la coupe des brigades polyvalentes et sous un régime fiscal d'inégalité; mais ils ont laissé l'agriculture sans défense devant des importations massives et organisé une baisse (1952) dont les ruraux ont été les victimes sans que l'économie nationale en ait tiré profit; mais ils se sont refusés à la suppression des zones de salaires et n'ont pas réussi à s'attaquer à ces deux problèmes essentiels : le salaire minimum garanti et la construction de logements.

D'autre part, l'Union française a été conduite à de douloureux échecs militaires en Asie et à de stupides contradictions en Afrique – citons par exemple le maintien des appelés et le rappel des disponibles au moment même où l'on ramenait sur le trône le Sultan du Maroc!

Enfin, on a voulu interdire au peuple de se prononcer clairement en empêchant le vote du scrutin d'arrondissement (17 novembre 1955).

Tel est le bilan que je condamne et auquel rien ne m'associe.

III

À la veille d'une nouvelle consultation électorale, les points principaux du programme que je m'efforcerai d'appliquer, si vous voulez bien me renouveler votre confiance, sont les suivants :

I. – Pour le salut de notre démocratie, il faut :

– *le retour au scrutin d'arrondissement :*

– comme Président du groupe parlementaire de l'U.D.S.R. j'ai contresigné le 11 juillet 1951 une proposition de loi dans ce sens;

– comme Ministre de l'Intérieur, j'ai déposé le 2 février 1955 un projet de loi rétablissant l'arrondissement;

– *la réforme de la Constitution :*

– pour assurer la stabilité et la continuité du pouvoir exclusif j'ai contresigné en 1953 une proposition de P. Reynaud en faveur de la dissolution;

– pour édifier une Union française fédérale, où chaque peuple puisse évoluer conformément à ses aspirations mais dans un cadre fermement dessiné.

II. – En politique extérieure, il faut :

a) maintenir l'alliance occidentale, mais faciliter la détente entre l'Est et l'Ouest et refuser aux Américains toute ingérence dans nos affaires intérieures et en Afrique du Nord;

b) exiger de l'U.R.S.S. qu'elle s'engage dans la voie du désarmement simultané et contrôlé;

c) demander des élections libres et contrôlées en Allemagne :

d) construire l'Europe économique et politique avant toute unification militaire :

e) obtenir de nos alliés la priorité stratégique dans le bassin occidental de la Méditerranée.

III. – En politique économique et sociale, il faut :

a) que les marchés internationaux s'ouvrent davantage à notre agriculture ;

– que les prix des produits fondamentaux soient garantis ;

– que les ruraux soient dotés d'une législation sociale comparable à celle des autres catégories ;

b) que la fiscalité soit réformée, en particulier :

– par l'exonération de la taxe sur le chiffre d'affaires ;

– par la suppression de la patente ;

– par la notion nouvelle du salaire de l'artisan et du commerçant ;

– par la participation des artisans et commerçants aux avantages sociaux ;

c) que les salariés :

– ne soient plus soumis à des abattements de zone injustes ;

– soient équitablement rétribués ;

– soient plus rapidement et économiquement logés ;

– participent aux résultats de l'entreprise ;

d) que les fonctionnaires :

– cessent d'être en butte aux attaques illégitimes et puissent ainsi pleinement participer, aussi bien par un traitement décent que par la dignité de leur fonction, au service de l'État ;

e) que les vieux soient enfin protégés par le fonctionnement et le financement du Fonds national vieillesse et par l'élévation de la retraite ;

f) que les jeunes bénéficient :

– de l'allocation études ;

– de la réduction du service militaire ;

– de l'aide aux jeunes ménages ;

– d'une politique du logement hardie et énergique ;

g) que les victimes de la guerre soient davantage soutenues et aidées. Les veuves de guerre et ascendants, les mutilés et invalides n'ont pas oublié que je suis l'auteur de la loi sur le rapport constant entre les traitements des fonctionnaires et les pensions de guerre (1948).

Il faut enfin rétablir la paix scolaire dans le respect de la laïcité, qui veut dire esprit de tolérance et respect de la conscience et de l'intelligence des enfants.

Un vaste plan de constructions scolaires doit être mis en œuvre.

Une saine gestion de l'enseignement public, sans monopole, ni subventions, permettra à toutes les familles françaises de connaître enfin une trêve autour de l'école, dans l'école, par l'école.

C'est pourquoi, dans le cadre du Front républicain, je fais appel ainsi que mes amis et colistiers, MM. Coudant, Conseiller général du canton de Fours, Maire de Cercy-la-Tour, Dubois, Conseiller général et Maire de Châtillon-en-Bazois, et Hézard, Maire de Pouilly, dont les réalisations nivernaises vous seront exposées dans une prochaine circulaire, aux Républicains démocrates, Libéraux et Socialistes qui veulent une France active et prospère et un régime de justice et d'égalité.

François MITTERRAND
Conseiller municipal de Nevers,
Conseiller général du Canton de Montsauche,
Député de la Nièvre,
Ancien Ministre.

Liste d'Union démocratique et de défense républicaine

apparentée à la liste du Centre républicain d'action paysanne et de défense des classes moyennes

Nivernaises, Nivernais,

Dans notre première circulaire, nous vous avons exposé les points principaux d'un programme politique dont nous vous rappelons les grandes lignes :

Pour la paix entre les peuples

- Désarmement simultané et contrôlé à l'Est comme à l'Ouest.
- Élections libres en Allemagne.
- Construction de l'Europe unie.
- Conciliation en Algérie.

Pour la justice entre les Français

- Réforme fiscale.
- Avantages sociaux égaux pour toutes les catégories.
- Prix garantis pour les produits agricoles.
- Allocation vieillesse portée à 10 000 francs par mois.
- Suppression des zones de salaires.
- Révision du salaire minimum garanti.

Pour la jeunesse

– Réduction du service militaire.
– Allocation-études aux étudiants.
– Plan quinquennal de constructions scolaires.
– Un minimum de 300 000 logements par an en favorisant à la fois les habitations à loyers modérés et la construction privée.
– Aide aux jeunes ménages.
– Amélioration de l'habitat rural par l'apport du confort moderne, adduction d'eau et courant force.
– Prêts plus importants aux jeunes agriculteurs.
– Retour des maintenus du contingent, grâce à une politique de progrès et de concorde avec les peuples d'Afrique du Nord.

L'application de ce programme étant conditionnée par :
– le retour au scrutin d'arrondissement,
– la stabilité du pouvoir exécutif,
réformes demandées par le front républicain.

Mais il ne suffit pas de proposer à vos suffrages une politique extérieure et d'Union française, économique et sociale, il faut aussi que les candidats aux élections législatives soient capables de

Défendre les intérêts nivernais

Depuis 1951 chacun de nous, dans les conseils du Gouvernement, à l'Assemblée Nationale, au Conseil général ou dans sa commune a lutté pour l'essor et l'équipement de la Nièvre : 56 adductions d'eau communales ou intercommunales ont été réalisées, 2 700 km de routes ont été refaits, le réseau électrique a été étendu et renforcé, 2 821 logements ont été construits ou reconstruits, 155 classes ont été mises à la disposition de nos enfants, 450 millions de travaux communaux ont été subventionnés.

De plus, Louis Coudant par sa connaissance des problèmes agricoles et forestiers, Louis Dubois, attaché aux problèmes d'équipement sanitaire, Paul Hézard, spécialiste de la viticulture et des bouilleurs de cru, apportent à notre liste une riche expérience technique et humaine.

Mais beaucoup reste à faire, c'est pourquoi nous nous permettons de souligner un certain nombre de réalisations qui doivent servir d'armature au plan de trois ans que nous vous soumettons.

Décentralisation industrielle

pour installer dans la Nièvre de nouvelles entreprises et permettre de retenir et de faire vivre une population autour des centres d'activité ainsi créés.

Aide au tourisme

– par de substantiels concours pour la modernisation de l'industrie hôtelière ;
– par le développement des gîtes nivernais ;
– par la construction de nouvelles routes sillonnant les sites de la Nièvre (Haut-Folin, Dun-les-Places, Les Settons, Pannecière, l'étang de Vaux, etc.) ;
– par un équipement accru de nos stations thermales ;
– par l'exécution de grands travaux routiers (déviations de la Nationale 7. - Rectification de virages. – Reconstruction des ponts sur la Loire).

Constructions massives d'habitations

partout où sévit la crise du logement. À Nevers, par exemple, les cités déjà réalisées aux Montots ne constituent qu'un début et 1 000 logements au moins sont encore nécessaires.

Équipement scolaire

Il faut poursuivre activement la reconstruction du Lycée et la réalisation de la cité scolaire modèle du Banlay à Nevers, et, dans le reste du département, faire disparaître définitivement les écoles-taudis. Déjà à Clamecy, Nevers, Corbigny et Decize, d'importantes réalisations sont en cours. Nous devons accroître notre effort et penser particulièrement aux nombreuses écoles rurales dont la totale réfection est souvent nécessaire.

Politique rurale

pour que les bienfaits du progrès bénéficient à tous :
– par la construction de nouvelles adductions d'eau, de nouvelles routes ;
– par l'achèvement du réseau électrique ;
– par l'aide aux travaux de modernisation des fermes, l'installation du téléphone rural, etc.

Tels sont les objectifs essentiels que nous nous proposons. Nous ferons tout pour les atteindre.

– Pour la paix entre les peuples,
– Pour la justice entre les Français,
– Pour la jeunesse,
– Pour la défense des intérêts nivernais,

vous voterez pour la Liste d'Union démocratique et de défense républicaine :

François MITTERRAND
Conseiller général de Montsauche. – Député sortant. – Ancien Ministre.

Louis COUDANT
Exploitant forestier.
Maire de Cercy-la-Tour. – Conseiller général de Fours.
Président de la Commission départementale.

Dr Louis DUBOIS
Maire et Conseiller général de Châtillon-en-Bazois.
Docteur en médecine.

Paul HÉZARD
Retraité S.N.C.F.

Journal du Centre, 27 novembre 1958 :

Un combat nécessaire

par François Mitterrand

Je remercie d'abord les 7 768 électrices et électeurs qui, malgré la violente campagne de presse déclenchée contre moi, m'ont gardé leur confiance. La fidélité de leur vote me touche profondément. Ils ont su résister aux mensonges et aux vilenies d'une propagande qui, plutôt que de discuter les idées, s'est attaquée à ma personne.

Nombreux sont les républicains qui regrettent avec moi que cette méthode chère aux partis d'extrême droite, ait été, cette fois-ci, employée par la feuille locale de la S.F.I.O. Comme nous sommes loin des combats généreux de Jaurès et de Léon Blum !

Je continue de croire que le service de la démocratie exclut l'usage de l'injure. Je ne changerai donc pas de ligne de conduite pour le seul plaisir d'engager une basse polémique : les citoyens jugeront.

***

J'ai décidé de maintenir ma candidature parce que l'unanimité acquise au vote secret des dirigeants de l'U.D.S.R. et du Rassemblement démocratique Nivernais s'est prononcée dans ce sens ; parce que plus de deux cent cinquante élus municipaux de la 3e circonscription m'ont demandé de poursuivre la lutte ; parce que les résultats du premier tour de scrutin comportent des enseignements précis que je vais me permettre d'exposer ici.

***

La victoire de l'U.N.R., parti de M. Soustelle et des ultras d'Algérie, détruit les perspectives politiques prévues par le général de Gaulle lui-même. Ce dernier souhaitait, semble-t-il, une assemblée équilibrée. Or, il aura une majorité compacte d'extrémistes, qui ne veulent pas de la paix négociée en Algérie. Face à cette majorité, le parti socialiste, compromis par l'appui de l'U.N.R. à MM. Mollet et Lacoste, l'un et l'autre en danger dans leur circonscription, diminué par une série d'échecs qui ramènera sa représentation parlementaire de cent députés à soixante-dix environ, gêné par ses contradictions internes, hésitera entre la participation et l'opposition.

Est-il donc nécessaire d'accroître encore la masse d'un parti qui tend à devenir parti unique en écrasant ses voisins directs de la droite et du centre droit ? Est-il bon de voir la

Nièvre envoyer à l'Assemblée nationale trois députés de la même tendance?

La lecture de la presse étrangère comme les commentaires pourtant inspirés de notre Radio Nationale laissent apparaître une lourde inquiétude :

Troisième acte d'un grand drame, après l'Algérie et la Corse, la France est à la veille d'être conquise par les ultras. Si M. Soustelle parvient au pouvoir, la France s'enfoncera dans la guerre, et la dictature campera à nos portes.

Contre ces menaces, la Nièvre n'a qu'un moyen de réagir : battre M. Faulquier dont la personne n'est pas en cause mais dont l'élection sur le plan national ajouterait à la défaite des républicains. Or, qui peut battre M. Faulquier? Le candidat socialiste ne peut augmenter sensiblement les suffrages qu'il a réunis au premier tour. Ceux qu'il conservera feront par là même le jeu de M. Faulquier. C'est sans doute ce que veulent obtenir les habiles manœuvres qui, d'Alger et de Paris, supervisent les élections nivernaises. C'est aussi ce que doivent redouter les républicains.

Je suis un homme libre : je l'ai toujours été. Je ne cesserai pas de l'être.

Les responsabilités que j'ai prises du 13 mai au 1er juin m'ont valu des haines tenaces. Je ne renie rien d'une action dont j'ai l'orgueil de penser qu'elle fut strictement conforme aux devoirs de mon mandat. La Ve République a réélu ou s'apprête à réélire les maîtres de la IVe République : MM. Pinay, Pleven, Schumann, Pflimlin, Mollet, Bidault, Chaban-Delmas. Elle a écarté ceux qui ont défendu, lors des heures troubles, la République dans son principe même. Elle a donné à M. Soustelle et aux ultras la chance qu'ils attendaient depuis longtemps. Il faut qu'elle se ressaisisse. Je ne demande que l'honneur d'être au premier rang de ceux qui travaillent au nom de la Nièvre et de la République, avec vigilance et sans sectarisme, au salut de nos libertés, au retour de la paix, à la grandeur de la Patrie.

ÉLECTIONS LÉGISLATIVES DE 1956

NIÈVRE

4 Députés sortants :
Dagain, SFIO,
Durbet, Rép. Soc.,
François (Mme), Com.,
Mitterrand, UDSR

Nombre de sièges à pourvoir............ 4
Nombre de listes en présence................ 8

Trois apparentements :

1° Entre les listes :
- UDSR/Red. Ec. Soc./RGR/Rad. Soc.
- Déf. Cl. Moy.

2° Entre les listes :
- CNI
- Rép. Soc.

3° Entre les listes :
- UFF
- Int. Agr.

Scrutin majoritaire à 1 tour avec apparentement

Nombre	%	
Inscrits..............................	156 619	
Votants..............................	125 732	80,3
Suffrages exprimés....................	123 298	78,7
Abstentions..........................	30 887	19,7
Majorité absolue.....................	61 650	
Total des suffrages de l'apparentement N° 1	24 871	
– – – N° 2	24.294	
– – – N° 3	14 325	

Mariage de Danielle Gouze le 28 octobre 1944, jour de son vingtième anniversaire, avec François Mitterrand, à l'église Saint-Séverin, à Paris.
(© Francolon/Gamma)

En mai 1958, conférence de presse impromptue à l'issue d'une visite à l'Élysée.
(© Erich Lessing/Magnum)

Edmond Barrachin,
l'un des parrains politiques
de Mitterrand en 1946. (D.R.)

Mitterrand, en 1967,
devenu l'« homme » de la gauche.
(© Raymond Depardon/Magnum)

Avril 1974, un meeting pendant la campagne pour l'élection présidentielle. Il obtiendra 49,19 % des voix au second tour face à Valéry Giscard d'Estaing.
(© Francolon/Gamma)

Mitterrand en 1974. Entre programme commun et renouveau du Parti socialiste.
(© Guy Le Querrec/Magnum)

Avec Rocard, en 1974, lors d'un congrès du Parti socialiste.
(© Guy Le Querrec/Magnum)

Réunion du Parti socialiste en janvier 1977 (avec, de gauche à droite, F. Mitterrand, P. Mauroy, C. Hernu, G. Fillioud et E. Pisani), l'année de la rupture entre socialistes et communistes. (© Daniel Simon/Gamma)

Après la victoire de la gauche aux municipales en 1978, conférence de presse avec Georges Marchais, secrétaire général du Parti communiste, et Robert Fabre, président des radicaux de gauche. (© Jean Gaumy/Magnum)

Rentrée parlementaire en octobre 1979. Avec Gaston Defferre, Laurent Fabius et Pierre Joxe, derrière Mitterrand. (© Gilbert Uzan/Gamma)

1981, image d'une campagne. À Lyon, avec Danielle Mitterrand et Charles Hernu, pendant l'un des nombreux meetings de la campagne électorale pour la présidence. (© Francolon/Gamma)

Visite à l'Élysée en 1979, en compagnie de Lionel Jospin et Laurent Fabius. (© Uzan/Gamma)

En mai 1981 à Montpellier. (© Jean Gaumy/Magnum)

Mai 1981. Après une marche dans le Quartier latin, la rose à la main, Mitterrand vient se recueillir au Panthéon. (© Pool/Gamma)

21 mai 1981. Investiture officielle de François Mitterrand à l'Élysée.
(© S. Salgado/Magnum)

En 1981, rue de Bièvre,
son domicile parisien,
en compagnie de
François de Grossouvre.
(© Marc Bulka,
Patrick Siccoli/Gamma)

SIÈGES RÉPARTIS À LA REPRÉSENTATION PROPORTIONNELLE	VOIX	ÉLUS	%
Liste du Parti Communiste Français	36 150		29,3
BARBOT Marcel, ouvrier menuisier	36 634	E	
GORDEBOIS Pierre, métallurgiste	36 091		
PERRONNET Pierre, menuisier, Cons. gén., Maire de St-Léger-des-Vignes	36 029		
GILLOT Roger, paysan	35 846		
Liste du Parti Socialiste SFIO	22 616		18,3
DAGAIN Léon, inspecteur principal PTT, Dép. sort.	23 891	E	
BENOIST Daniel, docteur en médecine, Cons. gén., Maire de Luzy	23 098		
GRILLAS Gustave, mineur, Maire de la Machine	21 953		
BERNEDE Édouard, agriculteur, Maire d'Onlay	21 521		
Liste d'Union Démocratique et de Défense Républicaine présentée par l'UDSR, le Parti Républicain pour le Redressement Économique et Social, le RGR, et le Parti Républicain Radical et Radical Socialiste	22 418		18,2
MITTERRAND François, avocat, anc. Min., Cons. gén., Dép. sort	24 843	E	
COUDANT Louis, exploitant forestier, Cons. gén., Maire de Cercy-la-Tour	21 862		
DUBOIS Louis, docteur en médecine, Cons. gén., Maire de Châtillon-en-Bazois	21 783		
HEZARD Paul, retraité SNCF, Maire de Pouilly-sur-Loire	21 185		
Liste du Centre Républicain d'Action Paysanne et de Défense des Classes modestes	2 453		2,0
BURGEAT Pierre, chirurgien	2 978		
MIGNON Maurice	2 394		
DE BRONDEAU Jean, ingénieur chimiste, Maire d'Arthel	2 223		
BALLERET Henri, exploitant agricole, Maire de Saincaize	2 218		
Liste d'Union des Indépendants et des Paysans	11 621		9,4
GUYOT Georges, agriculteur, Cons. gén., Maire de Dompierre-sur-Nièvre	12 545		
FAULQUIER Jehan, agriculteur, Cons. gén., Maire de Cervon	11 706		
BARDIN Jean-Paul, agriculteur	11 281		
BERGER Maurice, agriculteur, Maire de Chiddes	10 953		

DEUXIÈME PARTIE

LA Ve RÉPUBLIQUE

CHAPITRE IV

PRÉSIDENTIELLE, 5-19 DÉCEMBRE 1965

« Je suis une ombre qui se porte bien. »
Le Nouvel Observateur, septembre 1965.

Quand François Mitterrand se porta candidat pour la première fois aux élections présidentielles, le 5 décembre 1965, l'éveil de sa conscience politique remontait, si l'on tient compte de sa période d'étudiant à Sciences Po, à une trentaine d'années. À aucun moment ses mentors ne lui avaient donné l'exemple d'une politique française stable et cohérente. Il avait vu se succéder quatre régimes opposés ; la IIIe République, l'État français, la IVe et la Ve République. À gauche, même les communistes n'observaient plus la logique d'avant-guerre, et la SFIO, souple et réactionnaire, de Guy Mollet n'était qu'une cousine lointaine du même mouvement socialiste, généreux mais doctrinaire, de Léon Blum.

Pendant trente ans, la droite subit des transformations si rapides qu'elles ne donnèrent même pas le temps à son électorat de s'adapter à des changements allant, sinueusement, du consensus libéral à l'autoritarisme fascisant. Il n'est pas surprenant que les Britanniques, en particulier, tendent encore à désigner ces années confuses pour illustrer l'incapacité des Français à gouverner, surtout en comparant le manque de rigueur et de cohérence de l'Assemblée nationale avec la prévisibilité de la tradition britannique qui veut que deux équipes adverses de conservateurs et de travaillistes respectent, dans un esprit de sportivité, des idéologies fondées sur un système antagoniste de classes.

L'association de Mitterrand avec l'instable IVe République, pendant laquelle il pilota avec maîtrise l'UDSR (enlevée à René Pleven en 1953) à travers des eaux politiques semées d'écueils, fut un inévitable handicap dans son défi à de Gaulle, un homme qui était tout sauf un homme de compromis. Bien que de nombreux ministres, collègues de Mitterrand, eussent accompli dans leurs carrières plus de virages abrupts qu'il n'en prit lui-même, c'est ce dernier qui fut appelé à expier les erreurs et les omissions de plusieurs générations de députés dont les propres intérêts avaient souvent prévalu sur le devoir. Plusieurs fois il fit l'apologie, écrite ou verbale, de son comportement, mais l'entretien, sous forme de questions-réponses, dans *Le Nouvel Observateur* du 29 septembre 1965, a l'apparence d'un plaidoyer réaliste. L'article rappelle quelques-uns des enjeux, notamment l'Algérie, pendant les dernières années de la IVe quand les choix politiques étaient plus un problème de conscience que d'opportunité :

N.O. – Dans la mesure où l'on a pu écrire que de Gaulle représentait le mythe de la grandeur, Pinay celui de la sécurité, et Mendès France celui du mouvement, ne craignez-vous pas d'apparaître comme le mythe de la IVe République, l'homme du passé plus que celui de l'avenir?

FRANÇOIS MITTERRAND. – Pourquoi plus que Gaston Defferre, qu'Édouard Depreux ou que Daniel Mayer? Pourquoi plus que Chaban-Delmas, Fouchet, Palewski, Jacquinot ou Jacquet, ministres assidus de la IVe? Oui, je l'ai été, mais j'ai démissionné du gouvernement lorsque je n'étais pas d'accord avec sa politique et j'ai refusé quatre fois de participer à des gouvernements dont la ligne ne correspondait pas à mes idées. Je suis un des rares hommes politiques français qui n'ait jamais appartenu qu'à un seul parti, l'UDSR, et cela depuis 1945. Je n'ai jamais été membre d'un gouvernement de droite. Ou plutôt si, pendant trois mois, avec Laniel, que j'ai quitté pour sa politique coloniale. Cela dit, je n'ai pas à me défendre d'être « un homme de la IVe ». Je n'ai pas à regretter l'action que j'ai menée. Suis-je vraiment responsable des tares du régime précédent?

Prenez l'exemple de la décolonisation. Je crois que j'ai permis, dès 1950, le règlement des problèmes de l'Afrique noire. Gaston Defferre et moi sommes les deux hommes qui, avant de Gaulle, avons joué un rôle décisif dans l'évolution politique de tout un continent. Certains me reprochent aujourd'hui de ne pas avoir dit en 1954 : « L'Algérie sera indépendante. » Mais qui le disait, qui pouvait le dire à l'époque? Personne, pas même les Algériens qu'on appelait « rebelles ». On me reproche d'avoir dit à la tribune de l'Assemblée nationale au début de l'insurrection algérienne : « L'Algérie, c'est la France. » Mais on isole cette phrase de son contexte. Qu'on reprenne l'ensemble de mes discours. D'ailleurs si j'avais dit autre chose à cette époque où, étant ministre de l'Intérieur, l'Algérie, qui était composée de départements français, relevait de ma compétence, cela aurait provoqué la chute du gouvernement Mendès France (n'oublions pas que la majorité était à droite et ne supportait Mendès France qu'en raison de son prestige qu'elle n'osait pas encore attaquer), et je ne vois pas ce que notre politique libérale et d'évolution y aurait gagné. J'ajoute que j'avais proposé un plan de réforme pour l'Algérie que le gouvernement de l'époque n'a pu mettre en œuvre en raison de l'hostilité de ministre de la Défense, de Jacques Chevallier, et de M. Fouques-Duparc, qui étaient les deux ministres « algériens » du gouvernement et qui ont été, pour cette raison, provisoirement démissionnaires.

On peut me reprocher quelques actes particuliers que j'aurais accomplis lorsque j'étais responsable d'un ministère. Qui ne commet des erreurs? Mais sur le sens général de mon action, je ne renie rien de ce que j'ai fait et je n'accepte aucun reproche de fond. Alors que m'importe qu'on dise que j'ai été un homme de la IVe! Pompidou m'a un jour traité de « fantôme » et d' « ombre » du passé. Je suis une ombre qui se porte bien, que M. Pompidou se rassure. Lui ou un autre s'en rendront compte d'ici le 5 décembre.

L'assurance de Mitterrand dans sa défense montre son évidente aptitude à rebondir après les pires échecs. « Je ne l'ai jamais vu abattu », remarquait Jacqueline Bernigaud, l'une de ses meilleures amies de la Nièvre, quand je me suis entretenu avec elle de la période séparant la défaite aux législatives de 1958 de la présidentielle de 1965. Dans les quatre mois après sa déception lors du premier scrutin de la Ve République, il commença à reconquérir la Nièvre et à y étendre à nouveau son influence. Reconnu officiellement par le Parti communiste local comme un allié à cause de son opposition à de Gaulle, le Parti entreprit de mener campagne pour Mitterrand à Château-Chinon, en mars 1959, quand il fut élu au conseil municipal, et où il resta maire jusqu'à l'élection présidentielle de 1981. En avril 1959, il fut récompensé de ses années de patronage ministériel dans le département quand les grands électeurs le désignèrent aux élections sénatoriales pour siéger aux côtés d'autres ministres mis au rebut par la IVe République, tels que Gaston Defferre et Edgar Faure. Sur le plan national, il resta soutenu par des noms qui par la suite l'accompagnèrent sur le chemin de l'Élysée : Georges Beauchamp, Georges Dayan, Roland Dumas et André Rousselet, mais ce furent ses amis de province qui les premiers l'encouragèrent à se ressaisir et à lutter pour reprendre son siège à l'Assemblée nationale en 1962 dans la circonscription qui l'avait dédaigné en 1958.

Quelques hommes politiques n'hésitèrent pas à se détourner d'une longue appartenance à la droite ou à repousser une attirance pour de Gaulle pour assurer la résurrection de Mitterrand. Parmi ceux-ci se trouvait Marcel Roclore, vétéran de la Grande Guerre, de dix-neuf ans plus âgé que Mitterrand, qui résidait et exerçait sa profession de médecin à Saulieu, en Côte-d'Or. Un grand nombre de ses patients vivaient dans les alentours de Montsauche dans le département limitrophe de la Nièvre, et c'est Roclore qui avait présenté Mitterrand aux maires du canton pendant la fructueuse campagne qui le conduisit à son élection de conseiller général de Montsauche en 1949. Roclore avait été l'un des premiers contacts recommandés par Edmond Barrachin à Mitterrand en 1946 et c'était un grand ami du chanoine Félix Kir qui avait également favorisé l'entreprise de Mitterrand pour la députation. Le médecin avait fondé le mouvement conservateur des républicains-indépendants, en 1945, dont Mitterrand se réclamait à la préfecture de la Nièvre en 1946. Puis, Roclore avait servi dans le cabinet Ramadier comme ministre d'État aux côtés de Mitterrand avant d'être élu au conseil général de la Côte-d'Or en 1951. Le cousin de Roclore, André Courtois, précisait que son parent, décédé en 1966, fut un résistant dès 1940 et qu'après des opérations avec le maquis de Saint-Brisson il dut se cacher à Paris suite à une condamnation à mort par Vichy.

« En 1944, il a participé à la libération de Paris aux côtés du général de Gaulle, dit Courtois. Mon cousin a rencontré Mitterrand dès 1946 et il y eut une amitié forte et immédiate entre ces deux hommes. Roclore était déjà un homme politique établi dans la région et il avait un réseau de connaissances – y compris un grand maître du Tastevin – dont il a fait bénéficier Mitterrand.

 Le docteur Roclore a toujours soutenu Mitterrand, même après son virage à gauche. Lorsque celui-ci s'est opposé à de Gaulle, en 1965, mon cousin a organisé une grande réunion politique, à Dijon, en faveur de Mitterrand. »

Courtois m'informa que, par reconnaissance, Mitterrand avait beaucoup apporté à la ville de Saulieu où il aimait venir déjeuner. La renommée du restaurant La Côte-d'Or, avec ses trois rosettes dans le guide Michelin, devait beaucoup à la fidélité du président, comme le vétuste hôtel *Au Vieux Morvan,* à Château-Chinon, qui maintint sa réputation en partie grâce à son prestigieux client. Tant que Mitterrand y descendit, Michelin n'entreprit aucune action pour exclure cet établissement de son guide, malgré le manque de confort et un équipement inadéquat. Mais après un changement de propriétaires, juste avant le second septennat, il fut radié du guide en dépit d'une rénovation coûteuse qui transforma un refuge maussade en un agréable lieu de week-end tranquille. À Château-Chinon, on raconte qu'au cours d'une visite officielle, en 1988, François Mitterrand fut très fâché quand les nouveaux maîtres des lieux refusèrent de déloger leurs clients pour héberger ses amis.

Quand l'alliance avec les communistes fut forgée officiellement en 1965, Mitterrand ne pouvait être certain de conserver la confiance de tous ceux qui l'avaient épaulé pendant sa phase antibolchevique dans la Nièvre. L'aristocratie et l'Église avaient déjà rompu avec lui après le pacte avec Marcel Barbot. Néanmoins, la majorité de ses compagnons lui resta fidèle, parmi eux figurait Jean Bernigaud, le maire de Magny-Cours, près de Nevers. Il aida Mitterrand à recouvrer son moral après l'échec de 1958 en lui conseillant de tenter sa chance à Château-Chinon afin d'apprendre à gérer des problèmes quotidiens.

La veuve de Bernigaud, Jacqueline, se rappela comment Mitterrand fit presque son entrée dans la famille après un déjeuner politique à Pouilly-sur-Loire en 1948. « L'ambiance était tellement bonne qu'une dizaine d'entre nous décidèrent d'aller faire un tour au casino de Pougues-les-Eaux où se tenait un thé dansant. Je voulus apprendre le cha-cha-cha à Mitterrand mais il n'y parvint jamais. De retour à la ferme, j'ai préparé des omelettes pour une douzaine de personnes et nous avons demandé à Mitterrand de passer la nuit chez nous. Au petit déjeuner, je l'entendis discuter politique avec mon mari. Il développait ses idées avec une incroyable rapidité. J'étais très impressionnée. Ils parlaient de la justice, de la beauté, de l'avenir de la France, des travailleurs, de la jeunesse. Ils partageaient les mêmes idées. »

Bernigaud embrassait aussi les vues anticommunistes du jeune ministre des Anciens Combattants, bien que Jacqueline soutînt que les deux hommes (Bernigaud se présentait comme indépendant en période d'élections) cultivaient dans leur cœur des idées de gauche. « Mon mari devança Mitterrand quand il prit deux communistes sur sa liste, aux élections municipales de Magny-Cours, mais, en 1958, quand je demandai à Mitterrand ce qu'il voterait s'il devait choisir entre gaullistes et communistes, il me répondit qu'il préférerait de Gaulle. En parlant des communistes, il employait des termes comme les annihiler ou les écraser. Je fus donc stupéfaite quand, en 1981, il en prit au gouvernement... Quand j'évoquai la question, il me répondit : " Ne vous faites pas de souci, c'est mon affaire. Il vaut mieux être avec eux pour gagner. " »

Au fil des ans, de nombreuses conversations avec les Bernigaud se déroulèrent au cours de promenades sur la propriété. En 1959, Mitterrand vint partager les travaux de la ferme en vaquant à la laiterie et à l'étable pour se récupérer nerveusement avant de se présenter devant les grands électeurs de la Nièvre, au palais ducal de Nevers, pour les élections sénatoriales. Au mois d'octobre de la même année se produisit l'événement le plus dramatique du temps que dura leur amitié, l'affaire de l'Observatoire. La prétendue tentative d'assassinat dans laquelle Mitterrand complota dans une mise en scène de fusillade sur sa propre personne, pour recouvrer prestige et popularité, fut peut-être le seul épisode qui, selon Jacqueline Bernigaud, ébranla sa détermination de continuer une carrière politique. « Après l'affaire de l'Observatoire, il n'était plus rien et plus personne ne lui faisait confiance, dit-elle. Il était très découragé et craignait pour sa famille. Le jour où la porte de son appartement fut arrachée par l'explosion d'une bombe, il eut très peur, particulièrement pour ses enfants, et il m'amena Gilbert et Jean-Christophe à la ferme, pour les mettre en sécurité. Par la suite, mon mari prit l'habitude de le suivre en voiture à Château-Chinon pour le protéger. »

À cette époque, Mitterrand racontait à ses amis qu'il avait réussi à semer un véhicule qui le filait sur les petites routes de campagne dans l'intention de l'emboutir et de le forcer à sortir de la route ; une aventure à l'atmosphère de série noire réminiscente des années de la Résistance, qui s'accordait bien avec celle de ces jours d'automne de 1959 quand les terroristes de l'OAS tramaient de sombres intrigues.

Le président est connu pour son sang-froid dans les moments de danger, mais, en écoutant Jacqueline Bernigaud, je me demandais si Mitterrand utilisait le récit de vaillants et dangereux exploits pour impressionner les femmes. Sur ses photographies prises avec Mitterrand – qu'elle me montra –, il était à l'évidence sous son charme.

Jacqueline Bernigaud vit maintenant dans un appartement à Nevers, depuis son expropriation de Magny-Cours à la suite de l'extension des pistes des grands prix automobiles. Avec un sourire légèrement malicieux, elle commenta : « Mitterrand s'est servi de Vichy pour favoriser sa carrière politique, et Pierre Saury, son assistant parlementaire et suppléant dans la Nièvre en 1967 et 1973, joua le rôle de médiateur entre Mitterrand et René Bousquet », le chef de la police de Vichy assassiné en 1993. Saury occupa un poste au ministère de l'Intérieur, avec Bousquet, de 1936 à 1944 ; mais sa veuve, Paule Saury, fut très fâchée d'entendre les allégations portées contre son mari en ce qui concernait Bousquet.

Malgré une association avec Mitterrand remontant à la période de sa défaite électorale en 1958, Saury, un franc-maçon à la carrure de garde du corps, n'a pas laissé une forte impression sur les amis de Mitterrand que j'ai rencontrés dans la Nièvre. Les souvenirs les plus marquants portaient sur son assiduité sur les parcours de golf avec le député, son organisation de parties de chasse pour les notables locaux et surtout son rôle d'homme de « main au gousset » pour régler les notes de bar et de restaurant. Mitterrand, l'évoque dans *La Paille et le Grain*, en mentionnant sa mort subite en décembre 1973 et sa générosité de fondateur du village d'enfants de Châtillon-en-Bazois où il était conseiller général : « Que de fois avons-nous parlé de la mort pendant ces quinze ans d'amitié quotidienne ! Pierre Saury ne la craignait pas.

Il était resté de sa terre et savait que les saisons passent. Je n'ai pas, quant à moi, acquis cette philosophie : rupture m'est encore blessure et je ne me résous pas aux adieux. »

Les allusions de Jacqueline Bernigaud aux liens avec Bousquet furent confirmées dans une chronique nécrologique, suite à la mort de Saury, dans *Le Journal du Centre* du 9 décembre 1973 dont il était un administrateur. Bousquet – un ami de trente ans, selon le journal – et Mitterrand se recueillirent devant la dépouille. Trois jours plus tard, un article décrivait les funérailles en Haute-Savoie où Mitterrand et Bousquet arrivèrent ensemble. Le député de la Nièvre fit une courte oraison funèbre en hommage à un homme « fidèle à son idéal et fidèle à ses amitiés ».

D'après d'autres recherches, Saury, né près de la ville catalane de Prades, figura parmi les membres de la SFIO avant 1939 et travailla pendant la guerre avec les Renseignements généraux à Reims quand Bousquet était préfet de la Marne. Pendant toute la durée du conflit, Saury compta parmi les proches de Bousquet et fut plus tard convoqué pour déposer au cours de l'instruction de 1945 sur le rôle joué par Bousquet en qualité de secrétaire général de la police de Vichy. À la Libération, Saury évita une enquête sur ses propres activités, surtout après son transfert à Paris quand Français et Allemands coopéraient dans la politique de déportation des juifs. Comme beaucoup d'autres officiels suspects, il obtint un poste administratif dans les forces françaises d'occupation en Allemagne et ne revint en France qu'au début des années cinquante avant d'être nommé attaché parlementaire auprès des députés socialistes et radicaux.

Quant à connaître l'initiateur de la rencontre entre Mitterrand et Saury, les témoignages à ce sujet divergent ; il est certain qu'il existait un grand nombre d'intermédiaires potentiels pour arranger une réunion, et non des moindres, tels Yves Cazaux, préfet de la Nièvre pendant les années cinquante, Jean-Paul Martin et Jacques Saunier, familiers de Bousquet, tous trois membres du cabinet Mitterrand quand il était ministre de l'Intérieur en 1954.

La bonne entente entre Mitterrand, Saury et Bousquet porta ses fruits en 1965, quand ce dernier s'acquitta de sa dette envers Mitterrand pour son amitié et son aide dans sa réhabilitation

 après les années de Vichy. Le 22 juin 1949 – deuxième jour du procès de Bousquet, accusé de collusion avec l'ennemi – François Mitterrand présenta au Conseil des ministres un projet de loi d'amnistie pour les collaborateurs, une loi adoptée en 1951.

Pendant les législatives de 1958, l'UDSR de Mitterrand apporta son soutien à l'ancien chef de la police de Vichy quand il se présenta à la députation de la Marne sous une étiquette antigaulliste et où il n'obtint que 9 % des votes. Réciproquement, en sa qualité de secrétaire général de la Banque de l'Indochine, maintenant Indosuez, Bousquet apporta son concours pour la collecte des fonds destinés à la campagne de Mitterrand en 1965, la marque d'une amitié que Mitterrand date lui-même de 1949. La banque de Bousquet, organisme antigaulliste et anticommuniste, finançait la constitution de nombreux fronts opposés à ces deux courants depuis 1947. Une partie des fonds arrivait par le biais d'Edmond Barrachin, en bons termes avec le patronat dont une frange importante avait mis son industrie au service des Allemands pendant la guerre.

Seize ans après avoir fait l'objet d'une sentence de disgrâce nationale de cinq ans, prononcée en 1949 et levée presque immédiatement, Bousquet était doublement bien placé pour épauler Mitterrand pendant la présidentielle de 1965. Après la mort en 1960 de Jean Baylet, propriétaire de *La Dépêche du Midi* à Toulouse, Bousquet le remplaça auprès de sa veuve, Évelyne Baylet, au conseil d'administration. *La Dépêche*, très liée au régime de Vichy, imprima des tracts et des affiches pour la campagne, sans les facturer, et contribua pour 500 000 francs de trésorerie. Depuis 1965, Mitterrand termine toujours ses campagnes nationales par une étape à Toulouse en signe de gratitude.

Dans *Ma part de vérité*, il écrivit que *La Dépêche* fut le seul journal provincial qui lui offrit un appui inconditionnel en 1965. De nouveau, il loua ce quotidien dans *La Paille et le Grain* pour son soutien en 1974, en y adjoignant toutefois une autre publication de province, celle de Gaston Defferre, *Le Provençal*.

L'influence de Bousquet dans *La Dépêche* apparut clairement le 18 décembre 1965, entre les deux tours. Le journal réserva ce jour-là dans ses pages une bonne place à une invitation de nombreux pétainistes – dont Jacques Isorni, défenseur du maréchal, et Georges Blond, chroniqueur du journal antisémite *Je suis partout* – à voter Mitterrand. L'appel proclamait l'engagement du candidat pour l'amnistie des crimes de guerre en Algérie et rappelait sa campagne pour le respect de la Constitution, la liberté de la presse et l'Europe unie. Après ce message, il semblait évident qu'il hériterait des 1,2 million de suffrages d'extrême droite récoltés au premier tour par Jean-Louis Tixier-Vignancourt. Ce dernier exhorta ses fidèles, parmi lesquels Jean-Marie Le Pen, à voter au second scrutin pour le candidat député de gauche, contre de Gaulle.

Claude Estier, un journaliste du *Nouvel Observateur* qui prit un congé pour devenir le porte-parole de Mitterrand en 1965, estima que le comité de soutien avait réuni 100 millions d'anciens francs, dont la plus grande partie, dit-il, provint de la vente d'une édition bon marché du livre *Le Coup d'État permanent* et le reste de contributions de « quelques personnalités amies dans les milieux économiques et financiers », mais sans les nommer. Si l'on considère que ce scrutin tenait, pour l'extrême droite, plus de la lutte personnelle pour déboulonner de Gaulle que d'une épreuve démocratique, il est raisonnable d'admettre que beaucoup de vichystes comptèrent parmi « les personnalités amies ».

Malgré la suspicion déclenchée par un financement de droite et les promesses faites par Mitterrand à des donateurs pétainistes ou OAS de réhabiliter le maréchal et de proclamer une amnistie pour les crimes de guerre en Algérie, cette campagne reste celle qui mit le plus en valeur ses qualités de tacticien électoral, d'orateur et de rassembleur. Il avait utilisé les sept premières années de la Ve République pour reconstituer un formidable réseau de militants au sein de mouvements de gauche, ce qui contredit les on-dit sur son isolement politique après l'affaire de l'Observatoire. La publication de son ouvrage *Le Coup d'État permanent*, un livre intelligent, cohérent et caustique, lui apporta la réputation de meilleur critique des desseins gaullistes. Une vague de sympathie, voire d'admiration, se manifesta pour l'auteur à la suite de ses attaques insolentes du majestueux de Gaulle, accusé de nourrir l'ambition d'exploiter son élection au suffrage universel pour suivre l'exemple de Napoléon III, et transformer une république en empire.

On peut apprécier ce retour de popularité par les résultats de l'un des rares sondages effectués par *Le Canard enchaîné*, qui demanda, en mars 1965, à 20 000 lecteurs de donner dans l'ordre de préférence les vingt-cinq personnes les plus aptes à remplacer de Gaulle. Même si la liste inclut des artistes comme Johnny Hallyday et Brigitte Bardot, dans l'ensemble, les sondés prirent leur rôle suffisamment au sérieux pour produire un tiercé gagnant avec, en tête, le scientifique Jean Rostand. Suivaient, le président du Sénat, Gaston Monnerville, un opposant à la réforme du scrutin présidentiel, et le radical Mendès France. Mitterrand arriva en cinquième position, devant Gaston Defferre, le maire de Marseille.

Le quatrième sur la liste était l'ancien ministre de l'Éducation, Édouard Depreux, ex-SFIO et un des fondateurs en 1958 du dissident Parti socialiste autonome (PSA), précurseur du Parti socialiste unifié (PSU), dont les membres en 1965 comprenaient Daniel Mayer, Michel Rocard et Pierre Bérégovoy. Le dernier de la liste du *Canard enchaîné* portait le nom de Valéry Giscard d'Estaing.

De tous les hommes de gauche mentionnés dans ce sondage, seul Defferre avait déclaré son intention d'être candidat et menait une précampagne depuis février 1964. Mais Mendès France était considéré comme un sérieux prétendant.

Entre le référendum de 1962, qui institua l'élection populaire du président de la République, et l'été 1965, Mitterrand fit preuve d'astuce en restant discret sur ses ambitions, détournant l'attention en soutenant Defferre. Dans *Ma part de vérité*, Mitterrand révèle que lui-même fut certain d'être candidat dès la promulgation de la loi sur le nouveau scrutin alors qu'un passage dans *L'Abeille et l'Architecte* situe la date de sa décision définitive à juin 1965, lorsqu'il eut connaissance du retrait de Defferre. Il mit dans le secret seulement quatre fidèles compagnons, Georges Dayan, Roland Dumas, Charles Hernu et Claude Estier, avant de partir en vacances dans les Landes, dans sa maison de campagne.

Il fallut attendre encore trois mois – le 9 septembre pour être précis – avant l'annonce par Mitterrand de son défi à de Gaulle.

De son côté, Defferre provoqua sa propre chute malgré sa défense de la décentralisation et de la liberté de la presse, qu'il mettrait d'ailleurs en application en 1981, en qualité de ministre de l'Intérieur. En tant que président de la fédération SFIO la plus importante, celle des Bouches-du-Rhône, il écarta toute possibilité d'alliance avec les communistes et se consacra, en vain, pendant des mois à essayer de parvenir à un accord avec les chrétiens-démocrates du centre. Ces négociations échouèrent vers la fin du printemps 1965 et, le 17 juin, il se retira de la course. En boycottant les communistes, Defferre négligea une règle électorale fondamentale : le comptage des voix. En effet, le PCF avait enlevé plus de 20 % des votes aux législatives de 1962 (la SFIO seulement 12 %) et l'union de la gauche était en gestation depuis cette année-là. Les intentions de vote en janvier 1964, quand Defferre s'obstinait à se rapprocher du centre, indiquaient que 91 % des communistes et 58 % des socialistes souhaitaient un programme commun pour le scrutin présidentiel.

Quant à Mendès France, les raisons de son incapacité à défier de Gaulle, qu'il suspectait de vouloir abolir la République, furent beaucoup plus complexes. Il n'était pas un anticommuniste primaire et, d'après une étude, le PCF opta pour Mitterrand en pensant qu'il était plus « malléable ». François Stasse, le gendre de Marie-Claire Mendès France, et responsable de l'édition des œuvres de Mendès France chez Gallimard, travailla pendant trois ans à l'Élysée avec Mitterrand. En 1994, dans un livre intitulé *La Morale de l'histoire*, il écrivit : « En soutenant Mendès France, les communistes auraient craint d'être à la remorque d'une idéologie d'un programme mendèsiste. En soutenant Mitterrand, ils espéraient imposer leur ligne à un nouveau compagnon de route. » Si cette impression d'un François Mitterrand « malléable » fut vraiment l'appréciation du personnage par les communistes, alors Marcel Barbot, leur chevronné messager de la Nièvre, était plus naïf que je ne le pensais.

Si Mendès avait été candidat, il aurait été obligé d'expliquer pourquoi il acceptait un système de gouvernement qu'il avait désapprouvé depuis le début, contredisant ainsi son image d'homme politique droit privilégiant ses principes au détriment de son ambition. « À partir du moment où l'idée du suffrage universel fut lancée, il y fut hostile, se souvint Daniel Mayer. Mitterrand aussi était contre, mais il a accepté la candidature. Mitterrand était plus logique. »

Pour Mendès, il semble que même la désignation d'un postulant de gauche équivalait à légitimer une loi que les opposants au général réprouvèrent comme un acte de force. Tous les sondages donnaient de Gaulle gagnant haut la main, lui qui pensait obtenir le plébiscite du peuple pour sept autres années de quasi-dictature tout en court-circuitant l'Assemblée nationale. Il est possible que par fierté il eût préféré une élection sans concurrent, mais cette consultation des Français revêtait un vernis de démocratie.

Néanmoins, tout en condamnant le procédé, des leaders de l'opposition pressentirent qu'ils pourraient profiter de la campagne pour asseoir leur réputation, en déployant leur talent politique et en profitant de toute la publicité autour de ce nouveau mode de suffrage. Mais une bonne dose de génie politicien restait primordiale. Mitterrand utilisa 1965 comme premier barreau de l'échelle qui le conduirait au pouvoir suprême, alors que Defferre, le candidat socialiste à la présidentielle de 1969, s'étala avant même d'atteindre l'escabeau, faisant reculer de plusieurs années les espoirs d'un gouvernement de gauche.

Quant à Mendès, ne possédant ni le panache ni l'entêtement de Mitterrand, il craignit probablement une humiliation publique. Je n'ai jamais rencontré Mendès France, et j'hésite donc à distribuer des points dans son match contre le président. D'après la seconde épouse et veuve de Mendès France, Marie-Claire, Mitterrand éprouvait une certaine crainte révérentielle pour son mari, son aîné de dix ans, et un homme jouissant d'une réputation internationale d'intégrité politique. Parmi ses admirateurs figurait l'ancien leader du Parti travailliste britannique, Neil Kinnock, actuellement commissaire européen, qui compara Mendès à l'emblématique ministre travailliste de l'après-guerre, le Gallois Aneurin Bevan, pour leurs caractères et leurs qualités d'intégrité et d'intelligence. Selon Kinnock : « Ils furent des géants. »

Mais le seul témoignage visuel de Mendès France et Mitterrand ensemble en privé, donné par mon confrère, Peter Stephens, le correspondant à Paris du *Daily Mirror*, montre un Mendès subjugué par l'autorité de Mitterrand. Vers la fin des années soixante, Stephens accompagnait à un dîner dans un restaurant parisien les deux politiciens et un directeur du *Mirror*, le journal étant alors le plus important allié du Parti travailliste. « J'avais peine à croire à la déférence et au respect que Mendès montrait à l'égard de Mitterrand, me raconta Stephens. Je me sentais gêné par la façon humble que Mendès adoptait pour s'excuser chaque fois qu'il voulait intervenir et particulièrement s'il devait interrompre un monologue. Il était évident que Mitterrand le dominait et l'intimidait. Je crains fort que ceci ait sérieusement ébréché mon estime pour Mendès. »

Mendès irritait-il Mitterrand? Pendant longtemps le futur président tint rancune à Mendès de son absence de soutien dans « l'affaire des fuites » en 1954, quand Mitterrand, suite à des rumeurs diffusées par la droite, souffrit des attaques calomnieuses consécutives à la découverte de transmissions de secrets de défense nationale à l'Union soviétique. Il ne cacha jamais quelque mépris pour les tergiversations de Mendès et particulièrement en 1965, quand celui-ci attendit jusqu'au 28 octobre, presque deux mois après l'annonce de la candidature de Mitterrand, avant de lui faire part de son appui. Léon Vié se souvenait de Mitterrand faisant la remarque suivante : « Mendès France était un analyste. Il n'a pas réussi parce qu'il n'arrivait pas à se décider. Moi, je me décide. »

Ce n'était pas très difficile pour Mitterrand de se décider rapidement car il constituait une force indépendante s'appuyant principalement sur le reliquat de l'UDSR et sur sa nouvelle Convention des institutions républicaines (CIR), un mouvement dont le nombre d'adhérents était délibérément gonflé. Dans la Nièvre, en particulier, le CIR ne représentait guère plus qu'une poignée d'amis fiables – appartenant notamment aux professions libérales et à l'enseignement. Certains clubs de conventionnels étaient fictifs, et d'autres ne se réunissaient presque jamais.

La candidature de Mitterrand ne valait rien sans les voix communistes, mais seulement deux jours après l'annonce du 9 septembre, et avec une rapidité sans précédent, Waldeck Rochet lança un appel de soutien au candidat. Les raisons de la précipitation du secrétaire général du PCF restèrent secrètes jusqu'à la déclaration faite en février 1983 par Roland Dumas, avocat et futur ministre des Affaires extérieures. Pendant l'été de 1965, Mitterrand demanda à Dumas de prendre contact avec Waldeck Rochet par l'entremise d'un avocat communiste, Jules Borker. Dans un scénario qui reflète bien la paranoïa de l'époque, les deux hommes inventèrent une histoire de divorce afin de convenir de rendez-vous par téléphone pour déjouer des soupçons éveillés sur des communications qu'ils imaginaient sur table d'écoute.

« C'est ainsi que nous avons choisi la date et les modalités de la rencontre [entre Mitterrand et Waldeck Rochet] et que cette rencontre eut lieu chez moi, révéla Roland Dumas sur Antenne 2. Nous avions décidé, pour des raisons que vous devinez, d'être très discrets vis-à-vis du pouvoir en place, le pouvoir gaulliste, et, je dois dire aussi, vis-à-vis des partis politiques que nous représentions. Je pense que Waldeck Rochet, de son côté, avait informé certains de ses amis ; Guy Mollet avait toujours été tenu au courant. Mais c'était tout. Les esprits n'étaient pas préparés à une grande rencontre sur la place publique.

« Étaient présents à la première rencontre Waldeck Rochet et Borker, de l'autre côté, François Mitterrand et moi-même. À la deuxième rencontre, le fidèle compagnon de Mitterrand, Georges Dayan, s'était joint à nous, et nous nous étions arrangés pour que Mitterrand arrive en dernier, car il avait fait acte de candidature depuis le 9 septembre et l'on pouvait supposer que ses allées et venues étaient surveillées. Du temps de Napoléon III, on surveillait tous les voyages de Gambetta.

« Nous aurons le sentiment, au cours de ces discussions, que Waldeck Rochet jouait un rôle très important, car c'était une tentative personnelle, je dirais même qu'il n'avait pas l'accord de tout son parti, probablement, mais un grand nombre de ses membres le suivaient. C'était la volonté de cet homme de faire que l'union des forces populaires se réalise. La préoccupation de Waldeck Rochet était toujours la même, c'est-à-dire une rencontre publique, et deuxièmement, une négociation sur un programme commun. François Mitterrand était, sinon opposé, du moins réticent. La manifestation publique aura lieu avant l'ouverture de la campagne, c'est-à-dire le 23 novembre. »

Le plus étonnant dans cette relation est la référence à la « tentative personnelle » de Waldeck Rochet qui démentait le soupçon tenace chez Mitterrand que le PCF était dirigé depuis Moscou. Au moment où le Kremlin soutenait ardemment de Gaulle pour son antiaméricanisme, l'un parmi les plus staliniens membres du PCF décidait d'agir de sa propre initiative. Waldeck Rochet, un maraîcher de Saône-et-Loire et le plus fidèle serviteur de Maurice Thorez, avait été élu secrétaire général en mai 1964 à la mort de son mentor. Toute sa vie de militant, depuis le moment où il adhéra au Parti, avait été marqué par une obéissance stricte à l'orthodoxie marxiste. Il avait même passé trois ans en Union soviétique, entre 1931 et 1934, avant de gagner un siège parlementaire dans la banlieue rouge de Seine-Saint-Denis, en 1936. Pendant les années de Vichy, il avait été considéré comme un traître et interné dans un camp de concentration en Algérie.

Ce parangon de militantisme communiste, qui tint le rôle de procureur dans une purge du PCF en 1961, contourna l'appareil austère auquel il avait tant consacré pour s'ériger en champion de la « démocratisation et de l'ouverture » et soutenir un politicien avec un passé pétainiste, bien connu du PCF. On dénote un brin de témérité dans la démarche de Waldeck Rochet à sortir le PCF de son ghetto et, comme le montra l'histoire, elle marqua le début d'une longue perte d'influence jusqu'à son éclipse par le Parti socialiste. La maladie mentale de Waldeck Rochet, accélérée par des querelles communistes intestines et l'intervention maladroite de chirurgiens moscovites en 1970, mena Georges Marchais aux commandes du Parti à partir de 1972. Waldeck Rochet décédait en 1983, deux ans après l'arrivée à terme du rapprochement avec les socialistes qu'il avait lui-même enclenché. Peu d'hommes, dans la carrière de Mitterrand, lui apportèrent tant, délibérément ou accidentellement.

Par principe, les négociations continuèrent à un niveau plus officiel, et principalement par un échange de courrier, pendant deux autres semaines, avant que le Comité central accepte les recommandations de Waldeck Rochet et décide de faire campagne « pour le succès de la candidature d'Union démocratique de François Mitterrand ».

Avant de se déclarer, le Comité central analysa une conférence de presse donnée par François Mitterrand, le 21 septembre, afin d'interpréter les priorités du candidat. Dans une prédiction qui ne se concrétisa que seize ans plus tard, le Parti évalua que l'élection présidentielle « créerait des conditions favorables au développement ultérieur de l'unité ouvrière et de l'union des forces démocratiques pour la conclusion d'un programme commun, base du large rassemblement nécessaire à la victoire sur le pouvoir personnel ».

L'exégèse de la profession de foi de Mitterrand par le Comité central fut la suivante : « François Mitterrand, candidat à la présidence de la République, en faisant connaître publiquement ses options politiques, a confirmé l'opposition qu'il manifeste depuis 1958 au régime actuel ; il s'est prononcé pour une révision de la Constitution gaulliste, pour la suppression des articles qui consacrent le pouvoir personnel, pour la responsabilité du gouvernement devant le Parlement ; pour les libertés publiques et individuelles, notamment les libertés syndicales et le droit de grève, contre l'usage de la télévision à des fins de propagande. Le candidat à la présidence de la République a critiqué " l'Europe des monopoles et des technocrates ", il s'est prononcé contre la force de frappe, pour l'application d'une politique de coexistence pacifique, pour la signature du traité de Moscou sur l'interdiction des essais nucléaires, contre le traité d'alliance avec les revanchards allemands, pour le règlement du problème allemand par la conclusion d'un traité de paix, et pour le réexamen du traité de l'OTAN. Il s'est prononcé pour une planification démocratique ; contre " l'injuste répartition des fruits du travail " ; pour la laïcité de l'école et pour la priorité à donner à l'éducation nationale.

« Répondant publiquement dans sa conférence de presse du 21 septembre à la lettre du 20 septembre du secrétaire général du

Parti communiste français, il a pris position pour l'entente sans exclusive des forces démocratiques contre le pouvoir personnel et pour la démocratie. Ces options fondamentales concordent, en de nombreux points essentiels, avec les suggestions et propositions soumises par notre parti depuis longtemps et adressées à nouveau le 8 septembre à l'ensemble des formations et partis démocratiques en vue de la confrontation des opinions pour l'établissement d'un programme minimum commun. »

Des mouvements de gauche moins importants apportèrent leur appui à contrecœur. Comme Mitterrand le rappela dans *Ma part de vérité*, le Parti radical attendit plusieurs semaines avant de le cautionner. « Il le fit à sa manière inimitable en invitant du même coup à voter pour Jean Lecanuet » (le candidat anti-gaulliste du centre).

L'ambiguïté du PSU surpassa les hésitations et l'ambivalence des radicaux. Lorsque son secrétaire général, Édouard Depreux, estima que le programme de Mitterrand n'attirerait que cinq ou six millions de votes, le Parti socialiste unifié décida de le soutenir sans participer à la campagne. Mais au sein du mouvement, un groupe minoritaire conduit par les futurs ministres, Jean Poperen et Pierre Bérégovoy, exigea du parti un véritable engagement; une reconnaissance des capacités de Mitterrand pour laquelle les deux hommes furent récompensés par la suite. Parmi les partisans de la solution « soutien sans participation » se trouvait un fonctionnaire du nom de Georges Servet, pseudonyme d'un ancien étudiant contestataire, Michel Rocard. Son mépris pour Mitterrand contribua beaucoup, des années plus tard, au naufrage de sa propre carrière.

En parlant de l'attitude du PSU, Claude Estier m'informa que le mouvement envoya un dossier anti-Mitterrand au PCF. « Je ne suis pas sûr du contenu mais il y avait certainement des références à la période de Vichy et à l'affaire de l'Observatoire. Waldeck Rochet n'en tint pas compte. Il était l'ami de Mitterrand depuis leur rencontre à Londres pendant la guerre. »

Quant à Guy Mollet, après une réflexion publique sur l'éventualité d'un soutien à Antoine Pinay, il rallia peu à peu la SFIO à Mitterrand. Néanmoins celui-ci ne sembla jamais douter que Guy Mollet opterait pour la solution de facilité en supportant un candidat de gauche qui ne menaçait pas sa position de leader de la SFIO.

Que l'on attribue le succès de Mitterrand à surmonter les divisions de la gauche à une aptitude innée ou à des leçons de diplomatie acquises au fil des ans, quand l'UDSR jouait un rôle charnière entre des factions adverses à l'Assemblée nationale, ce qui se produisit alors, en quelques heures, tient du miracle. Les socialistes et les communistes se mirent d'accord pour travailler ensemble à l'élection d'un politicien, représentant d'un mouvement centre gauche en grande partie artificiel, qu'ils avaient tous deux vigoureusement stigmatisé à différentes occasions sur les plans local et national. En moins de vingt-quatre heures, un candidat, qui n'était même pas postulant deux semaines plus tôt, avait accès à l'immense collecte de fonds – la contribution communiste fut d'environ 100 millions d'anciens francs – et aux réseaux de militants des deux plus grands partis de la gauche française.

Une fois le pacte conclu, la gauche manifesta un enthousiasme semblable à celui du Front populaire même si Mitterrand n'acheva l'élaboration de ses vingt-huit propositions que sept jours avant le scrutin et ne les publia que dans *Le Combat républicain*, le journal officiel de la campagne. La plus surprenante simplification dans ce qui devint le programme minimum commun est l'absence de détails sur les méthodes de réforme de la Constitution et la réduction du mandat présidentiel, les deux sujets à l'origine de la crédibilité de Mitterrand. En outre le libellé reste suffisamment imprécis – Mitterrand y travailla lui-même – pour offrir quelque chose à chacun de ses alliés ; un cocktail satisfaisant d'idées communistes, socialistes et même centristes, plus les propositions 9 et 10 sur l'Europe, thème fétiche du candidat.

Plus je relis ce qui ressemble à une esquisse de programme, moins il semble important de l'interpréter à la lettre. Opposé à de Gaulle, il était évident que le candidat de gauche n'aurait aucune chance d'appliquer son programme. Dans l'immédiat, Mitterrand avait surtout besoin de slogans percutants et mobilisateurs comme celui affiché sur des posters électoraux jaunes : « Un président jeune pour une France moderne. »

Pour mieux saisir le débat sur la constance des idées politiques de Mitterrand, il est utile de se reporter à la liste complète de ses vingt-huit propositions.

PRÉSIDENTIELLE DE 1965

Les 28 propositions de la gauche

1. Un gouvernement de gestion.
2. Des modifications constitutionnelles.
3. Un contrat de gouvernement et un gouvernement de législature.
4. Suppression de la législation d'exception.
5. Adoption d'un nouveau statut de la radio-télévision.
6. Abolition des textes de 1964 sur la restriction du droit de grève.
7. Droits de contestation des sections syndicales au niveau de l'entreprise.
8. Création d'une caisse nationale des collectivités locales.
9. Reprise immédiate des négociations sur le Marché commun pour aboutir à la réalisation de l' « Europe verte ».
10. Création d'une autorité politique européenne.
11. Participation de la France à la conférence du désarmement.
12. Plan pour la non-dissémination des armes nucléaires.
13. Signature du pacte de Moscou sur l'arrêt des expériences nucléaires.
14. Révision de l'OTAN par négociation amiable.
15. Plan d'aide au tiers monde.
16. Reconversion catégorique de la force de frappe française ; arrêt des troisième et quatrième étages de l'usine de Pierrelatte.
17. Table ronde gouvernement-syndicats ouvriers et organisations agricoles.
18. Un nouveau Ve Plan (avec de nouveaux objectifs de développement de la production industrielle et agricole).
19. Une législature ; un Plan.
20. Création d'un ministère de l'Économie et du Plan et d'un secrétariat d'État à l'Économie régionale.
21. Respect des priorités régionales.
22. Création d'une Banque nationale d'investissements.
23. Relèvement des abattements à la base et des déductions pour charges familiales.
24. Aide aux catégories les plus défavorisées. Application des recommandations de la commission Laroque.
    - Rapports constants pour les anciens combattants.
    - Indemnisation des rapatriés.
    - Égalisation des salaires masculins et féminins.
25. Autorisation de la régulation des naissances.
    - Abrogation de la loi 1920.
26. Réservation de 25 % du budget civil à l'Éducation nationale.
27. Remise en ordre énergique des services de police.
28. Examen des principes d'une politique démocratique dans les territoires et départements d'outre-mer.

La fidélité ou l'inconstance de Mitterrand dans son engagement politique peuvent être surtout appréciées à travers ses discours électoraux. Sur le plan économique, il réclamait plus de planification étatique, un thème qu'il défendait avec conviction mais qui contredisait ses attaques contre le dirigisme sous la IVe République. Ses revendications de relèvement des salaires, et des pensions des retraités et des anciens combattants étaient la continuation de ses exigences antérieures parallèlement à ses appels de solidarité avec l'Afrique. D'autres questions, telles les réformes proposées des pouvoirs présidentiels, de la politique de défense et étrangère, ne sont pertinentes qu'en rapport avec les priorités de Mitterrand après son élection à l'Élysée en 1981.

Mais son adhésion à une Europe politique, y compris son soutien à l'entrée de la Grande-Bretagne dans le Marché commun, restait toujours aussi ferme, même au risque d'offenser les communistes. À Cannes, en novembre 1965, il s'adressa en ces termes au Mouvement européen :

« Tout ce qui contient ou fait reculer le nationalisme est bon en soi. Tout ce qui préserve ou valorise le patrimoine spirituel, économique et politique de l'Occident de l'Europe est bon en soi. Tout ce qui accroît les chances d'une vie meilleure pour ceux qui vivent sur le sol de l'Europe est bon en soi. Tout ce qui habitue les hommes responsables à se connaître, à s'estimer, à discuter, à décider en commun, est bon. Enfin, tout ce qui concourt à la suprématie de la loi internationale sur les prétentions particulières est bon également.

« Tout ce qui tendra à remettre aux hommes, au sein de l'Europe unie, la responsabilité de leur destin, sera bon. Tout ce qui, grâce à l'Europe, permettra aux travailleurs de participer pleinement à la gestion et aux profits, c'est-à-dire à la liberté de vivre, sera bon. Tout ce qui ouvrira l'Europe actuelle une fois consolidée aux autres pays qui en accepteront les obligations sera bon. »

Quelques semaines plus tôt, le 29 septembre, dans une interview au *Nouvel Observateur*, il déclarait : « Je ne vois pas comment on peut être contre l'Europe des monopoles et ne pas prendre parti pour une Europe politique. Pas plus que je ne comprends comment on peut être hostile à l'Europe des technocrates et repousser l'Europe politique.

« Il y a même un troisième argument qui est à mes yeux capital : seule une Europe politique aura le courage de s'ouvrir vers l'Est. Jamais les technocrates, en raison d'abord de leur formation, ensuite de leur manque d'autorité, ne pourront faire ce saut formidable. »

Il n'est pas surprenant que le « père de l'Europe », Jean Monnet, se soit rangé du côté de Mitterrand.

Une fois la tentative de Mitterrand approuvée par Waldeck Rochet et Guy Mollet, un monde nouveau s'offrit à la gauche française. En lançant les élections, de Gaulle avait polarisé l'attention de la nation sur sa personne, fournissant ainsi, involontairement, un mobile pour la formation d'une opposition crédible et unifiée, toujours identifiable trente ans plus tard, malgré de nombreuses vicissitudes. En 1945, il avait atténué les délimitations entre la gauche et la droite en essayant de donner un aspect de consensus à une philosophie personnelle et en prenant des initiatives non partisanes comme les nationalisations punitives. Le tripartisme de la IVe République ajouta à la confusion et les frontières entre gauche et droite se confondirent un peu plus avec les mesures répressives de Guy Mollet en Algérie, en 1956, et les décisions consécutives des dirigeants SFIO d'encourager le retour au pouvoir du général. Qui pourrait vraiment dire où commençait et finissait la gauche en 1958 quand socialistes et communistes échangeaient des coups et des insultes?

En 1965, on trouvait enfin d'un côté une gauche orthodoxe unie sur le devant de la scène, et de l'autre, la droite, composée de Charles de Gaulle et de ses supporters, maintenant facilement reconnaissables comme des forces réactionnaires. En se proclamant le défenseur de « la République des citoyens », Mitterrand était devenu *l'homme* de la gauche. Elle était parvenue jusqu'à lui, les rendant indissociables.

L'évocation de la campagne de 1965 fait encore monter la larme à l'œil de nombreux vétérans du Parti socialiste. Elle avait réussi, respectant une priorité implicite, à ramener la fierté dans les rangs des mouvements de gauche au-delà même des rêves les plus insensés. Guy Baillet, le maire PS de Langres en 1995, dans la Haute-Marne, et militant de base en 1965, expliqua : « On avait vraiment l'impression d'un coup d'État permanent. Les partis politiques étaient vilipendés. C'étaient comme des bandits de grands chemins ; tous ceux qui osaient faire partie d'un mouvement étaient automatiquement condamnés par de Gaulle et par les gens qui disaient : " Faire de la politique ? On ne doit pas ! " La gauche, c'était quoi à l'époque ? C'était l'école laïque, et de l'autre côté il y avait les curés.

« Bien sûr que personne ne la savait capable d'empêcher l'élection du général de Gaulle au premier tour. Et puis il y eut une telle montée d'enthousiasme et on fit une superbe campagne. Le peuple a commencé à en avoir marre du de Gaulle omnipotent, écrasant, un peu sarcastique et moqueur envers les gens. Et Mitterrand est arrivé. Il a énoncé des vérités claires et sévères. Pour l'époque, ce qu'il disait était dur, très dur. »

Les échos de lutte de la campagne – selon Baillet, « ce fut une énorme bagarre » – résonnent dans des accusations quelquefois virulentes formulées dans *Le Coup d'État permanent*, un livre dont l'auteur fut tellement fier qu'il en autorisa une réédition en 1993, alors qu'il était très difficile de se procurer ses autres ouvrages. Il prêcha la bonne parole dans plus de trente meetings publics, de Toulouse à Grenoble – y compris celui, triomphant, du 2 novembre à Dijon organisé par le Dr Roclore – pendant que de Gaulle trônait à l'Élysée en prétendant dédaigneusement que l'élection serait pour lui une course sans concurrents. Dans *La Paille et le Grain*, Mitterrand donne une interprétation très personnelle de l'événement : « L'élection présidentielle au suffrage universel c'était, pour de Gaulle et Pompidou, leur manière à eux d'aller à Reims pour le sacre. Jeanne d'Arc était du voyage. Les Anglais et les Bourguignons c'étaient nous. »

En comparant les propos enthousiastes de Baillet avec les analyses des journalistes, on ressent à nouveau l'impression forte de deux Mitterrand contradictoires. Baillet ne se prétendait pas un intellectuel et trouvait Mitterrand direct et amusant. La presse de droite eut trop souvent recours à des clichés sur ses prétendues manigances de Florentin. Jean Cau, ancien secrétaire de Sartre, et chroniqueur dans *Paris-Match*, décrivait Mitterrand comme « rien d'autre qu'un candidat que les fossiles de la gauche ont fabriqué *in extremis* avec un peu de paille, un peu de ficelle et beaucoup de plâtre », une insulte répétée par la suite en termes plus élégants par d'autres antimitterrandistes, en 1974 et 1981. (Sartre lui-même vota pour Mitterrand à contrecœur équilibrant ainsi le gaullisme de Malraux.)

La presse étrangère, neutre mais fatiguée par sept années de de Gaulle, fut la première à être élogieuse sur les apparitions télévisées de Mitterrand, même si, rétrospectivement, elles nous paraissent aujourd'hui terriblement médiocres. Dans le quotidien allemand, *Süddeutsche Zeitung*, Frantz Vossen écrivait : « Mitterrand joue aussi la carte de la jeunesse dans cette élection présidentielle. Il a à peine 50 ans, guère plus que son jeune adversaire, Jean Lecanuet, âgé de 45 ans, qui a séduit les Français par l'intermédiaire du petit écran, grâce à son charme " à la Kennedy ". Lors de ses premières prestations à la télévision, Lecanuet apparaissait plus convaincant et spontané que Mitterrand dont les débuts ne se sont pas très bien passés : trop d'emphase chez cet ancien avocat de la cour de Paris, et un rire déplacé. Mitterrand semblait crispé tandis que Lecanuet donnait l'impression d'être un familier de la télévision.

« Cependant, l'image des deux jeunes candidats a changé au fil des jours. Lecanuet commençait à irriter le public, son sourire à l'apparence factice rappelait une réclame de dentifrice. De son côté, Mitterrand se décontractait et maîtrisait davantage les techniques de l'audiovisuel. »

Le magazine américain *Newsweek* fut fasciné par l'exploit de Mitterrand capable d'énumérer par cœur tous les gagnants du Tour de France, alors que les correspondants de la *Pravda* et des *Izvestia* reçurent consigne de ne pas écrire un seul mot sur la campagne de François Mitterrand – une indication que l'initiative de Waldeck Rochet de s'opposer à de Gaulle en soutenant le candidat socialiste avait été très mal accueillie par le Kremlin progaulliste. Quant au *Guardian*, il fut complètement conquis par le style adopté par Mitterrand à un meeting où 2 000 ouvriers en bleus de travail des usines de Mulhouse étaient venus acclamer l'homme et son discours populiste. Le journaliste Darcy Gillies remarquait que Mitterrand possédait le talent d'envoyer des sarcasmes bien placés, comme des flèches, donnant en exemple la raillerie suivante : « La seule différence entre Pompidou et Giscard d'Estaing est le nom de leurs banques » – un commentaire intéressant, car Giscard entretenait d'excellentes relations avec la Banque de l'Indochine de Bousquet.

Le journal britannique continuait : « C'était presque comme le Christ s'adressant à ses disciples quand Mitterrand ajouta sans ambages qu'il ne resterait avec eux que peu de temps, mais que lui, une fois parti, ils allaient être exposés à une propagande diabolique des réseaux de radio et de télévision contrôlés par l'État. " Fermer vos oreilles à ces voix insidieuses ", suppliait-il, face à ces visages confiants levés vers lui. Puis il descendit de l'estrade pour signer des autographes », ajoutait le journaliste.

Dans le même article, l'auteur relevait que Mitterrand sembla mal à l'aise quand il dut expliquer à un auditoire ouvrier et sincèrement catholique les raisons de la proposition 25 : autorisation de la régulation des naissances et abrogation de la loi de 1920 (qui proscrivait tout procédé contraceptif afin de rétablir la population mâle décimée par la Grande Guerre). Le candidat esquiva la critique en précisant qu'il était lui-même issu d'une famille de huit enfants, et il évita de mentionner qu'il n'était pas à l'origine de la proposition. La première tentative de présenter la loi au Parlement avait été faite par Charles Hernu, alors vice-président de la récente Fédération de la gauche démocratique et socialiste (FGDS), une des entités de l'unité de la gauche à l'Assemblée nationale.

Responsable du secrétariat politique de la campagne de 1965, Hernu était reconnu comme une force motrice. Dans son livre *Journal d'un fédéré*, Claude Estier lui rend cet hommage : « Auprès des journalistes, des diplomates, des parlementaires, des notables, à travers toute la France, il était l'infatigable héraut de la candidature de François Mitterrand. » Mendésiste sous la IVe République, Hernu s'était rapproché de Mitterrand, quand, député de l'Indre il y avait créé des clubs politiques. C'est à son initiative que la Convention des institutions républicaines fut constituée, en juin 1964, à un niveau national.

Hernu évaluait les avantages qu'apportaient de bonnes relations avec la presse, et pendant de longues années il resta le plus disponible des lieutenants de Mitterrand, aplanissant les difficultés pour des interviews et l'accès à l'information, mais aussi en contrôlant et même censurant les images peu flatteuses de son leader. Mitterrand récompensa sa loyauté en le nommant ministre de la Défense en 1981 et le protégea aussi longtemps qu'il le put dans l'affaire du *Rainbow Warrior* en 1984. À la fin, Hernu fut sacrifié pour éviter que le scandale du sabotage du bateau de Greenpeace n'entache la présidence. À l'époque, il était maire de Villeurbanne, dans la banlieue de Lyon, mais le choc d'être éloigné du pouvoir contribua à la crise cardiaque qui le terrassa en 1990.

Grâce à ses amitiés dans le milieu de la presse, Hernu réussit à occulter ses propres attaches pétainistes qui l'avaient conduit à un emprisonnement à Grenoble d'octobre à décembre 1944. Ses activités de délégué départemental à l'information sociale du gouvernement de Vichy l'avaient amené à conclure des amitiés vichystes dont il entretint certaines après la guerre et qui furent utiles à Mitterrand en 1965 dans ses négociations avec les alliés de circonstance, l'extrême droite antigaulliste. Hernu était également membre du Grand Orient de France et, pendant plus de vingt-cinq ans, il participa à de nombreuses négociations secrètes avec les francs-maçons du mouvement radical pour s'assurer d'un soutien en dehors du Parti socialiste.

Même si l'on eut tendance à attribuer une partie de la supposée popularité de Mitterrand à l'extension de la télévision à cinq millions de foyers en 1965, il ne disposa que de deux heures d'émission sur la chaîne d'État et l'une de ses apparitions fut retransmise en accéléré, ce qui rendit son discours, aux accents de Donald Duck, inintelligible. Le contact avec la population au cours de meetings publics resta la pierre angulaire de son prestige. Sa brillante performance face à des foules immenses enflamma l'enthousiasme de milliers de militants, qui de leur côté partirent prêcher le nouvel évangile. Avant l'annonce officielle de sa candidature en septembre, les sondages d'opinions ne créditaient Mitterrand que de 10 % des voix et, à la veille du premier tour, on ne lui accordait toujours que 25 % dans quelques sondages.

ÉLECTION PRÉSIDENTIELLE – 1965

Premier tour

Élection présidentielle	Total			Métropole		
	Nombre	%	%	Nombre	%	%
5-1-1965 (1er tour)						
Inscrits	*28 913 422*	*100*		*28 233 167*	*100*	
Votants	24 502 957	84,8		24 001 961	85,01	
Abstentions	4 410 465	15,25		4 231 206	14,98	
Bulletins blancs et nuls	248 403	0,85		244 992	0,86	
Suffrages exprimés	*24 254 554*	*83,88*	*100*	*23 757 669*	*84,2*	*100*
Charles de Gaulle	10 828 523	37,45	44,64	10 386 734	36,78	43,73
François Mitterrand	**7 694 003**	**26,61**	**31,72**	**7 658 792**	**27,12**	**32,23**
Jean Lecanuet	3 777 119	13,06	15,57	3 767 404	13,34	15,86
J.-L. Tixier-Vignancour	1 260 208	4,35	5,19	1 253 958	4,44	5,27
Pierre Marcilhacy	415 018	1,43	1,71	413 129	1,46	1,73
Marcel Barbu	279 683	0,96	1,15	277 652	0,98	1,16

Les résultats de Mitterrand furent excellents, peut-être moins à cause de son antigaullisme que grâce à ses appels mobilisateurs à la reprise du flambeau de la Révolution, pour mener une nouvelle bataille contre l'injustice économique et sociale. L'utilisation des termes « citoyens » et « citoyennes », plutôt que « Français, Françaises » suffisait à déclencher un délire d'applaudissements. Ses formules pour redynamiser la gauche englobaient toutes les idéologies de progrès et, en l'écoutant, son auditoire se sentait coupable de divisions mesquines. Dans ses campagnes présidentielles ultérieures, il n'arriva jamais à combiner le même degré d'éloquence et d'émotion présentes dans ses discours de 1965, peu égalés, par ailleurs, comme élans fédérateurs par les autres leaders européens.

Dans son appel au rassemblement, à Lyon, le 4 novembre, l'emploi de la rhétorique fut à son plus haut niveau – en contraste avec les cris de guerre sectaires des communistes, les messages obscurs de la SFIO et les discours théoriques des radicaux-socialistes.

« Vous ne trouvez pas, que plutôt que d'être chacun de son côté à méditer à la fois sur la manière d'abattre l'adversaire commun, et puis sur la meilleure manière d'égratigner le voisin, vous ne croyez pas que c'est plus agréable de regarder en face toutes les citoyennes et tous les citoyens qui aiment la République et qui servent la démocratie parce que eux ce sont des noms propres comme les noms de leurs familles ; c'est très simple, très grand pour les gens du peuple que les mots République et Démocratie : un vrai nom que l'on chérit et que l'on dit quelquefois à voix basse. Ça reste vrai, ça existe encore pour le peuple, et si des gens superbes en sourient en pensant que ça fait partie d'une terminologie dépassée, la gauche aussi ça veut dire quelque chose. Il n'y a que les gens de droite pour dire que la gauche et la droite ont cessé d'exister.

« La gauche, elle, oui, c'est la générosité française. Oh, la gauche, elle se trompe souvent de direction, elle en a connu des coups durs ; ça a fini souvent par des fusillades, ça a fini aussi par bien des amertumes, mais la gauche, elle tient bon parce qu'elle est associée à l'espérance du peuple. La gauche, ça signifie une acceptation généreuse des responsabilités, ça signifie une connaissance des moyens de vivre et de l'instrument de travail, la gauche ça signifie l'amour entre les hommes, l'amour entre les peuples et ce sont des mots bien vieux et peut-être bien fatigués. Mais moi, je n'ai pas peur de les employer, je ne rougis pas de les dire, parce que je pense que tant qu'il y aura quelque part des hommes qui oseront dire que l'idéal d'une société c'est de bâtir une société fraternelle, tant qu'il y aura des hommes pour dire qu'à travers les continents reste le trait d'union d'une espérance commune, tant qu'on osera employer ces mots très romantiques, cela prouvera que la gauche reste fidèle à elle-même. »

Dans une émission télévisée le 22 novembre – le jour même où il clama à la Mutualité, à Paris, être prêt à conduire un nouveau Front populaire –, Mitterrand rappela aux téléspectateurs les grands événements de la gauche combattante en des termes propres à susciter chez les socialistes frileux l'envie de s'engager dans la lutte :

« La gauche, c'était tous ceux qui se battaient pour les libertés individuelles ; pour la justice, pour l'égalité sociale. En 1848, ceux qui se battaient pour que les enfants travaillent moins de douze heures par jour, c'était la gauche, et pendant ce temps, la droite criait à tue-tête que l'on allait détruire les fondements de la société. En 1936, quand Léon Blum a dirigé le gouvernement du Front populaire, qu'est-ce que c'était, la gauche, sinon les congés payés, la semaine de quarante heures et bien d'autres choses? Et, à l'époque leurs adversaires expliquaient encore une fois que la société allait s'écrouler.

« La gauche moderne, c'est simplement la connaissance par les moyens de la science, de la technique, de la statistique, de ce que doit être le monde dans dix ans, et il faut préparer ces dix années-là et aussi la suite. La droite, elle, est portée par un rêve du passé, elle s'agrippe au passé. Voilà ce qui nous différencie. »

Vingt ans après avoir recherché l'approbation du patronat, de l'aristocratie et de l'Église, Mitterrand se consacra à une nouvelle religion. Et ceux qui l'accusent d'y être entré par effraction peuvent continuer à spéculer pour déterminer qui d'autre aurait pu tirer la gauche de son apathie. À Toulouse, entre les deux tours, 35 000 sympathisants acclamèrent leur champion à un meeting public. Certains étaient venus suite aux exhortations de *La Dépêche du Midi*, mais la grande majorité, comme le correspondant du *Guardian*, voulaient voir et entendre celui qu'ils considéraient comme un messie. À ce moment, ils connaissaient l'influence de Mitterrand sur le rétablissement de la gauche par les résultats inespérés du premier tour, au-delà de toute prévision, preuves de la renaissance socialiste. Le deuxième tour confirma ce que les journaux du monde entier virent comme une humiliation pour de Gaulle.

Dans la Nièvre, Mitterrand marqua plus de 52 % au premier tour et 61 % au second. Nationalement, le total au second tour fut presque identique au score de la gauche entière aux législatives de 1962.

Dans la Nièvre, Mitterrand marqua plus de 52 % au premier tour et 61 % au second. Nationalement, le total au second tour fut presque identique au score de la gauche entière aux législatives de 1962.

ÉLECTION PRÉSIDENTIELLE – 1965

Second tour

Élection présidentielle	Total			Métropole		
	Nombre	%	%	Nombre	%	%
19-12-1965 (2e tour)						
Inscrits	*28 902 704*	*100*		*28 223 198*	*100*	
Votants	24 371 647	84,4		23 862 653	84,6	
Abstentions	4 531 057	15,6		4 360 545	15,4	
Bulletins blancs et nuls	688 213	2,3		665 141	2,3	
Suffrages exprimés	*23 703 434*	*82,1*	*100*	*23 197 512*	*82,19*	*100*
Charles de Gaulle	13 083 699	45,2	55,1	12 643 527	44,79	54,50
François Mitterrand	**10 619 735**	**36,7**	**44,8**	**10 553 985**	**37,39**	**45,49**

En instituant l'élection du président au suffrage universel, de Gaulle avait allumé une mèche qui se consuma lentement pendant des années avant de provoquer une explosion en 1974 qui allait détruire les espoirs gaullistes pendant vingt ans. Pour Mitterrand, son audace à défier les structures socialistes et communistes figées le confirma comme le seul unificateur crédible. Le 22 novembre, à la Mutualité, il prédisait déjà : « De cette campagne présidentielle naît un dynamisme nouveau et rien ne sera pareil après le cinq décembre. » Sa foi dans l'évangile de la gauche fit de François Mitterrand le plus efficace des convertis à sa propre parole.

Les professions de foi, 1962-1973

Entre le 25 novembre 1962 et le 11 mars 1973, Mitterrand s'est présenté quatre fois, avec succès, aux élections législatives dans la Nièvre pour la circonscription de Château-Chinon/Clamecy. Ces extraits de ses professions de foi sont un bon reflet de ses préoccupations principales à chaque scrutin.

25 novembre 1962

Pourquoi suis-je aujourd'hui candidat aux élections législatives, et particulièrement dans la troisième circonscription de la Nièvre? Je n'oublie certes pas ce que je dois à l'amitié des maires et des conseillers municipaux délégués aux élections sénatoriales qui, quatre mois seulement après mon départ de l'Assemblée nationale, m'ont envoyé siéger au Sénat, en avril 1959. À tous je renouvelle l'expression de ma gratitude. Mais qui pourrait me reprocher d'aller maintenant là où le combat politique décisif doit, dans les prochains mois, se dérouler? Je ne recherche pas un mandat parlementaire. Je l'ai. J'ai pour le Sénat un grand respect; j'y ai trouvé le climat d'une Assemblée républicaine digne de nos meilleures traditions. Tout montre cependant que le général de Gaulle et son entourage ont l'intention de confiner la Haute Assemblée dans une fonction mineure de même que tout laisse supposer, surtout après la retentissante prise de position du Président Monnerville sur le référendum, qu'ils s'apprêtent à diminuer plus encore son rôle et ses attributions. C'est donc désormais à l'Assemblée nationale et devant le suffrage universel que la démocratie sera sauvée ou perdue. Comme mes collègues SFIO, Defferre sénateur-maire de Marseille, et Dardel, sénateur et Président du Conseil général de la Seine, comme autrefois, vous vous en souvenez, Édouard Herriot quittant le Sénat pour la Chambre des Députés, je me porte volontaire dans la lutte pour nos libertés et pour la séparation des pouvoirs, je me porte volontaire pour la défense des revendications légitimes de ceux qui travaillent, souffrent et peinent et qui ont en commun ce bien suprême à protéger : la République.

Je n'ai jamais dissimulé mes convictions : en votant déjà Non au référendum de 1958 j'ai surpris et parfois éloigné bon nombre de mes amis qui, depuis lors, m'ont mieux compris. En effet, je ne votais pas contre le renouveau, contre la stabilité, contre l'autorité de l'État; je votais contre le coup d'État militaire, contre l'atteinte portée à la Loi. Ce qui s'est passé depuis cette époque m'autorise à vous poser aujourd'hui cette question : ne croyez-vous pas qu'entre les désordres, l'impuissance qui ont marqué la fin de la

IVe République et le pouvoir personnel, absolu qui caractérise le régime actuel, il existe un chemin moyen? C'est ce chemin pourtant qu'il faut trouver.

Je ne vous exposerai pas, dans cette circulaire, l'ensemble de mon programme politique car je ne dispose pas de la place suffisante pour étudier sérieusement et complètement les grands problèmes de l'heure. Vous pourrez vous reporter à ce que j'écris dans la presse que vous recevez et je suis intervenu assez souvent publiquement et du haut des tribunes parlementaires pour que nul n'ignore ce que je pense. Rappellerai-je cependant que je suis un partisan de l'Europe, que j'approuve la réconciliation franco-allemande dans le cadre européen mais que je condamne l'axe Paris-Bonn qui risque d'entraîner la France dans un conflit coupable et dramatique avec l'URSS? Rappellerai-je que je désapprouve la Force de frappe, inutile et coûteux armement alors que l'éducation nationale, que l'école laïque requièrent tant de crédits urgents? Que je souhaite le maintien des institutions internationles qui, malgré leurs carences, sont le seul lieu où l'Est et l'Ouest peuvent se rencontrer et se faire de mutuelles concessions sans perdre la face? Rappellerai-je que je suis favorable à la planification économique, à la décentralisation industrielle, à l'indexation des prix agricoles, à l'extension de la législation sociale aux commerçants et aux artisans? Me faudra-t-il répéter qu'à mon sens le premier acte de la nouvelle législature devra être d'accroître l'aide aux vieux?

5 mars 1967

La IVe et la Ve République appartiennent au passé. La IVe a accompli une œuvre sérieuse dans le domaine économique et social mais n'a pas su se donner des institutions politiques stables. La Ve s'est donné des institutions mais n'a pas su s'en servir pour promouvoir une politique économique et sociale. Il s'agit désormais de regarder devant soi et de bâtir la République des citoyens qui offrira aux nouvelles générations les perspectives d'une société plus juste et plus heureuse.

Pour cela il faut d'abord une majorité stable. À cet effet je me suis appliqué à réaliser au sein de la Fédération le rassemblement des socialistes, de l'UDSR, des radicaux, des jeunes de la Convention, des clubs et des groupes de pensée et d'action nés à la responsabilité civique depuis 1958. Les démocrates-socialistes sont aujourd'hui regroupés dans une seule organisation. Ils se compteront le 5 mars par millions. À partir de là, l'union de la gauche a pris réalité, l'opposition démocratique ayant dominé ses divisions. C'est désormais le gaullisme qui offre le spectacle de ses querelles.

Instruits par l'expérience et les leçons de l'Histoire, face au pouvoir personnel incarné par un homme parvenu au terme de sa course et qui laissera l'État aux mains des factions sans scrupules qui l'entourent et se disputent déjà l'héritage, les responsables de la Fédération sont les seuls à pouvoir garantir au pays la stabilité et le progrès. Ils proposent une équipe dirigeante homogène, un programme constructif, de larges accords politiques. C'est de leur côté que se trouvent la stabilité et la continuité.

Notre programme sera diffusé selon nos moyens (qui ne peuvent être comparés à ceux de l'UNR – les milliards dépensés par le gaullisme pour ses affiches, ses brochures luxueuses, ses gadgets sont-ils payés par les contribuables ou par les monopoles, ou par les deux ensemble?) et vous le jugerez en conscience.

Nos choix sont simples. La gauche a naguère promulgué le droit à l'instruction, le droit aux loisirs, le droit à la santé, le droit à la vieillesse heureuse. Elle entend imposer le droit au logement. Pour la Fédération de la gauche la priorité des priorités va à l'Éducation nationale. Il n'y a pas de vraie justice quand les enfants n'ont pas de chances égales.

Le gaullisme se réclame d'une stabilité politique qu'il n'a plus. Mais qu'est-ce que la stabilité quand les catégories sociales les moins favorisées vivent sans sécurité?

Avons-nous conquis la sécurité à l'extérieur? Les aspects positifs de la politique étrangère ne doivent pas en dissimuler les carences.

Le général de Gaulle refuse de signer les accords sur la cessation des expériences nucléaires. Il refuse de siéger à la Conférence du désarmement. Il refuse l'arbitrage international. Il veut une force de frappe atomique française alors qu'aussi bien les papes Jean XXIII et Paul VI, le secrétaire général des Nations unies, M. Thant, les prix Nobel : Schweitzer, Monod, Kastler, les académiciens : Jean Rostand, Leprince-Ringuet, parmi tant d'autres, nous avertissent que l'armement nucléaire annonce les pires dangers pour l'espèce humaine.

Il est bien de tenir des propos pacifiques, il est mieux d'organiser la paix. Le général de Gaulle agit comme si nous étions au XIXe siècle. Si l'on n'organise pas la paix, la guerre atomique, sans vainqueur ni vaincu, détruira la terre.

30 JUIN 1968

Je me permettrai d'abord de vous rappeler que les élections du mois de mars 1967 avaient montré que, dans son ensemble, la masse des électeurs désirait voir la Ve République faire une part plus grande à la démocratie et au dialogue. En votant pour la gauche, 48 % des Français avaient marqué franchement leur opposition au régime. Et parmi les autres, nombreux étaient ceux qui n'avaient accordé leur suffrage au général de Gaulle qu'à la condition qu'il changeât de méthode.

Or, le contraire se produisit. Bien loin de tenir compte de la volonté du suffrage universel, dès la première session de la nouvelle Assemblée le Premier Ministre demande et obtint les pleins pouvoirs et put ainsi décider à sa guise par le moyen des ordonnances. Il s'attaqua à la Sécurité sociale. Il refusa d'entendre les doléances des agriculteurs, pour la production animale, notamment. Il accéléra le rythme des concentrations industrielles. Il augmenta le volume du sous-emploi, qui atteignit 500 000 chômeurs. Il ignora les craintes des commerçants et des artisans inquiets des modalités d'application de la TVA. Il oublia les anciens combattants et les rapatriés. Il n'accorda qu'une aumône aux personnes âgées : 100 francs d'augmentation par an ! Il maintint le salaire minimum à 350 francs par mois. Il n'eut pas le courage de supprimer les dernières zones de salaires et ne prévit rien de sérieux pour avancer l'âge de la retraite. Quant à la construction, vous savez que la liste est longue de familles privées d'un logement décent.

Le Gouvernement tente d'exploiter la peur de la guerre civile, dont il est pourtant le premier coupable. Il entretient la crainte à petit feu. Lui qui a tant méprisé les agriculteurs, les commerçants et les artisans et qui ne leur a rien accordé de sérieux (serait-ce parce qu'ils ont été les seuls à ne pas se révolter ?) essaie de les rallier à sa cause. Mais il oublie qu'il s'agit là de citoyens qui savent réfléchir et juger honnêtement un bilan.

Je fais pour ma part confiance en leur bon sens. Ils sauront démêler le vrai du faux. Et si les Français doivent redouter quelque chose, je crois que le danger le plus réel, en dehors des petits groupes d'action révolutionnaire, vient des comités d'action civique nouvelle milice paramilitaire créée par le Gouvernement.

11 MARS 1973

Notre programme a été diffusé selon nos moyens qui ne peuvent être comparés à ceux de la majorité. Nos choix sont simples. La gauche a naguère promulgué le droit à l'instruction, le droit aux loisirs, le droit à la santé, le droit à la vieillesse heureuse. Elle entend, dans tous ces domaines, poursuivre son action.

Le chômage, la durée du travail, l'inégalité entre les salaires masculins et les salaires féminins, les bas salaires (que nous voulons élever à 1 000 F), l'âge de la retraite à 60 et 55 ans, la modicité de l'allocation vieillesse, le rapport constant des pensions de guerre, la crise du logement et j'en passe, figurent au premier rang des questions qui font l'objet de nos préoccupations.

Quant aux agriculteurs, malgré certaines apparences et beaucoup de promesses, ils sont les éternels oubliés. Ce ne sont pas des mesures de dernière heure qui arrangeront leur situation. Les commerçants et les artisans sont laissés en dehors de toute réelle protection économique et sociale alors qu'un effort fiscal très lourd à supporter est exigé d'eux.

Il n'y a pas de décentralisation possible s'il n'y a pas d'équipement collectif. À la présidence du Conseil général, avec l'appui de la grande majorité de mes collègues, je me suis efforcé de donner une impulsion au développement économique de la Nièvre, d'aider les communes à créer les équipements indispensables à une vie normale de leurs habitants. C'est ainsi que le département accorde aux collectivités locales des subventions importantes pour l'adduction d'eau, l'assainissement, le renforcement du réseau électrique, la voirie, l'entretien des bâtiments communaux. Dans de nombreux domaines, en particulier ceux de l'enseignement, du téléphone, du réseau routier, le département a dû se substituer à l'État défaillant. Au cours de mes visites aux communes – je les ai toutes vues pendant cette législature à l'exception de deux d'entre elles sur 153 –, j'ai pu examiner leur situation avec les maires et conseillers municipaux. Je me suis rendu compte sur place de la modicité de leurs ressources et de leurs immenses besoins que seule la réforme radicale des finances locales que nous proposons permettra de résoudre.

CHAPITRE V

PRÉSIDENTIELLE, 5-19 MAI 1974

« L'ambition de ma vie n'est pas d'aller à l'Élysée. »
La Rose au poing, 1973.

Quelques minutes après 22 heures, le 2 avril 1974, comme des millions d'autres personnes je regardais à la télévision les « Dossiers de l'écran », quand un flash annonçant la mort du président Georges Pompidou s'afficha sous l'image. Sans cette annonce dramatique pendant une émission très populaire, il est probable que peu de gens se souviendraient du lieu où ils se trouvaient lorsque Pompidou succomba. Mais on connaît exactement l'emploi du temps de François Mitterrand ce soir de printemps 1974 grâce à un passage de *La Paille et le Grain*, un journal discontinu rédigé entre 1971 et 1974 qui lui fournit l'occasion d'exprimer son peu d'estime pour le président gaulliste :

« Dernier en date des paradoxes français, le gaullisme meurt non de la mort du général de Gaulle mais de la septicémie qui, au soir de ce mardi, 2 avril 1974, a terrassé Georges Pompidou. Ce n'est pas la moindre ironie du sort. Vue de près, la politique de Pompidou démentait la raison d'être du gaullisme. Vue de loin, elle apparaîtra comme son ultime projection. Comme tous les Français, je savais le chef de l'État condamné à une fin prochaine et, comme eux, elle m'a surpris. Peut-être refusais-je inconsciemment l'événement dont je savais qu'il atteindrait ma propre vie. D'où le choc quand Roger Caze, patron de la brasserie Lipp où je dînais, annotant devant mon couvert le discours que je préparais pour le surlendemain à l'Assemblée nationale, m'annonça la nouvelle. » Et, cruellement, Mitterrand ajoute cette /

épitaphe : « Ceux qui l'ont aimé se souviennent qu'il savait rire, sentir, donner, imaginer. Mais on ne rachète pas par des vertus privées le passif d'une vie publique. La France pense déjà à autre chose. »

Bien sûr, qui pouvait alors deviner que les héritiers de Pompidou, Jacques Chirac et Édouard Balladur, seraient en rivalité pour la candidature gaulliste en 1995. Il est vrai qu'il ne reste pas grand-chose du patrimoine de Pompidou à part le grand centre Beaubourg, les faveurs à la famille de Rothschild en reconnaissance du parrainage de sa carrière, et une voie rapide qui défigure la rive droite de la Seine.

Je me trouvais en Provence, dans le village de Villecroze près de Draguignan, au moment du décès de Pompidou, dans l'attente de mon affectation à Paris. Pendant des années de journalisme loin de l'Europe, j'avais peu suivi la politique française. Les échos des grands événements de 1958 et 1968 n'étaient pas ma préoccupation première dans les pays en voie de développement d'Afrique et d'Asie. Avant que je ne quitte Villecroze pour Paris, *The Guardian* me demanda d'écrire sur place un article qui refléterait un point de vue provincial sur les prochaines élections. À cette fin, j'interviewai le maire du village, Philippe Bastienelli, un agriculteur, qui fit une analyse rapide mais pointue de la politique nationale. Il conclut qu'il était plus que probable que Valéry Giscard d'Estaing gagne, mais avec une marge étroite, contre un Mitterrand handicapé par son alliance avec les communistes. Cette évaluation, pleine de bon sens, et sans l'aide des sondages, resta la plus claire de celles lues ou entendues par la suite et elle conditionna en partie mon attitude envers la campagne en général.

Je me souvenais aussi de confidences venant de l'autre bout du monde. Pendant une de mes affectations à Canberra pour les élections parlementaires australiennes de 1972, gagnées par les travaillistes après vingt-trois ans de conservatisme, la France était en conflit avec les nations du Pacifique à propos du déroulement de ses essais nucléaires. Cette actualité me donna l'occasion de m'entretenir avec des diplomates français en ma qualité de correspondant politique. À ces briefings informels sur la stratégie française, j'entendis des propos peu flatteurs sur Mitterrand et sa récente OPA sur le Parti socialiste en 1971. En utilisant l'affaire de l'Observatoire comme exemple, un diplomate, dont le frère était grand reporter à Paris, me dit sans détour que Mitterrand était par nature menteur et que sa parole ne valait pas un clou. Pas de circonstances atténuantes dans ce jugement, le premier d'une série venant de fonctionnaires qui affirmaient qu'une amitié avec Mitterrand était fatale et que le leader de la gauche utiliserait tous les moyens pour parvenir au pouvoir. Ces remarques furent résumées par un sénateur gaulliste de Paris : « Cet homme est un diable et Danielle est pire. »

Les maléfices ne jouèrent pourtant aucun rôle dans la stratégie de Mitterrand pour s'assurer qu'il serait le seul candidat crédible de la gauche aux élections présidentielles de 1974. Il bluffa en 1965, pour imposer aux radicaux et à la SFIO sa minuscule Convention des institutions républicaines comme un partenaire valable avant de demander la présidence de la Fédération de la gauche démocratique et socialiste (FGDS), l'ébauche du socialisme unifié. Avec une audace remarquable, il brigua la présidence du « contre-gouvernement » antigaulliste qui incluait Mollet (défense), Defferre (affaires sociales) et Mauroy (jeunesse), et était considéré par la presse française aussi sérieusement que le *shadow cabinet* (le gouvernement fantôme) par les journalistes britanniques. Pourtant, la précipitation de Mitterrand à proposer un gouvernement alternatif en mai 1968 aurait pu anéantir sa carrière politique, quand il fut accusé de fomenter un coup d'État.

Heureusement pour lui, ses rivaux de gauche s'autodétruisirent les uns après les autres, lui laissant le champ libre pour un retour sur le devant de la scène. Defferre, refusant obstinément un pacte avec les communistes en dépit de la constatation de Mitterrand en 1968 qu'ils étaient leurs alliés naturels, sortit ridiculisé du scrutin présidentiel de 1969, où il ne remporta que 5 % des voix. Mendès France gâcha son autorité en faisant campagne à la télévision en tandem avec Defferre, prestation dont on se souvient comme du duo politique le plus drôle de l'après-guerre. Quant à Guy Mollet, il ne put empêcher ses années d'ambiguïté de le rattraper et le discréditer, et, enfin, à Épinay, Alain Savary ne montra pas suffisamment d'agilité politique pour contrer Mitterrand dans sa course au Premier secrétariat du nouveau parti. Et c'est ainsi que Mitterrand hérita de l'équipe un peu vieillotte et de l'immeuble vétuste de la cité Malesherbes, près de Pigalle, qui fut le quartier général de la SFIO pendant des années et resta celui du PS jusqu'à son déménagement dans les bureaux prestigieux de la rue de Solférino – évalués à 170 millions en 1994 –, près du palais Bourbon.

Même si l'on ajoute un facteur de chance dans l'ascension de Mitterrand – par exemple l'affaiblissement du Parti communiste à cause, pour une part, de la maladie de Waldeck Rochet et les débuts incertains de son successeur, Georges Marchais –, le hasard n'enlève rien à l'habileté de Mitterrand à inspirer et à motiver son nouveau mouvement. Avec une équipe rajeunie et bien organisée, il élabora la théorie inspiratrice de la génération Mitterrand.

À mon arrivée en France, le PS avait subi une miraculeuse transformation et était devenue une unité politique efficace qui me rappelait le Parti travailliste siégeant à Transport House, à Londres, avec ses inébranlables traditions et ses programmes généreux et engagés. Pour accomplir ce changement, il était nécessaire que Mitterrand sacrifiât l'individualisme qui avait marqué sa carrière depuis 1946, et assumât le rôle de capitaine d'une formation en déléguant des responsabilités à ses subordonnés.

En même temps, il exploita son talent littéraire dans des ouvrages comme *La Rose au poing*, écrit en 1973, pour développer une défense cohérente et convaincante du socialisme moderne, élaboré en majeure partie au sein de commissions autonomes où la participation du Premier secrétaire fut minime et accessoire.

Un autre livre, préfacé par François Mitterrand, et intitulé *Changer la vie* – titre de l'hymne de la campagne de 1974 –, pourrait être considéré comme le bréviaire du Parti socialiste. Ses 250 pages contiennent les réflexions et les aspirations du tout jeune mouvement et restent encore de nos jours un tour de force de précision et de compétence, qualités qui manquèrent cruellement au parti dans les dernières années de Mitterrand à l'Élysée.

 En 1974, après seize ans d'opposition, les socialistes espéraient à nouveau, la frustration avait fait place à la détermination et la rhétorique à l'action réfléchie. *Changer la vie* est une forme de manifeste électoral qui pourrait aujourd'hui servir d'exemple à tous les mouvements politiques.

Même si Mitterrand ne l'emporta pas à l'élection de 1974, les trois années précédant cet événement sont évoquées comme une période très romantique par tous les ténors de la gauche; une aventure vécue dans une ambiance fraternelle dans le sillage de la figure de proue de Mitterrand. Celui-ci surgissait cité Malesherbes à l'improviste, encourageait le personnel, du plus humble au plus élevé, maintenait le moral avec quelques mots gentils, et choisissait spontanément un compagnon pour une promenade, moment intime et privilégié pour l'élu devenu l'auditeur d'un soliloque de tacticien ou simple confident. Mais personne ne travailla avec plus d'acharnement que Mitterrand, comme il le rappela lui-même dans ce passage de *La Paille et le Grain* écrit en mai 1972 :

« Chaque semaine, je vais en province où je visite des fédérations socialistes et tiens des réunions publiques. Le samedi ou le dimanche, je me rends dans la Nièvre où je préside au moins six fois par an les sessions du conseil général. À Paris, les mercredi et jeudi sont absorbés par des délibérations du secrétariat national et du bureau exécutif du parti. Par surcroît, il est rare qu'une soirée ne soit pas confisquée par des commissions de travail ou des assemblées de quartier. Je ne me plains pas, mais quand s'ajoutent à ce calendrier un débat parlementaire, la rédaction d'un livre, la mise au point d'une émission, il m'arrive, oui, je l'avoue, de m'essouffler. » Une année plus tard il nota : « Je surmonte en peinant les fatigues de la semaine. Ma difficulté est de briser le rythme auquel je suis soumis. Se reposer exige un tel effort que le plus souvent j'y renonce. »

Pour diverses raisons il me fallut attendre deux semaines après mon arrivée à Paris avant de voir Mitterrand pour la première fois. Le premier politicien de stature nationale que je rencontrai face à face fut le secrétaire général du PCF, Georges Marchais. Je ne peux tenir compte de Jacques Chaban-Delmas que j'entrevis à sa conférence de presse rocambolesque de lancement de campagne avant même l'enterrement de Pompidou. La bousculade entre journalistes et photographes fut telle que je ne retins du personnage qu'une voix suraiguë sans la chaleur ni les modulations indispensables pour passer avec succès les tests impitoyables de la télévision, de la radio et des réunions publiques. Bien avant que Jacques Chirac ne sabotât les espoirs de Chaban en rassemblant une partie de l'UDR derrière Giscard, la presse étrangère ne lui accordait aucune chance.

J'abordai Marchais à sa sortie du domicile de Mitterrand, rue de Bièvre, sur la rive gauche, le 10 avril, et en souvenir de cette rencontre je possède *L'Humanité* du lendemain avec nos deux photos. Le Parti communiste, faisant partie de l'Union de la gauche, ne présentait pas de candidat, et son secrétaire général venait de passer une heure en tête à tête avec Mitterrand à discuter âprement de la plate-forme électorale commune de 1974. Il ne put contenir son irritation quand je lui demandai si le candidat du PS allait fonder sa campagne sur tout le Programme commun signé par les deux grandes formations de gauche en juin 1972. Sa réponse évasive (peut-être lui-même n'avait-il pas obtenu de Mitterrand une promesse sans équivoque) se prolongea en un véritable sermon suivi d'une longue autojustification des moyens de pression de son parti énoncée d'un ton saccadé. J'avais le sentiment que les entretiens entre les deux dirigeants représentaient une dure épreuve appréciée ni par l'un ni par l'autre. En 1974, les communistes détenaient toujours un électorat plus important que celui des socialistes, mais se trouvaient mis en situation de recevoir des ordres d'un homme dont les actions anticommunistes subsistaient dans toutes les mémoires.

L'absence de sympathie entre les leaders du PS et du PCF était évidente. Mitterrand connaissait Marchais presque aussi peu qu'il avait connu Pompidou. Quand Marchais se retira de la politique, en 1994, Mitterrand révéla qu'il ne l'avait rencontré que quatre ou cinq fois, mis à part les brèves poignées de main d'usage. En comparaison, du point de vue des contacts personnels, le leader de l'Union soviétique, Léonide Brejnev, aurait pu être considéré comme un vieil ami, autant par Mitterrand que par Marchais.

 Cet après-midi-là, rue de Bièvre, je n'aperçus même pas

l'ombre de Mitterrand, et je ne vis que la grande porte ouvrant sur la cour de son hôtel particulier – souvent décrit par la presse étrangère comme un modeste appartement, suite à l'intérêt suscité par son minuscule bureau situé dans une ancienne chambre de bonne. L'exiguïté de la pièce n'était pas surfaite ; selon Otto Karsh, le portraitiste canadien de tous les grands de l'après-guerre, il s'agissait « du plus petit bureau occupé par un homme d'État que j'aie eu l'occasion de voir ».

Le congrès extraordinaire du Parti socialiste, où Mitterrand fut reconnu à l'unanimité comme le candidat de l'Union de la gauche, se déroula à Paris le 8 avril. Le jour précédent, l'UDR cautionna la campagne de Chaban-Delmas. Giscard choisit d'annoncer sa candidature de républicain-indépendant à la télévision, du perron de sa mairie de Chamalières, près de Clermont-Ferrand, juste après l'annonce de la désignation de Mitterrand. Charles Hargrove, le correspondant du *Times*, et grand ami de la famille Giscard d'Estaing, écrivit dans son journal londonien que Chamalières était le lieu approprié puisque l'on y imprimait les billets de banque – une référence à l'office ministériel de Giscard, les Finances, plutôt qu'à sa fortune personnelle, je suppose. Après celles des trois grands, suivirent les déclarations de neuf autres participants, y compris celles de l'éternelle Arlette Laguiller de Lutte ouvrière et du premier candidat vert, l'agronome René Dumont.

Ce n'est que le 18 avril, à 22 h 30, que j'aperçus enfin, en chair et en os, le personnage central de cet essai, François Mitterrand. Un correspondant du *Financial Times*, Rupert Cornwell, m'emmena à Strasbourg où se tenait le premier grand meeting nocturne de la campagne. Mon confrère possédait de solides connaissances des affaires françaises et il était convaincu que Giscard arriverait bien en tête. Il me dressa le portrait d'un leader jeune et dynamique et doué d'une intelligence exceptionnelle, avec comme seul adversaire sérieux un homme du passé, Mitterrand. La France sous Giscard, selon la vision de Cornwell, serait un pays où régneraient l'ordre et l'efficacité, créant des emplois et dégageant de gros bénéfices. Il ne pouvait deviner l'égoïsme et l'immoralité du septennat à venir, ni prévoir le ridicule du futur président avec, entre autres, l'affaire des diamants de Bokassa.

Curieusement, en consultant les archives du *Guardian* je suis tombé sur une dépêche de Nesta Roberts datée d'août 1967, dans laquelle elle anticipait, sept ans avant l'événement, une confrontation Mitterrand-Giscard. Elle décrivait le premier comme représentant la « France d'aujourd'hui » et le second la « France de demain ».

« Mitterrand et Giscard sont nés sous la même latitude, mais Mitterrand est essentiellement un homme de la Méditerranée, et son rival un homme de l'Atlantique. De plus, pour le meilleur ou pour le pire, Mitterrand est avant tout un homme de la République alors que Giscard est un technocrate de haut niveau. » Puis suivait cette observation féminine : « Mitterrand est méditerranéen dans son énergie mentale souple, dans son beau visage lisse et ténébreux qu'il met en valeur avec des costumes bleus plutôt qu'avec l'ensemble gris anthracite et chemise blanche conseillé par la revue de mode masculine *Tailor and Cutter*. Il a le don de faire rayonner son charme, assez flamboyant, même depuis une estrade électorale. Mais, avant tout il apparaît méditerranéen dans sa capacité à pressentir les combats internes qui suivront inévitablement, dans ses rangs, quand la pression gaulliste – la cause de l'unité de la gauche – disparaîtra. À l'avenir il devra être un unificateur en plus d'un stratège habile et intelligent. Mitterrand se débrouillera bien. »

La majorité des profils succincts auxquels je pourrais me référer ont été écrits par des correspondants masculins, apparemment moins sensibles au beau visage de Mitterrand – l'un l'a même décrit comme un vieux lièvre à cause de ses dents. Néanmoins, le plus objectif, rédigé par Charles Hargrove, résolument conservateur et biographe de Giscard et de la reine Élisabeth II, montrait que la séduction du leader de la gauche pouvait toucher même un critique sans indulgence. Le journaliste avait écrit que Mitterrand était « l'homme le plus haï de France », jugement révisé pendant un déplacement en Bourgogne en 1973 : « Sur son propre territoire, on découvre un autre Mitterrand. La dureté de l'environnement a pour effet de donner un aspect plus doux à ce vétéran des luttes politiques depuis un quart de siècle. Il parle d'une manière plus décontractée avec les autochtones paysans,

 commerçants et artisans, faisant des discours qui sont plutôt des homélies, sans trace de cette ironie et de ces sarcasmes dévastateurs dont il est passé maître à l'Assemblée. Il n'apparaît plus froid, calculateur, rusé et distant, mais comme un homme qui allie des traces de timidité avec force conviction quand il admet avoir été révolté par les accusations de vouloir introduire le collectivisme en France. »

Le palais des Fêtes archibondé de Strasbourg, avec la présence de 4 000 supporters, n'était sans doute pas l'endroit idéal pour se faire une opinion définitive du candidat de la gauche à la présidence, mais son style, ce soir de printemps, évoqua pour moi plus celui d'un évêque que celui d'un grand séducteur. Je n'avais pas été averti de ses frénétiques battements de cils ni de sa bouche pincée de laquelle je m'attendais à voir tomber une bénédiction *urbi et orbi*. Par contre, l'assistance bruyante et irrespectueuse me conquit en me rappelant d'autres réunions de gauche de par le monde ayant en commun un air de fête, absent des rassemblements bien ordonnés de la droite. Et je pensai : si ce public aime cet homme à l'aspect assez lugubre, je dois faire un effort pour le comprendre.

L'irrévérence se concentra en premier lieu sur le violoniste Emmanuel Krivine et le pianiste Christian Ivaldi, deux jeunes musiciens classiques probablement envoyés à Strasbourg pour tester leurs nerfs face à une immense foule qui, malheureusement, ne voulait pas entendre Jean-Sébastien Bach. L'assistance ne manifesta guère plus de sympathie pour l'autre « chauffeur de salle », le chanteur populaire Lény Escudéro, présenté comme un artiste faisant un « comeback », une invitation involontaire à des comparaisons désobligeantes avec le parcours de l'invité principal, comme toujours très en retard. Le premier refrain de Lény commençait par ces mots : « Un jour le diable est venu... », et ce n'est qu'après dix chansons, toutes submergées par des cris d'impatience, que Mitterrand fit son entrée.

Je reviendrai sur quelques-uns des thèmes exposés dans ce premier grand discours, mais je me demande aujourd'hui si mon analyse sur les chances électorales de Mitterrand aurait été facilitée si j'avais su qu'au moment où il tentait de parvenir à ses ambitions se déroulait un épisode, émotionnellement perturbant, de sa vie privée. Les photos dans *Paris-Match* en novembre 1994 de sa fille naturelle, Mazarine, fêtant son vingtième anniversaire aux côtés de son père, sont la preuve que les exigences physiques et intellectuelles de la campagne coïncidaient avec une liaison extra-conjugale, à l'origine d'une seconde famille qui occupa quelques années plus tard un appartement dans une annexe de l'Élysée.

On peut présumer qu'en 1974 le futur président considérait que sa vie privée restait sa propre affaire et rien n'indique que cette campagne épuisante ait été troublée par un attachement sentimental qu'il cacha si longtemps à l'électorat français. Cette année-là, il exhorta le pays à débattre de très grandes questions sociales allant de la libéralisation de l'avortement à une politique familiale plus généreuse, mais personne, hormis quelques proches et notamment son ami Roger-Patrice Pelat, ne soupçonnait ses déchirements personnels.

Les chances électorales considérables de Mitterrand amenèrent Danielle, sa femme, à se manifester, à sortir de l'ombre. À l'exception de certains biographes, tel Franz-Olivier Giesbert, les journalistes accordèrent peu d'importance au couple Mitterrand jusqu'en 1974. Dans la Nièvre, ils se rendaient ensemble à des fêtes de village quand ils occupaient leur résidence campagnarde à Champagne, et la photo de Danielle jouant avec leurs deux enfants paraissait épisodiquement dans *Le Courrier de la Nièvre*. André Emery, le maire de Dun-les-Places, se souvenait d'une anecdote familiale autour de la disparition du jeune Gilbert. Au terme de longues recherches, quand l'anxiété de la famille était à son comble, le garçon avait été retrouvé jouant au lapin dans un clapier du jardin. Questionné sur son silence aux appels de ses parents, il répondit : « Un lapin ne parle pas. »

Mais Léon Vié, souvent présent aux côtés de Mitterrand, jusqu'au jour, après Épinay, où il refusa un poste important au sein du PS, ne vit jamais Danielle accompagner son mari pendant toutes les années où celui-ci se déplaça régulièrement entre Paris et Nevers. « Quand j'ai remarqué en riant qu'à l'hôtel de France il était toujours entouré de jeunes et jolies filles, Mitterrand m'a répondu : " Elles aiment mes discours." »

Si la mésentente régnait dans le ménage Mitterrand en 1974, Danielle, alors âgée de 49 ans, n'en laissa rien paraître lorsqu'elle accorda, en mai, un entretien à un journaliste du *Herald Tribune*, Hebe Dorsey, chez elle, rue de Bièvre. Le correspondant rencontra une femme d'intérieur satisfaite, « mieux en réalité que sur les photos », heureuse de préparer les plats préférés de son mari et de consacrer son temps libre à la reliure de livres. Quand il lui demanda si elle émettait des avis ou des conseils sur les questions féministes, elle répondit : « Je ne suis pas de près la situation. Bien sûr, j'ai eu une influence sur mon mari, ne serait-ce que par la force de ma présence. Mais mon vrai rôle – le rôle que j'ai choisi – est de créer une bonne ambiance familiale pour François et les enfants. Je m'efforce de rendre la vie de François plus facile. Son bureau est dans la maison et nous sommes très proches.

« La cuisine? Ça c'est mon job. Quand il est anxieux il ne sait même pas ce qu'il mange, mais quand nous allons à la campagne il éprouve soudain l'envie de goûter à mes asperges et champignons en conserve. »

Les amis des animaux se réjouiront d'apprendre que Dorsey rencontra aussi un chat appelé Micro, qui dormait lové sur une couverture orange à côté d'un aquarium, et un basset à triste allure nommé Titus, qui, le soir, rejoignait le matou sur le lit de Danielle. Un troisième animal de compagnie, un dachshund très gras, très grincheux et très âgé, Le Prince, coulait ses vieux jours dans une semi-torpeur.

Le journaliste ne détecta pas une fausse note conjugale. Danielle semblait surtout préoccupée par ce qu'elle appelait la pagaille de sa propre chambre au premier étage, une pièce aux murs laqués bleu vif contiguë à un salon blanc vide de meubles. En constatant son désordre, elle dit à Dorsey : « Ce n'est pas moi du tout. Non, non, vraiment. J'aime toute chose à sa place et une place pour toute chose. » Danielle Mitterrand ne formula aucune critique sur certains choix politiques de son mari alors que, pour une biographie, elle déclara à l'auteur ne pas comprendre pourquoi François maintenait un contact avec certains politiciens de droite de l'après-guerre. Il y eut probablement d'importantes divergences d'opinions politiques et des échanges acerbes au sein du couple pendant les années cinquante. Mitterrand, dans un entretien avec Hélène Vida en 1972, admit : « Elle me trouve beaucoup trop modéré dans ma vie politique », une remarque pourtant postérieure à sa conversion au socialisme et à l'alliance avec les communistes. Pour montrer son évolution, il adopta même un chapeau noir aux larges bords, comme celui de Léon Blum, le héros du père de Danielle.

Rapidement, après l'élection de 1974, le rideau se referma sur le couple jusqu'à la réémergence de Danielle, « mince, bien dans sa peau et très féminine » – selon Valérie Grove de l'*Observer* – dans ses fonctions de présidente de l'association France-Libertés, aussi connue sous l'appellation : la Fondation Danielle Mitterrand. À l'époque elle défendait les causes latino-américaines et le tiers monde en soutenant Régis Debray, l'associé du guérillero cubain, Che Guevara. Mais la dernière communication que je reçus de la Fondation, après l'hospitalisation de Danielle en même temps que son mari, en 1994, sollicitait une contribution pour venir en aide aux enfants démunis des anciennes colonies.

Sa campagne contre la misère concrétisait son admiration pour les priorités socialistes de son père, directeur d'école, qui subit de sévères sanctions sous Vichy en défendant ses principes moraux pendant la guerre, notamment contre l'antisémitisme. La fidélité de sa fille à ses enseignements me rappela une anecdote qu'elle racontait au sujet de sa première visite officielle à l'Élysée à la suite de la nomination de Mitterrand à un ministère. L'huissier avait remarqué une jeune fille à l'apparence de lycéenne et qui semblait assez désorientée : « De qui êtes-vous la fille, mademoiselle? » s'enquit-il, et elle répondit : « Je suis la fille de monsieur Gouze, de Cluny. » Je suppose que c'est ce qu'elle restera toujours, avant tout.

Sur une photo, illustrant un entretien avec Corinne Talon, publiée par *Les Dernières Nouvelles d'Alsace* en 1974, le jour de l'arrivée du candidat socialiste dans la capitale alsacienne, le visage de Danielle ne trahit aucun trouble. François caresse un labrador noir, et sa femme, souriante, assise près de lui, écoute la journaliste. Dans l'article, Mitterrand cherchait à peaufiner son personnage en désignant Blum et Mendès France comme ses modèles politiques, puis Mozart et le crooner noir américain Nat King Cole, l'interprète romantique de *When I fall in love*, ses musiciens préférés. Et parmi les écrivains? Saint-Simon, Dostoïevski, Éluard (un pour les socialistes, un pour les internationalistes et un pour les communistes), mais aucune mention du collaborationniste Jacques Chardonne, natif de Jarnac, très admiré de Mitterrand et souvent cité dans ses œuvres. Le journal alsacien nous informait que Mitterrand, enfant, rêvait d'« une aventure immobile qui aurait pu être celle d'écrivain » et lui-même se définissait par une citation inspirée de Phèdre : « Fidèle, mais fier, et même un peu farouche. »

C'est avec des touches impressionnistes semblables que l'on contribue à construire son propre mythe, mais le compte rendu du meeting électoral du lendemain dans *Les Dernières Nouvelles d'Alsace* rapporta sans lyrisme les critiques du candidat de la gauche concernant le coût de la vie et sa promesse de défendre le franc. Sa dénonciation de l'inflation, dont le taux avait grimpé à 17 % pendant les derniers jours de Giscard aux Finances, eut un écho vingt ans plus tard quand Bérégovoy me déclara, en utilisant sensiblement les mêmes termes : « L'inflation, c'est un impôt sur les petits revenus et une subvention pour les grandes fortunes. » Sur le franc fort, les résolutions de Mitterrand au palais des Fêtes de Strasbourg : « Il faut engager la bataille du franc comme une nouvelle bataille de la Marne et revenir aux parités fixes », rappelaient inévitablement la désignation de Raymond Barre par Giscard comme le Joffre de l'économie.

Vingt-quatre heures après le départ de Mitterrand de Strasbourg, j'assistais au lancement de la campagne de Giscard, au palais de l'Aubette. Du chaos amical de la réunion de gauche, où, en attendant l'arrivée de Mitterrand, des militants avaient envahi l'estrade pour lancer des quolibets au pauvre Lény Escudéro, je passai à une grande salle fleurie de muguet et de myosotis où une assistance disciplinée attendait patiemment *Le Chant du départ* qui signala l'entrée d'un ministre des Finances, souriant et décontracté. Le discours éminemment technocratique d'un polytechnicien, préférant des formules mathématiques comme « quatre idées et neuf changements », remplaçait le message au ton rassurant de la veille.

La prestation magistrale de Giscard fit germer l'idée que la droite classique était à l'état d'agonie et que la France allait être gouvernée au centre. « Où est passée la droite? » se demandait *Le Monde* le lendemain de cette réunion, dans un article faisant références aux « audaces sociales » de Giscard. « Tout se passe comme si les gaullistes et les républicains-indépendants s'étaient débarrassés du carcan de la droite. M. Giscard d'Estaing, enfin seul, peut reprendre à son compte les aspirations sociales de la démocratie chrétienne que représente à ses côtés M. Lecanuet. La bataille pour la conquête des suffrages populaires, supposés être au centre, n'a jamais été aussi voyante. »

L'apparent repositionnement de Giscard, loin de la droite doctrinaire, s'effectua sans heurt grâce à la décision du maire de Tours et ministre des PTT, Jean Royer, de concourir de son côté avec un programme fondé sur des valeurs morales strictes. Ses conférences, où des étudiants lâchaient des préservatifs gonflés comme des ballons quand Royer discourait contre la contraception et l'avortement, provoquèrent les incidents les plus comiques de la campagne. Mais peu de personnes prêtèrent attention à l'ombre réactionnaire qui se penchait sur Giscard à chaque réunion pour s'assurer qu'il n'oubliait pas ses parrains, grands capitalistes et aristocrates, bienséance que respecta Mitterrand, lui aussi, en 1946. Michel Poniatowski, prince de naissance et futur ministre de l'Intérieur à la poigne de fer, regardait par-dessus l'épaule de Giscard à Strasbourg, attendant son tour pour prédire les pires maux, les pires calamités, tels que révolution et totalitarisme, en cas de gouvernement socialiste. Giscard – l'homme-chiffre dans le vocabulaire de Mitterrand – préférait apparaître comme un gentleman de bonne famille avec des promesses d'ordre, de consensus et de gros dividendes financiers.

Pour un étranger comme moi, il était difficile de comprendre pourquoi Giscard, qui hérita au Palais-Bourbon du siège de son grand-père, Jacques Barthoud, un des piliers de Vichy, pouvait prétendre à l'étiquette centriste quand les revendications de son parti, et notamment celles de Poniatowski – supporter de Philippe de Villiers en 1995 – étaient xénophobes, intolérantes, ultra-conservatrices et en faveur du grand capitalisme. Le mouvement RI, établi surtout pour préserver les privilèges des riches et puissants, comme les de Wendel des deux cents familles (d'où était issue la femme de Giscard, Anne de Brantes), favorisa la formation d'un lobby, constitué d'industriels et de financiers influents que l'on retrouva dans de nombreux ministères sous la présidence de Giscard.

Je n'entends impressionner quiconque, sauf peut-être quelques personnes encore habitées par l'esprit de 1968, en citant la remarque suivante d'Alain Krivine, le représentant de la Ligue communiste révolutionnaire (LCR) en 1974, mais c'est une formule que j'aime surtout pour son style lapidaire et féroce : « Pompidou est mort ; l'UDR agonise, les rats se mangent entre eux. Le spectacle de l'ex-majorité est réjouissant ; la différence fondamentale qui sépare Chaban-d'Estaing de Giscard-Delmas, ce n'est ni le tennis, ni l'accordéon, ni la feuille d'impôt. C'est que tous les deux veulent être président pour faire la même politique. Quant à Royer, c'est la voix des Pétains. »

Cette insolence était inconnue au PS quand je fis ma première visite à sa permanence de campagne présidentielle, située sur 800 mètres carrés d'un étage élevé de la tour Montparnasse. Au contraire, il y régnait une atmosphère studieuse, sans fantaisie, qui donnait l'impression d'un parti prêt à prendre les commandes du pays. Il me suffisait d'entrer dans un bureau pour rencontrer l'une des futures vedettes de 1981 et 1988, toujours disponible et empressée. Les militants craignaient de me voir confondre le PS avec le Parti travailliste, un mouvement beaucoup plus près des syndicats et de la classe ouvrière. Même lorsque le jovial homme du Nord Pierre Mauroy assura l'intérim de la direction du parti, toute illusion d'un mouvement du peuple ne pouvait durer dans le climat très intellectuel de la tour Montparnasse où personne ne revendiquait une origine ouvrière. C'était, selon les mots de Daniel Mayer, « un parti de bourgeois et de professeurs ». L'éloignement des idéaux des travaillistes anglais se confirma d'une façon insolite quelques années plus tard, quand Lionel Jospin dirigea le PS et qu'en Angleterre Neil Kinnock fut nommé leader des travaillistes et de l'opposition à Margaret Thatcher. Les deux hommes passèrent presque trois jours ensemble et, quelques heures après le départ de Kinnock pour une confrontation avec ce qu'on appelle la *loony left* – la gauche dingue –, Jospin confia à un journaliste : « C'est peut-être bizarre, mais nous n'avons absolument rien en commun avec nos confrères britanniques. »

Pendant les campagnes électorales, les barrières bureaucratiques disparaissent comme par magie et tout journaliste français ou étranger est accueilli comme un messager très attendu. Des politiciens normalement distants et arrogants se transforment subitement en personnes très obligeantes et j'ai ainsi obtenu mes meilleures interviews en voiture avec des candidats anxieux de connaître mon opinion sur leur dernier discours. C'est au cours d'un tête-à-tête avec Jacques Chirac dans un café parisien, quelques années plus tard, qu'il observa en constatant sa propre impopularité : « En politique, c'est uniquement ce qui est perçu qui compte. »

En 1974, je percevais en François Mitterrand un organisateur exceptionnel, un formidable défenseur des valeurs de la gauche, un homme de campagne infatigable et un perdant inévitable qui, à 57 ans, se voyait offrir une dernière chance d'accéder à la magistrature suprême en récompense de son ardeur à réunifier les frères dispersés de la gauche non communiste. Comme ses ennemis, dans cette perception superficielle, j'ai sous-estimé son acharnement à parvenir au pouvoir, son génie de chef d'équipe et son habileté à annihiler des prétendants téméraires comme Michel Rocard, nommé avec Mendès France conseiller économique du candidat en 1974 en dépit de ses liens avec le PSU.

Par ailleurs, Mitterrand s'entoura d'un véritable clan de fidèles, dont Georges Dayan, dans son cabinet personnel très restreint avec Charles Hernu pour les réunions, André Rousselet pour les finances et Georges Beauchamp, chargé de la distribution d'un film *Certains l'appellent François*, tourné en grande partie dans les Landes, avec des vues champêtres reposantes afin de communiquer l'image d'une vie privée tranquille.

Même avec les renseignements rassemblés ultérieurement sur la personnalité de Mitterrand, je doute fort que pendant la campagne j'aurais changé mon pronostic de défaite. Le problème majeur concernait le Programme commun, Mitterrand ne semblait pas à l'aise dans cette camisole politique. C'est lorsque Marchais m'assura, rue de Bièvre, que « c'était le Programme commun et tout le Programme commun » que je réalisai qu'un candidat cherchant à plaire à toute la gauche ne pouvait être lié à un manifeste aussi exclusif. L'autre aile de son électorat, les radicaux de gauche (MRG) ne mentionnèrent même pas ce document quand ils firent appel à Mitterrand le 5 avril. Pour eux, « dans ce scrutin, François Mitterrand représente les traditions humanistes et généreuses de la gauche française. Il incarnera le respect intransigeant des libertés démocratiques, offrira une alternative lucide de justice sociale conforme aux réalités sociologiques de notre pays et aux nouvelles données de la vie économique et mondiale. François Mitterrand développera la vocation universaliste de la France ».

La fin prématurée du mandat présidentiel avec la mort de Pompidou avantagea Giscard, déjà prêt à se lancer en campagne depuis le départ du général de Gaulle en 1969, avec des idées affinées de droite, alors que Mitterrand besognait dans l'optique d'une échéance présidentielle normale en 1976. De plus, la crise pétrolière sema le doute sur la viabilité du Programme commun, et Mitterrand tenta un remaniement important mais confus, dès le début de la campagne. Dans sa réponse à une question d'un journaliste du *Monde*, on peut détecter les conseils prudents de Mendès France et de Rocard : il faut construire une économie forte avant de distribuer des bénéfices au peuple ; une analyse qui irritait Marchais et rendait perplexes ceux qui rêvaient avec impatience d'un nouveau Front populaire façon 1936.

LE MONDE – Tantôt vous insistez sur le côté rigoureux de votre plan économique en trois étapes, contenant les mesures sociales dans le cadre de la production disponible, tantôt vous signalez que vous vous inspirez du Programme commun qui, lui, ne répondait pas au même souci. Pouvez-vous préciser quelle part du Programme commun vous comptez appliquer dans le cadre de votre plan, pour ne pas rompre avec la rigueur économique et la politique de défense du franc que vous avez célébrées?

FRANÇOIS MITTERRAND – Le Programme commun est un programme de gouvernement qui ne comporte aucun calendrier. Lorsqu'il a été établi en mai et juin 1972, le rythme de croissance français dépassait 6,5 %, aujourd'hui, la crise de l'énergie a révélé la fragilité de cette croissance et les points faibles de la politique économique menée depuis quinze ans. La croissance s'est réduite à 4,5 % pour 1974 avec une inflation record. Or, toute politique économique doit se situer dans le cadre de la croissance réelle. Aussi ai-je proposé, le 18 avril, un plan économique en trois étapes successives (6 mois, puis 18 mois, puis 5 ans). C'est dans le cadre d'un tel plan, et suivant un calendrier rigoureux et établi en fonction de l'évolution des conditions économiques, que le gouvernement proposera au Parlement le vote des réformes sociales prévues. La priorité absolue, autour de laquelle s'organise la première phase de mon plan est la lutte contre l'inflatiion, la défense du franc et la sécurité de l'emploi. Les dispositions sociales qu'elle comporte sont compatibles avec cette règle d'action.

Une fois cette stabilisation amorcée, pourront être entreprises dans les deux étapes suivantes les réformes de structures et les réformes fiscales permettant de dégager les ressources nécessaires au financement des réformes sociales, telle la réduction de la durée de travail ou le droit à la retraite à 60 ans. Aucune dépense ne sera engagée sans recette correspondante. Agir autrement serait augmenter la demande sans augmenter l'offre et donc encourager l'inflation qui aggrave les inégalités. Pour que les entreprises supportent des charges nouvelles tout en préservant leur capacité de production, il conviendra de respecter le calendrier et de poursuivre avec énergie et persévérance la politique d'expansion et de révalorisation du travail français que je préconise.

Les hésitations et le manque de conviction flagrants dans cette réponse furent la grande erreur dans une campagne construite sur des réformes utopiques déjà paraphées par le PS, sous la direction de Mitterrand, et le PCF. Cette inversion des priorités, mettant à la façon Mendès le social après l'économique, contribua certainement à démobiliser une partie des électeurs communistes qui attendaient, comme Marchais, « le Programme commun et tout le Programme commun ». Pour Maurice Duverger, le pacte avec les communistes représentait un obstacle insurmontable. D'après lui Mitterrand proposait des objectifs trop flous, des réflexions sur la société à construire mal définies et un programme économique sérieux mais inadapté aux conditions et aux réalités de la société moderne. « De plus, la vénération du Programme commun (par les communistes en particulier) a trop gêné Mitterrand qui n'a pas pu s'en écarter et développer totalement des thèmes de campagne à sa convenance. Le projet des nationalisations était fondé sur le mythe de 1936, mythe également ancré dans les consciences socialistes et il était impossible d'y toucher. Mais il a peut-être effrayé les électeurs indécis. »

Le fait même d'avoir soutenu un manifeste fondé largement sur l'accentuation de l'ingérence de l'État, par la voie des nationalisations, équivalait à un rejet total des revendications du jeune François défendant avec force un marché libre en 1946. Cette conversion offre un point de départ pour étudier les changements dont souffrirent ses autres convictions fondamentales avec l'Union de la gauche. En sacrifiant une partie de sa liberté d'action avec son inscription dans le projet socialiste, Mitterrand dut se soumettre à la loi de la majorité et respecter des doctrines qu'il ne portait pas nécessairement dans son cœur. Une influence de groupe est frappante dans la place qu'il donna à l'économie en liant « une monnaie plus forte » avec « une société plus juste », dès sa première conférence de presse le 12 avril. À cause de l'alliance avec le PCF, Mitterrand fut toujours contraint de jongler avec les promesses d'une gestion stricte et classique, dont un contrôle sévère des dépenses publiques, et l'engagement d'un progrès social idéaliste. En 1974, il annonçait le SMIG à 1 200 francs, des commandes publiques de gros chantiers pour garantir l'emploi, un relèvement important du minimum vieillesse, la retraite à 60 ans, la réduction du temps de travail, la cinquième semaine de congés payés et la réforme de la Sécurité sociale. Sept ans s'écouleront avant que le piège contenu dans ces engagements en période de récession ne se referme sur le gouvernement de Pierre Mauroy. Néanmoins, leur application pendant le premier septennat démontra que l'exigence de ces réformes n'était pas une revendication opportuniste provoquée par une témérité inconsciente.

Dans le domaine institutionnel, la critique de Mitterrand de la

Constitution de la Ve République s'atténua radicalement après le départ de Charles de Gaulle. Mis à part une proposition de suppression de l'article 16 donnant au président les pleins pouvoirs dans un état d'urgence – l'invitation à un coup d'État légal –, Mitterrand réclama peu de réformes, quitte à laisser au gouvernement le soin d'en décider.

La promesse de Mitterrand sur RTL le 2 mai : « On doit rester au pouvoir pour cinq ans, comme je le souhaite. Le septennat c'est trop long » ne figure pas parmi celles respectées en 1981. Tout en reprochant à Mitterrand de n'avoir pas tenu cet engagement une fois au pouvoir, il faut rappeler que Giscard affirma lui aussi : « Sept ans, c'est trop long », et ne fit rien pour écourter son séjour à l'Élysée, allant jusqu'à briguer un deuxième mandat en 1981.

Sur les questions sociales, Mitterrand n'a trahi aucune des grandes lignes de ses choix personnels pour améliorer les conditions de vie des pauvres et des vieux. Il a repris des thèmes de 1965 en proposant la libéralisation de la contraception et de l'avortement, même si cette dernière mesure ne lui plaisait guère. En ce qui concerne l'Europe, son enthousiasme restait intact au risque de heurter la sensibilité des communistes. Il se réjouissait de la perspective d'une Europe occidentale organiquement structurée. « Telle a toujours été ma position. Je suis franchement européen », confirmait-il sur RTL le 16 avril.

En dépit de nombreuses ambiguïtés, Mitterrand réussit à restaurer l'unité des grands courants de gauche mis à mal par le désastre du scrutin présidentiel de 1969. Au premier tour, le 5 mai 1974, Mitterrand récolta 43,25 % des voix, contre 37,39 % en 1965.

« J'aborde ce deuxième tour avec le sentiment que la victoire est à portée de la main », clama Mitterrand le 6 mai, mais son alliance avec les communistes lui avait coûté l'adhésion de l'électorat marginal de l'extrême droite, derrière lui au second tour de 1965. Les « Pétain » de Jean Royer et le lobby raciste de Jean-Marie Le Pen, qui combinaient un million de voix, coururent au secours de Giscard dont les gardes du corps, pour les déplacements de campagne, avaient été choisis dans les rangs des extrémistes. Les groupes de pression des anciens de Vichy et de

1974, les résultats complets du premier tour :

François Mitterrand	11 044 373	43,25 %
Valéry Giscard d'Estaing	8 326 774	32,60 %
Jacques Chaban-Delmas	3 385 728	15,11 %
Jean Royer	810 540	3,17 %
Arlette Laguiller	595 247	2,33 %
René Dumont	337 800	1,32 %
Jean-Marie Le Pen	190 921	0,75 %
Émile Muller	176 279	0,69 %
Alain Krivine	93 990	0,37 %
Bertrand Renouvin	43 722	0,17 %
Jean-Claude Sebag	42 007	0,16 %
Guy Héraud	19 255	0,08 %

l'Organisation de l'armée secrète (OAS), en reconnaissance du rôle joué par Giscard dans la chute de Charles de Gaulle en 1969, se rangèrent aux côtés d'un champion moins équivoque que Mitterrand – un ralliement qui influença fortement les choix du candidat de la gauche dans les campagnes de 1981 et 1988.

Les trotskistes et les Verts reportèrent leurs voix sur Mitterrand mais celui-ci se montra plus belliqueux dans les réunions publiques entre les deux tours, peut-être un indice de fatigue et de désespoir. Giscard se plaignit même de la violence et de la méchanceté de son rival de gauche avant leur rencontre pour le débat télévisé du 10 mai, regardé par 25 millions de téléspectateurs – le total des votants du premier tour. Contrairement à la confrontation entre John Kennedy et Richard Nixon qui décida de l'issue de l'élection présidentielle américaine de 1960, on peut affirmer que le face à face français ne fit que confirmer les choix du 5 mai.

Pour Pierre Viansson-Ponté, le deuxième tour ressembla à une lutte entre un violoncelle (Giscard) et un tuba (Mitterrand). Marchais vint tardivement à la rescousse du tuba en promettant publiquement de ne pas réclamer de postes clés, c'est-à-dire, ni la Défense ni les Affaires étrangères, dans un gouvernement de gauche, tout en sachant que Mitterrand n'aurait jamais investi les communistes de sa confiance à ce point-là. De son côté, le violoncelle lâcha son molosse, le gros Poniatowski, qui tonna partout que le traître Marchais allait ouvrir les portes de Paris aux chars soviétiques déjà en route pour la place de la Concorde.

Pendant le face à face, Mitterrand, las et un peu absent, déçut son camp en mettant en sourdine son agressivité, mais dans les meetings il puisait dans ses réserves et son orgueil pour faire renaître le populiste pugnace de 1965 en attaquant Giscard avec des flèches empoisonnées. À Nancy, le 15 mai, il donna un dernier sursaut d'espoir à une foule de 15 000 personnes avec des appels à la lutte contre le grand capital, aux accents de 1936. « Qui est le maître de la banque? de l'argent? » demanda-t-il à une assistance exaltée qui répondit d'une seule voix : « Giscard! » Et il ajouta : « Les promesses coulent à flots, c'est l'inondation, l'affreuse démagogie. Qu'a-t-on fait pendant quinze ans? – Rien! – Qu'a-t-on fait pour les maîtres des sociétés internationales? – Tout! »

En contraste avec l'opinion du *Monde* qui situait Giscard au centre, Mitterrand le cataloguait clairement à droite avec les autres fondateurs du Mouvement des républicains-indépendants, Poniatowski, de Broglie et d'Ornano, tous d'authentiques aristocrates qui n'achetèrent pas leur particule comme le père de Giscard en 1922. « D'où sont-ils sortis ces princes, ces ducs, ces milliardaires, d'où sont-ils sortis sinon d'une bourgeoisie d'argent et d'affaires, cette vieille droite bourgeoise et réactionnaire qui entend maintenir son pouvoir sur nous? J'ai bien besoin de me retourner vers vous quand je vois la coalition des forces que j'affronte. Regardez-les : pas une idée neuve depuis quinze ans. Ils n'ont répondu à rien. Le savoir se diffuse de plus en plus et jamais le pouvoir n'a été plus concentré. Nous vivons sous des dictatures. Dictature du grand capitalisme qui jongle et joue cruellement avec le travail des hommes. Qui donc y pense, aux hommes? Qui cherche à les défendre? Des millions de femmes et d'hommes sont aujourd'hui des marchandises sur lesquelles on trafique. »

Dans cette harangue, on retrouve une vieille obsession de Mitterrand : la dictature. Au tripartisme de 1946, à la Constitution de la Ve République de 1958, il ajouta une cible en 1974 : le grand capital.

Malheureusement pour la gauche, les dernières réunions publiques de Mitterrand ne furent que des barouds d'honneur. Le feu de la passion était bien éteint dans son ultime appel radiophonique du 17 mai, quand, d'une voix monocorde, il constata sans conviction : « Il serait sage et raisonnable de choisir l'alternance et la démocratie, plutôt que de perpétuer la domination de quelques privilégiés qui devient dangereuse pour l'harmonie sociale. »

Les résultats du 19 mai ne démentirent pas les prévisions de mon maire provençal, six semaines plus tôt :

Valéry Giscard d'Estaing	13 396 203	50,81 %
François Mitterrand	12 971 604	49,19 %

La réaction de Mitterrand à sa défaite lui inspira quelques lignes à la fin de son livre-journal *La Paille et le Grain*. Le 21 mai, il nota : « Un quotidien commente ce matin le résultat de l'élection et s'apitoie : " Le destin ne l'aime pas. " Que savent-ils de mon destin ? Le destin de la Seine est-il d'arroser Paris ou d'aller à l'Océan ? » Dans la dernière page, on trouve ces lignes phophétiques : « D'autres raconteront le combat qui s'est achevé le dimanche 19 mai, son déroulement, ses péripéties, ses temps forts. Mais notre peuple a autre chose à faire que s'attarder. Moi aussi. »

Mon post-scriptum à cette campagne concerne ma visite à la permanence de Giscard, la nuit du 19 mai, pour voir comment les républicains-indépendants célébraient la victoire. On m'en refusa l'accès avec un sec : « Vous n'êtes pas invité. » Le même sentiment d'exclusion des fastes de la « dictature du grand capitalisme » allait réunifier la gauche sept ans plus tard quand l'Élysée tomba, comme la Bastille cent quatre-vingt-douze ans plus tôt.

LE PROGRAMME COMMUN DE LA GAUCHE (1972-1977)
Les grandes lignes

Signé par le PS, le PC et le Mouvement des radicaux de gauche (26-6-1972), fondant ainsi l'Union de la gauche. Contrat pour gouverner ensemble, il prévoyait :

1°) Amélioration immédiate des conditions de vie et de travail : sem. de 40 h avec maintien intégral du salaire; aucune retraite inférieure à 80 % du Smic; améliorations des cadences et des horaires; pouvoirs accrus des comités d'entreprises et délégués du personnel.

2°) Sécurité de l'emploi : lutte contre le *chômage* par une nouvelle politique des prix et des marchés; progression du *revenu* des agriculteurs, artisans, commerçants; abrogation des ordonnances de 1967 et généralisation de la *Sécurité sociale.*

3°) Promotion des travailleurs : 9 nationalisations de secteurs clés (Dassault, Roussel-Uclaf, Rhône-Poulenc, ITT, Honeywell-Bull, Thomson-Brandt, Péchiney-Ugine-Kuhlmann, Saint-Gobain-Pont-à-Mousson, CGE). Prises de *participation majoritaire* dans 5 sociétés (Usinor-Vallourec, Wendel-Sidelor, Schneider, CFP, CFR-Total). Intervention dans le secteur bancaire. Droits syndicaux et de grève développés et garantis. Création d'*offices ruraux* représentant les agriculteurs. *Indemnisation des actionnaires* : le PS penchait pour l'attribution aux anciens actionnaires de titres nouveaux non amortissables, participatifs, à revenu indexé, librement échangés à la Bourse qui en fixera le cours. Le PC optait pour des obligations remboursables sur 20 ans par annuités constantes sur la base du cours des 3 dernières années et produisant un intérêt égal à celui des emprunts obligataires.

4°) Libération du citoyen par une décentralisation réelle : suppression de la tutelle préfectorale; élection au suffrage universel direct d'assemblées chargées d'administrer les *collectivités locales et régionales*; attribution de moyens nécessaires aux *communes* en matière d'urbanisme, de contrôle des sols, de fiscalité locale.

5°) Épanouissement de l'individu : organisation rationnelle et démocratique de la *santé*; refonte de l'*Éducation nationale* (réduction des inégalités et du cloisonnement social) : regrou-

Novembre 1983, visite dans une usine en Poitou-Charentes.
(© Francis Aspeteguy/Gamma)

Pèlerinage à la Roche de Solutré, en 1985. Comme chaque année depuis la Libération, le président termine ici sa « randonnée », en Bourgogne.
(© Francolon/Gamma)

Au début du premier septennat, rencontre avec les syndicats à l'Élysée.
(© Thierry Campion/Gamma)

1986, première cohabitation.
Le 20 mars, le président
de la République confie à
Jacques Chirac, nommé
Premier ministre,
la formation du nouveau
gouvernement.
(© Pool/Gamma)

Mitterrand et la politique internationale. En 1961, pour le premier anniversaire de l'indépendance de la Côte-d'Ivoire, avec Pierre Mendès France et l'Agha Khan. (© Raymond Depardon/Magnum). *En 1988, au sommet européen de Bruxelles, avec Margaret Thatcher, Jacques Delors et Jacques Chirac.* (© Francis Aspeteguy/Gamma)

Mitterrand intime. Promenade dans les Landes. (© Raymond Depardon/Magnum)

1985. Marche en Dordogne, lors d'une visite à son ami Maurice Faure. A droite, Gilbert Mitterrand. (© Pierre Lasvenes/Gamma)

Années 1980. Mitterrand dans son bureau à Latche.
(© Raymond Depardon/Magnum)

1986. Danielle Mitterrand avec Roger Hanin
(© Daniel Simon/Gamma),
et avec François Mitterrand.
(© Jean Gaumy/Magnum)

Mitterrand dans son bureau à Château-Chinon, ville dont il a été élu maire pendant vingt-deux ans (© Raymond Depardon/Magnum), *et devant l'hôtel du Vieux Morvan, le rendez-vous nivernais des soirs de verdict électoral.* (© Francolon/Gamma)

Mitterrand, à Rennes, en 1988.

pement des activités d'éducation dans un service publique démocratisation en matière de *logement, transports, loisirs*; promotion de la *femme* et égalité avec l'homme.

6°) Respect des libertés acquises et reconquête des libertés perdues : totale *liberté d'expression*; protection de la vie privée contre certains développements de l'informatique; abrogation de la *loi « anticasseurs »*; suppression de la *Cour de sûreté de l'État* et des *tribunaux militaires* en temps de paix; institution de l' « *habeas corpus* » (liberté individuelle garantie); disparition de la *garde à vue*, de la procédure de *flagrant délit*; refonte du Conseil supérieur de la magistrature et création d'une Cour suprême chargée d'assurer l'application des règles constitutionnelles.

7°) Instauration d'un « contrat de législature » liant le Gouv. et la majorité parlementaire pour l'application de la politique du Programme commun.

8°) Politique de paix : dissolution de l'Otan et du pacte de Varsovie; traité européen réorganisant la sécurité collective; abandon de la *force de frappe nucléaire* stratégique et signature de traités internationaux d'interdiction des explosions et de non-dissémination des armements nucléaires; *service militaire* de 6 mois.

9°) Politique culturelle : attribution de tous les moyens nécessaires.

CHAPITRE VI

PRÉSIDENTIELLE, 26 AVRIL-10 MAI 1981

« Je fais partie du paysage de la France. »
Ici et maintenant, 1980.

Le 5 mai 1981, Bertrand Renouvin, leader de la Nouvelle action royaliste rencontra Jacques Attali pour l'informer de son soutien à François Mitterrand au second tour de la quatrième élection présidentielle depuis 1965. Attali, la future éminence grise du nouveau président, se livra à de sombres pronostics et affirma que Mitterrand allait subir un troisième échec dans sa tentative de conquête de l'Élysée.

« C'était le jour du grand débat télévisé Mitterrand-Giscard, se souvint Renouvin, lui-même candidat à la présidentielle sept ans plus tôt. Attali m'a dit : " Le Premier secrétaire ne fait pas le poids face à un Giscard beaucoup plus gonflé. " En 1974, dans un débat télévisé, Mitterrand s'était fait piéger quand Giscard lui avait dit : " Vous ne connaissez pas vos chiffres, j'ai les vrais sous les yeux ", alors qu'en vérité il n'avait qu'une feuille blanche. Mitterrand n'eut pas le culot de dire aux téléspectateurs : " Regardez, ce n'est pas vrai. " » Selon Renouvin, Attali ajouta : « On va perdre, tant pis, ce sera pour 1988 avec Rocard. »

Si un intime du candidat tel qu'Attali était convaincu d'une défaite, on peut supposer que Mitterrand inspirait peu de confiance à certains de sa garde rapprochée. Laurent Fabius, le porte-parole du Parti socialiste en 1981, reconnut honnêtement : « Mitterrand l'a emporté parce que les gens en avaient marre de Giscard », au lieu de laisser entendre qu'il s'agissait d'un aboutissement bien mérité. Les analyses de ces deux confidents de

Mitterrand en 1981 me consolent de mes propres erreurs de jugement ; je croyais fermement que le dirigeant socialiste s'apprêtait à essuyer une nouvelle défaite. Cette certitude me coûta 100 francs dans un pari avec un chroniqueur du *Guardian* sûr de sa foi dans le candidat de gauche.

Mon collègue n'avait pas vécu en France pendant les sept années précédentes, ni assisté à l'effondrement du Programme commun le 23 février 1977, dû aux sautes d'humeur des communistes, ruinant ainsi les chances de victoire de la gauche aux élections législatives des 12 et 19 mars 1978, quand Mitterrand fut réélu député de la Nièvre pour la dernière fois. Jusqu'à la rupture avec le PC, il semblait que rien ne pourrait arrêter la longue et sereine marche vers le pouvoir du rassembleur de la gauche unie, en particulier après le triomphe de l'Union de la gauche aux municipales de 1977. Mais pour les médias le revers de fortune des socialistes aux législatives de 1978 passa au second plan, éclipsé par un naufrage plus spectaculaire, celui du pétrolier *Amoco Cadiz*, au large des côtes bretonnes.

Après l'échec de 1978, la presse s'intéressa moins à la personnalité de Mitterrand qu'à son rôle de tête pensante d'un appareil politique, dont certains membres affichaient publiquement leur impatience face à sa détermination à s'accrocher à la direction du parti. Entre 1974 et 1981, quand le leader socialiste prenait les mesures nécessaires pour protéger sa seconde famille de l'opinion publique, peu de rumeurs circulèrent sur sa vie intime dans la mesure où Giscard représentait une meilleure cible pour les scandales. Les propos occasionnels sur la santé déficiente du Premier secrétaire ne faisaient aucune allusion à des problèmes de prostate qui se manifestèrent à la veille du rendez-vous de 1981, limitant singulièrement, aux dires de proches, ses attachements amoureux. Dans le domaine affectif, un événement bouleversant survint avec la mort de Georges Dayan, son ami pendant quarante ans, victime d'une crise cardiaque en 1979. Deux ans plus tard, le jour de son investiture à la présidence de la République, le chef de l'État alla se recueillir sur la tombe de son ancien compagnon, donnant à la nation un premier aperçu de sa fascination pour les cimetières et la mort.

 Les propres livres de Mitterrand laissaient entrevoir des aspects de sa vie privée. Malgré cela, en ces temps reculés, la presse nationale et internationale le percevaient surtout comme un chef de parti dissimulateur mais très expérimenté, exploitant intelligemment l'héritage de Blum et de Jaurès afin d'unir et d'inspirer la jeune génération d'intellectuels de gauche désorientée et en manque de modèles. En ce qui concerne l'élection présidentielle, les sondages donnaient Mitterrand perdant tandis qu'ils créditaient Giscard de 60 % des intentions de votes.

The Guardian, consterné par l'élection de Margaret Thatcher en 1979, fut l'un des rares journaux étrangers à rapporter régulièrement les théories du mouvement socialiste dans l'espoir d'inspirer le Parti travailliste, bien que le futur président préférât exposer son programme dans des interviews au *Times*. Inévitablement, les observateurs politiques concentrèrent leur attention sur Michel Rocard, présumant naïvement que Mitterrand mettrait bientôt le pied de son rival à l'étrier.

Pendant cette période, les relations de Mitterrand avec d'anciens collaborateurs et avec la droite en général restèrent secrètes, et je m'étonne qu'une recherche de routine dans le passé du dirigeant de gauche n'ait révélé ni ses états de services à Vichy ni le patronage de l'extrême droite dont la presse a depuis fait la une. Même au début de la campagne, le profil de Mitterrand dans *Le Monde*, un journal de référence pour les journalistes français et étrangers, reprenait de larges extraits de *Ma part de vérité* [1], sans effectuer de remise en cause sérieuse des troublantes zones d'ombre. Les rumeurs foisonnaient au sujet de son passé équivoque, mais elles ne suscitèrent aucun intérêt parmi les nouvelles recrues socialistes de grande envergure, énarques pour la plupart, dont la conscience politique s'était éveillée en mai 1968 et avait été mise en pratique lors du quasi-succès de 1974.

« Même si je ne connaissais pas tous les détails, je me doutais bien qu'il avait suivi un chemin varié. Mais à l'époque, c'était au Mitterrand rassembleur de la gauche que je m'intéressais, remarqua Fabius, né en 1946, l'année de la première campagne électorale de Mitterrand. Ce qu'on avait fait vingt ou trente ans plus tôt, je m'en fichais complètement, ce qui n'empêche pas que certaines choses que j'entends maintenant me font de la peine parce

1. Voir p. 196.

que cela ne correspond pas à la figure idéale de Mitterrand telle que je me la représente. »

Ces réserves furent en partie provoquées par les aveux tardifs de Mitterrand concernant son amitié avec René Bousquet, impliqué dans la campagne de 1981, après avoir tenu le rôle de conseiller en avril 1974, lorsque Mitterrand convia l'ancien chef de la police, au moins une fois, à un déjeuner privé dans sa maison de campagne à Latche. Un reporter du *Point* prit par hasard une photographie de cette rencontre informelle, sans reconnaître Bousquet, immédiatement identifié par ses connaissances dès la publication du cliché, le 29 avril.

On a toujours beaucoup insisté sur la patience dont fit preuve Mitterrand pendant ses vingt-trois années dans l'opposition, entre 1958 et 1981, mais rien ne l'avait préparé à la plus rude et la plus longue campagne électorale de sa vie, commençant immédiatement après la défaite de 1974. Dans *Ici et maintenant*, il reconnaissait que son style favori de campagne était celui de 1965, mené dans un quatre pièces avec une poignée de téléphones et un minimum de fonds. Même en 1974, alors que la nouvelle ère du socialisme était toujours fringante, la campagne se réduisit à ce que les Américains appellent une opération *hands-on*, rapide et personnelle, au cours de laquelle Mitterrand, l'individualiste, se révéla être un théoricien et un décideur.

Pendant les sept années précédant 1981, il faillit perdre son emprise sur le Parti socialiste. Au congrès de Pau en 1975, quand l'organisation accueillit des recrues du PSU telles que Jacques Delors, Mitterrand bénéficiait du soutien de 68 % des militants, sa popularité atteignit jusqu'à 75 % au congrès de Nantes en 1977. À Metz, deux ans plus tard, quand sa politique d'alliance avec les communistes se trouvait dans l'impasse à la suite de l'effondrement du Programme commun, le courant Mitterrand – l'une des quatre factions rivales du PS – baissa à 47 %, mais son autorité sortit indemne grâce à un pacte contre nature avec le Ceres, le courant de gauche extrême de Jean-Pierre Chevènement, déjouant ainsi les défis respectifs des factions Mauroy et Rocard. On attribua à la nouvelle majorité hybride, évocatrice des compromis de la IVe République entre des groupes aux priorités opposées, la ligne d'action prémonitoire : « Regarder devant soi et tenir bon ! »

Mitterrand avait passé la soixantaine quand Rocard, son cadet de quatorze ans, remarqua, à Metz, que le dirigeant du parti était « un candidat du troisième âge », insistant ensuite sur le fait que l'ensemble du programme économique du Premier secrétaire était archaïque. Mais Mitterrand demeura persuadé que la chance tournerait. Quand *Le Nouvel Observateur* lui demanda le 11 mars 1978 (la veille du premier tour des législatives) à quel personnage historique il s'identifiait, Mitterrand répondit : « Georges Clemenceau, à cause de son caractère et la diversité de ses talents. Il fut l'un des plus jeunes députés de France et ministre pour la première fois à 65 ans. On connaît la suite. »

Mais, pour la gauche, la suite prit toutes les apparences d'un désastre. Le second tour confirma la domination de la droite. Le RPR de Jacques Chirac remporta 150 sièges et le jeune mouvement de Giscard d'Estaing, l'UDF, 137. Le PS n'en décrocha que 104. Une demi-heure après la proclamation des résultats, Rocard s'empressa de déclarer à Antenne 2 que malgré le huitième rendez-vous manqué de la gauche avec l'histoire, il était prêt à reprendre le flambeau : « Est-il impossible, définitivement, que la gauche gouverne ce pays? Je réponds non. »

Pour Mitterrand cela équivalait à une déclaration de guerre, qui devint de plus en plus implacable lorsque la popularité de Rocard monta en flèche dans les sondages. Seulement deux semaines après les législatives de 1978, il était considéré comme le meilleur présidentiable par 40 % des électeurs tandis que Mitterrand s'essoufflait derrière avec un score de 27 %. Il devenait soudainement l'outsider au lieu du champion, mais cette inversion de situation l'obligea à suivre obstinément, et même à étayer, son programme de gauche pour lequel Rocard ne montrait que mépris.

Sans Rocard mordillant ses talons comme un chiot agressif et exaspérant, Mitterrand aurait peut-être modéré une plate-forme rejetée en bloc en mars 1978. Comme en 1965, quand son opposition à de Gaulle le contraignit à une alliance avec le PC, Mitterrand dut défendre les principes marxistes ou risquer de dériver dans la confusion des révisions de tactiques, à peine deux ans avant le rendez-vous présidentiel. Malgré sa querelle avec les sociaux-démocrates au sujet du pacte avec les communistes purs et durs, Mitterrand confia à Chevènement l'élaboration du projet socialiste des années quatre-vingt, un document encore plus novateur que le Programme commun soi-disant révolutionnaire.

En fait, Rocard, comme beaucoup d'autres adversaires de Mitterrand, ruina ses propres chances. Le Premier secrétaire présenta souvent Rocard comme un « amateur », dans le sens péjoratif du mot, et son jeune rival commit beaucoup plus d'erreurs tactiques que lui au cours des deux années suivantes. Les maladresses du prétendant junior atteignirent un point culminant avec l'appel de Conflans le 19 octobre 1980, quand il annonça prématurément sa candidature. Inopportune et préparée à la hâte – même les caméras de télévision n'étaient pas alignées correctement –, la tentative de Rocard retomba comme un soufflé, et, le 8 novembre, Mitterrand informa le Comité directeur de sa candidature, malgré la bonne tenue de Rocard dans les sondages. Évoquant ce meeting, Claude Estier, l'un des cinq plus fidèles compagnons politiques de Mitterrand en 1980 selon sa propre appréciation, raconta que le Premier secrétaire arriva en avance pour la réunion de 9 h 30, probablement pour couper l'herbe sous le pied de ses rivaux. Louis Mermaz, le président de séance lut à l'attention des membres du Comité une courte lettre de Mitterrand : « Cher ami, je vous serais reconnaissant de bien vouloir informer le Comité directeur pour qu'il en prenne acte, qu'en réponse aux fédérations qui m'ont demandé d'être le candidat socialiste à la présidence de la République, je soumets cette candidature au vote des membres. »

Les membres de son courant et du Ceres applaudirent. Mauroy et Rocard habitués à la désinvolture de Mitterrand avec l'heure ne se pressèrent pas et arrivèrent trop tard pour provoquer un débat sur la candidature à retenir. Quand celle de Rocard fut proposée, il se retrouva avec le soutien d'une fédération contre 75 en faveur de Mitterrand.

Parce que la droite rata complètement la campagne de 1981, en gâchant toutes ses chances de victoire à cause de ridicules affrontements de personnalités, la guerre Mitterrand-Rocard prend une signification plus grande rétrospectivement. L'un ou l'autre aurait probablement fini devant Giscard ou Chirac en 1981, mais l'expérience a mis en évidence que Rocard ne possédait pas les qualités requises d'un président. De nombreux témoignages sur leur antagonisme suggèrent qu'une mégalomanie furieuse posséda et inspira Mitterrand. Mais au regard du désordre provoqué par la brève domination de Rocard sur le PS, après les législatives de 1993, à la suite de ses trois années à la tête d'un gouvernement anémique entre 1988 et 1991, il n'y a pas de doute qu'il ne jouissait ni de la stature d'un chef d'État ni d'une maîtrise de l'art de gouverner indispensables pour diriger une grande puissance occidentale, des lacunes probablement observées par Mitterrand lors de réunions du parti.

« Lorsque je siégeais au comité directeur du PS, j'ai bien vu que Mitterrand a manœuvré pour avoir Rocard tout nu en 1974 », dit Patrice Finel, ancien leader des Jeunesses socialistes, qui quitta le mouvement pour rejoindre Radical et Bernard Tapie, tandis que sa femme, Marie-Noëlle Lienemann, décidait de rester au PS. « Rocard avait la majorité au PSU, mais Mitterrand et la direction du PS ont fait en sorte qu'il devienne minoritaire en multipliant les humiliations. Rocard est arrivé comme un petit garçon naïf. Il éprouvait une espèce de fascination pour Mitterrand, comme un scout en face de son chef de patrouille. Il n'en est jamais vraiment sorti ; il voulait lui faire confiance, se positionner en fils spirituel. Mitterrand était loin de cet état d'esprit. Même si je ne partage pas l'opinion cruelle de Michel Charasse : " Le problème avec Rocard, c'est que, pendant vingt ans, il a cru qu'il n'y arrivait pas à cause de Mitterrand, et maintenant il n'y arrive toujours pas, même s'il n'y a plus de Mitterrand, et il se rend compte qu'il est mauvais. " » Une appréciation confidentielle de Mitterrand montra plus d'indulgence pour son adversaire au PS : « Michel Rocard a des qualités, mais elles ne sont pas reliées. Il a des nerfs mais pas de plexus. »

Pendant cette période, il m'incomba d'analyser les chances de Rocard comme futur chef d'État et je le suivis dans plusieurs déplacements. Ma perplexité augmenta au rythme de sa popularité. Devant sa nervosité, son discours de technocrate au ton haché et son manque de chaleur pour le public, je ne cessais de me demander ce qui pouvait susciter cet engouement. La question même, posée à des auditeurs, ne m'apporta aucune réponse satisfaisante, car tous s'accordèrent pour dire qu'il était souvent incompréhensible. Ce qui les attirait semblait être son éternelle apparence juvénile et son impétuosité d'étudiant.

« Rocard donne l'impression d'un aller-retour perpétuel guidé par une idée maintenant obsessionnelle chez lui, selon l'analyse de Paul Quilès, le directeur de la campagne de Mitterrand en 1981. Pour lui, il faut que le PS disparaisse. C'est un peu l'idée des gauchistes révolutionnaires : tout est tellement pourri, il vaut mieux tout casser. Cela n'a jamais été la vision de Mitterrand qui, lui, a toujours voulu rassembler. »

Je me rendis plusieurs fois à Conflans-Sainte-Honorine, avant que Rocard ne démissionne de son mandat de maire en 1994, et je fus surpris par l'aspect vétuste de la ville et son indéfinissable air de déprime. Quartier général des péniches de la Seine, Conflans abritait des centaines de bateaux habités par des mariniers prisonniers des rives, souffrant de la récession économique et essayant de survivre avec leurs maigres allocations.

Cette ville pourrait apparaître comme un territoire idéal pour une administration municipale éclairée, mais les mariniers se plaignaient de ne jamais voir leur maire sur les quais. Une cité d'immigrés, sise du mauvais côté de l'autoroute qui coupe Conflans en deux, témoignait de négligence administrative en période de racisme explosif. À ma question sur les mesures prises par Rocard, autrefois lié avec le dirigeant syndical Edmond Maire, pour lutter contre le chômage, un délégué CFDT répondit par un haussement d'épaules désabusé. Ma dernière visite datait de quelques jours avant les législatives de 1993 quand Rocard, de façon justifiée, me semble-t-il, perdit son siège de député après une campagne empreinte d'une indifférence apathique. Comme lui-même venait de rendre publique la nouvelle de son deuxième divorce, il est légitime de se demander quel rôle joua cet échec sentimental dans la gestion médiocre d'une commune de grande banlieue.

La campagne de 1981 fut la plus sophistiquée de toutes celles menées par Mitterrand, l'aboutissement d'un processus de modernisation qui faisait apparaître celle de 1946 comme une épopée moyenâgeuse. Le dispositif de fortune de 1965 et la précipitation de 1974 dataient d'un temps révolu. Le PS, grâce à l'arrivée de nouvelles recrues fraîchement émoulues de l'ENA, de Polytechnique et de l'ENS, disposait de l'équipe organisationnelle la plus brillante de tous les appareils politiques, mettant Pierre Mauroy et Pierre Bérégovoy mal à l'aise à cause de leurs CV moins impressionnants. Malgré les complications de Metz, Mitterrand entra en campagne avec une plate-forme soigneusement étudiée. Bien que certains leaders du PS tels que Fabius aient eu tendance à traiter le Programme commun défunt comme « un document mythique que peu de gens ont lu », cet accord inspira les 110 propositions pour la France [1] du manifeste approuvé par le congrès de Créteil, dans l'Oise, le 24 janvier 1981. À la suite de sa brouille avec le PS, le PC désigna son propre candidat, Georges Marchais, et présenta 131 propositions évitant ainsi aux socialistes une dispersion d'efforts pour la négociation d'alliances complexes.

Pour une campagne qui coûta presque dix fois plus que celle de 1965, on instaura un système de financement très efficace et largement illicite – des années plus tard au centre d'une affaire de corruption – avec un nombre d'adhérents cotisants de plus de 200 000 personnes. Des faiseurs d'image à l'américaine prirent en charge le Premier secrétaire. Jacques Seguela, un publicitaire, prétendit avoir conseillé à Mitterrand de se faire limer les dents, de porter des habits plus clairs pour rassurer son électorat de gauche, d'adopter le maintien de Richard Nixon face aux caméras, de se préparer pour ses apparitions télévisées en mangeant léger et de ne rien apprendre par cœur afin de gagner en spontanéité.

Seguela comptait parmi ses collaborateurs Françoise Fabius, la femme du futur Premier ministre, et il tira un maximum de publicité personnelle de son association avec Mitterrand. Il revendiqua l'invention du slogan de la campagne : « La force tranquille », bien que cette expression figurât dans les écrits de guerre de Mitterrand, et les tracts de la campagne de 1956 adoptaient déjà la formule très proche : « Le courage tranquille », pour définir le candidat. La parole d'un professionnel de la publicité est son fonds de commerce, mais je serais surpris que Mitterrand fût

1. Voir p. 201 et suivantes.

une proie si facile et étonné qu'un candidat, qui réserva le portraitiste du Tout-Paris pour ses photos de campagne en 1946, ne remarquât pas que ses canines devenaient menaçantes. Après tout, il n'eut pas recours aux conseils de Seguela pour acheter son chapeau à la Léon Blum. Quant à persuader Mitterrand d'adopter une attitude plus spontanée à la télé, il refusa toujours de mémoriser ses discours et resta hostile à toute forme de répétition.

« Pour Mitterrand, c'était toujours une campagne très personnelle et il décidait beaucoup de choses, rappela Laurent Fabius. Mon rôle dans la préparation des meetings et émissions était très difficile car Mitterrand n'aimait pas la télévision et se dérobait aux répétitions. Avec quelques amis, j'avais la tâche de préparer ses interventions et ses débats. Je me souviens d'avoir figuré dans un face à face avec Mitterrand pour l'entraîner un peu. Mais il était réticent. J'ai posé des questions désagréables. Il m'engueula : " Mais comment osez-vous me parler comme ça? Vous n'êtes pas journaliste ! " »

Pour Paul Quilès, le futur ministre de la Défense, puis de l'Intérieur, la campagne de 1981 correspondait bien au caractère de Mitterrand : « Nous avions procédé par cercles concentriques : un petit noyau de gens de confiance, un cercle plus large associant les différents courants au sein du PS et, au-delà, les experts, les personnalités extérieures et puis l'ensemble du parti (les fédérations, les sections, les élus), tous guidés à partir du noyau central. Nous avons donc fait un travail de terrain considérable, un vrai travail de fourmi. Je disais à l'époque que c'était un travail à la chinoise. »

Et Quilès d'ajouter : « Mitterrand tenait beaucoup, outre la campagne nationale thématique sur les médias, à être le plus souvent possible sur le terrain. Il s'est beaucoup déplacé, ce qui nous compliquait la vie. Il a tenu un nombre incroyable de meetings, de rencontres, aux quatre coins de la France. J'avoue qu'il m'a un peu surpris car j'avais tendance à lui dire : " Vous perdez votre temps en province, il vaut mieux passer à la télévision. " Il me répondait : " Oui, je passerai à la télé mais les gens que je rencontre parlent autour d'eux et cela représente beaucoup, la presse locale est aussi très influente. " La campagne était donc très décentralisée, c'est sans doute ce qui a fait la différence. »

La campagne socialiste de 1981 comportait une multitude de facteurs décisifs et éducatifs pour tout candidat – un programme sérieux, une bonne infrastructure, le contact humain, un travail sans relâche sur le terrain, l'unité au sommet, le refus d'accepter le verdict des sondages et la portée relative de la télévision – dont il serait inutile de dresser la liste si les mêmes dirigeants socialistes n'avaient oublié l'essentiel en 1995. Mitterrand n'omit pas de flatter ce que les Anglais appellent les « classes jacassantes », les faiseurs d'opinion qui réclament un maximum de matière première, de préférence en style littéraire, pour alimenter leurs débats intelligents et avisés. Il signala son intention d'entrer dans l'arène de la présidentielle en juillet, depuis sa base arrière de Latche. À partir de cette retraite paisible, il organisa un autre duo avec un journaliste pour faire passer son message à travers un livre-entretien. Guy Claisse, rédacteur en chef du quotidien de gauche *Le Matin de Paris* et un fan de Rocard, raconte, dans la préface de l'ouvrage, les circonstances qui l'amenèrent à coopérer à *Ici et maintenant*. Le livre, publié quelques heures avant la réunion du Comité directeur du 8 novembre, devint le centre des discussions au cours des dîners de l'intelligentsia parisienne.

Être distingué parmi ses confrères – dans le cas de Claisse par un appel téléphonique de Jacques Attali – et prié d'accepter de recueillir les confidences d'un ténor de la politique est une offre séduisante pour un journaliste mais qui comporte un risque de partialité face à une offensive de charme. Pendant trois jours, à partir du 1er août, les deux hommes enregistrèrent quinze heures de conversations qui contribuèrent à dissiper certaines craintes des Français vis-à-vis du projet de gouvernement de Mitterrand.

« Entre les séances d'enregistrement, chacun vaquait à ses occupations », écrivit Claisse, brossant un portrait fidèle de la Force tranquille. « Pour François Mitterrand : sa famille, ses amis, ses chiens, ses ânes, ses chênes, ses livres. Pour moi, de brèves flâneries dans les dunes de la côte toute proche. En fin d'après-midi, nous regardions les Jeux olympiques à la télévision. Le dernier jour, nous partîmes nous promener à vélo. Il s'était coiffé pour la circonstance d'un vaste béret landais d'un rouge éclatant. Nous fîmes halte dans un bistrot de campagne où son entrée ne dérangea pas les buveurs. Il m'apparut qu'il flottait autour des pins une rare odeur de liberté. »

Dans sa propre préface, Mitterrand prétend n'avoir « rien gommé... des jugements, des appréciations du premier jet », avant de remettre le livre à son éditeur, ajoutant ainsi un nouveau volume à une collection d'ouvrages dont chaque publication coïncidait avec les prémices d'une campagne électorale. Mais Claisse, admirateur naïf, notait que Mitterrand « s'est astreint, durant tout l'été, à un énorme travail d'écriture et d'approfondissement de ses réponses, souvent douze heures par jour, parfois davantage ».

Ce livre, dépourvu de style et de spontanéité – *The Guardian* écrivit qu'il ressemblait à une conversation entre Platon et Phèdre –, a le mérite de nous remettre en mémoire les controverses du moment, dont certaines semblaient préoccuper davantage Claisse que Mitterrand. Par exemple, la discussion sur un prétendu complot de la faction chrétienne du PS, visant à renverser Mitterrand et à le remplacer par Rocard, occupe cinq pages. Ce fut peut-être l'une des questions centrales de la campagne, mais je n'en garde aucun souvenir. Cependant le livre fait découvrir des facteurs imprévisibles qui peuvent orienter une élection. Ainsi, l'approbation de Marchais de l'invasion soviétique en Afghanistan pesa-t-elle plus lourd dans la balance du scrutin que l'accès de colère du chanteur Daniel Balavoine, furieux de n'avoir pas pu placer un mot dans un débat avec Mitterrand, alors âgé de 64 ans, sur Antenne 2 ? « Les jeunes se fichent des politiciens et de leur langue de bois », explosa Balavoine, dont la remarque était significative car, cette année-là, les jeunes de 18 ans accédaient pour la première fois aux bureaux de vote pour les présidentielles.

En 1981, une partie de l'électorat potentiel de Mitterrand, sceptique et désabusé, applaudit à la candidature du comédien Coluche dont les intentions de vote atteignirent 15 % dans les sondages, avant qu'il ne se retire de la course en dénonçant les pressions exercées par les grands partis politiques sur la presse. « Je suis bien content d'être sorti de cette galère, déclara le comique en s'exhibant à moitié nu avec une plume au cul pour exprimer son dégoût. Ce n'est pas parce que j'ai mis le nez dans leur merde que je vais l'y laisser. »

 Selon Quilès, « le climat n'était favorable ni pour Mitterrand ni pour les hommes politiques, en général, un peu comme aujourd'hui d'ailleurs. Le *Nouvel Obs* titrait sur la candidature de Coluche et tout cela tendait à ridiculiser et relativiser la classe politique. Les séquelles de l'affrontement avec Rocard laissaient aussi des traces ».

Walter Schwartz, du *Guardian*, suivit la campagne de Mitterrand de plus près que moi car je me concentrai sur la rivalité des dirigeants de droite Giscard et Chirac. Il dressa un portrait pessimiste du présidentiable socialiste le lendemain de la confirmation de sa candidature par le parti. D'après le quotidien britannique, la décision provoqua, « des gémissements de la part de la gauche plus ancienne qui se souvenait de sa répression contre les grévistes avec l'aide de CRS et de son soutien à un monopole public de la radio et télévision. Des hurlements d'une jeune génération frustrée de gauche – enseignants, cols blancs, petits fonctionnaires – pensant, comme Rocard, que le manuel de socialisme de Mitterrand était aussi archaïque que le communisme à la botte de Moscou de Marchais. Un dégoût tranquille de la part d'une jeunesse indifférente qui éteint la télé quand les politiciens apparaissent sur le petit écran. De l'affection véritable de presque personne. Mitterrand n'est pas aimé, mais, après tout, c'est le moins mal aimé qui décrochera le poste. Il est trop féru de livres, trop phraseur, auteur de traits d'esprit trop blessants, trop lointain dans les allées silencieuses et bordées de chênes de sa résidence de campagne ».

Pendant ce temps, les relations socialo-communistes régressaient loin de l'enthousiasme de Waldeck Rochet en 1965 et même du soutien frileux de Marchais en 1974, et le parti s'affirmait comme le plus féroce antagoniste de Mitterrand. « Les communistes nous critiquent du matin au soir, déclarait Lionel Jospin, le Premier secrétaire du PS lors d'un meeting de 12 000 personnes à Lille. Cependant, ils veulent participer à notre prochain gouvernement. Quand vous faites partie d'un gouvernement vous êtes supposé être un ami et non un ennemi. »

« Oui, au premier tour, les communistes recherchaient l'affrontement brutal, mais Mitterrand faisait très attention dans son discours de ne rien dire qui puisse créer des difficultés au second, confirma Quilès. La direction était ouvertement contre

Mitterrand et celui-ci s'adressait aux électeurs communistes au-delà du parti. »

L'attitude de Marchais reflétait les positions officielles du Kremlin dont on eut un aperçu dans un article fortement pro-giscardien le 13 mars 1981. Le journal officiel du PCUS, la *Pravda*, écrivait à propos du président sortant : « Il a gagné une autorité personnelle en tant qu'homme politique prudent et de sang-froid, en particulier dans l'arène internationale où les positions de la France se sont renforcées ces dernières années. » Il est vrai que Giscard avait fait beaucoup pendant les années précédentes pour s'attirer les bonnes grâces de Brejnev. Ces éloges étaient à peine plus modérés que ceux prodigués à Marchais et à son « programme concret et précis de défense des intérêts des travailleurs français ». Le ticket idéal pour Moscou aurait été une alliance Giscard-Marchais, car le journal – inspiré par le PCF? – descendait Mitterrand en flèche en ces termes : « Ce qui brouille les cartes de François Mitterrand, c'est l'absence de programme politique clair et conséquent et la tendance de coller aux intérêts tout à fait contradictoires d'un large éventail d'électeurs. Ainsi, non seulement les déclarations programmatiques mais la tactique électorale elle-même des socialistes confirment leur glissement à droite qui s'est produit ces dernières années. Cela permet aux analystes réalistes de poser légitimement la question : Est-ce que derrière cette ligne ne se cachent pas des tentatives de parvenir à un compromis et de conclure un marché avec les petits-bourgeois du centre? »

L'article de la *Pravda*, largement reproduit, provoqua des réactions diverses. Pour ceux qui craignaient que Mitterrand n'abandonnât son flirt avec le marxisme, c'était une mauvaise nouvelle. Pour ceux qui voulaient être rassurés qu'il ne céderait pas à Marchais, c'était plutôt positif. Personne n'a jamais fait de recherche pour savoir si la *Pravda* détourna ou rallia un seul vote, mais quelle singulière élection dans laquelle Giscard était l'enfant chéri du Kremlin tandis que Mitterrand recevait des coups sur les doigts. Bien sûr, toute la campagne ressembla à un étrange match de catch à quatre où chacun des lutteurs portait des coups bas à son équipier plutôt qu'à ses adversaires : Marchais contre Mitterrand, Chirac contre Giscard. Les six autres candidats, dont deux gaullistes antichiraquiens, Michel Debré et Marie-France Garaud, décochèrent des coups de pied et de poing à leur adversaire le plus proche, ajoutant une touche de farce électorale pour compenser le départ de Coluche.

Un grand malentendu se trouvait au centre du débat des forces de gauche. Les 110 propositions de Mitterrand étaient, malgré les critiques de Marchais, tellement marxistes d'inspiration que l'électeur prudent se réconforta en pensant que les plus audacieuses ne seraient jamais appliquées. Quelques mois après son arrivée au pouvoir, le Premier ministre, Pierre Mauroy, affirma que 95 promesses du programme se trouvaient réalisées même si personne ne semblait en connaître le chiffre exact. En 1988 Mitterrand en annonçait 90. Même aujourd'hui, essayer d'énumérer les mesures mises en pratique relève du *Trivial Pursuit* (mais les 110 engagements figurent en annexe pour le lecteur d'humeur ludique. Voir p. 201.) Ce serait aussi un excellent moyen d'évaluer la constance de Mitterrand par rapport à 1965 et 1974. Rien ne permet d'avancer qu'il a abandonné l'essentiel de sa politique de gauche prônée depuis seize ans.

La proposition 21 – la nationalisation de neuf groupes industiels – dont l'exécution dépendait de la formation d'une coalition entre socialistes et communistes à partir du 10 mai, fut appliquée comme prévu. La proposition 53, comptant six mots : « abrogation de la peine de mort », devint une cause de fierté pour Mitterrand qui avait ordonné 61 exécutions en tant que garde des Sceaux de 1956 à 1957. En revanche, l'engagement solennel n° 45 de réduire le mandat présidentiel à cinq ans si renouvelable ou à sept ans sans possibilité de renouvellement repose encore sur quelque étagère poussiéreuse avec le n° 23 sur la semaine de 35 heures.

Dans l'atmosphère de confusion et de guerre intestine du premier tour, le 26 avril, les résultats définitifs restaient imprévisibles, et après la publication des scores du premier tour, des cliquetis de calculettes pouvaient donner la gauche victorieuse ou perdante en fonction des reports de voix et du taux d'abstentions. Encore aujourd'hui la complexité des chiffres donne le tournis; cependant Mitterrand – le raté le plus expérimenté de la politique française selon *The Guardian* – arriva à bon port deux semaines plus tard, le 10 mai, avec une avance confortable de 1,3 million de voix.

ÉLECTION PRÉSIDENTIELLE – 1981

Premier tour

26 avril 1981	Métropole %			Départements d'outre-mer %		
Inscrits	35 558 985			525 274		
Abstentions	6 586 886 (18,52 %)			200 406 (38,15 %)		
Votants	28 972 099 (81,47 %)			324 868 (61,84 %)		
Blancs ou nuls	467 464 (1,31 %)			8 256 (1,57 %)		
Suffrages exprimés	28 504 635			316 612		
Candidats	Nombre de voix obtenues	% expr.	% inscr.	Nombre de voix obtenues	% expr.	% inscr.
V. Giscard d'Estaing	7 929 850	27,82	22,30	185 079	58,45	35,23
F. Mitterrand	**7 437 282**	**26,09**	**20,91**	**34 302**	**10,83**	**6,53**
J. Chirac	5 138 571	18,02	14,45	1 513	0,47	0,28
G. Marchais	4 412 949	15,48	12,41	40 231	12,70	7,66
B. Lalonde	1 118 232	3,92	3,14	2 512	0,79	0,48
A. Laguiller	661 119	2,32	1,86	4 471	1,41	0,85
M. Crépeau	638 944	2,24	1,79	1 513	0,47	0,28
M. Debré	468 780	1,64	1,31	10 745	3,39	2,04
M.-F. Garaud	380 797	1,33	1,07	2 184	0,69	0,41
H. Bouchardeau	318 113	1,11	0,89	1 083	0,34	0,20

Un calcul arithmétique simple montre que Giscard et le reste de la droite, Chirac, Debré et Garaud rallièrent en métropole 48,81 % des suffrages exprimés. La gauche – Mitterrand, Marchais, Laguiller, Crépeau et Bouchardeau – mobilisa un total de 47,24 % des électeurs; le vote écologiste en faveur de Brice Lalonde représentait un joker de 3,92 %. Les négociations entre les deux tours mirent en évidence la tiédeur de Chirac dans son soutien à Giscard, une réaction amère résultant d'années de rivalité qui, au second tour, coûta à Giscard des centaines de milliers de voix. De son côté Mitterrand ne pouvait gagner qu'avec l'appui d'un large éventail d'alliances allant des communistes à son vieil adversaire de 1956, Pierre Poujade, toujours président du mouvement des petits commerçants, l'UCDA. Après les insultes de Marchais, au terme du premier tour, le support communiste aurait pu se révéler aussi réservé que celui de Chirac à Giscard si le candidat du PCF n'avait pour sa part obtenu des résultats aussi désastreux : seulement 14,5 % des suffrages. Cela limitait considérablement les conditions de marchandage des communistes pour une participation au pouvoir.

Anicet Le Pors, futur ministre de la Fonction publique et le rédacteur de la plupart des discours électoraux de Marchais, me confirma qu'il existait peu de sympathie entre les leaders du PS et du PCF. « Il n'y eut jamais la moindre trace d'amitié entre eux. Marchais n'intéressa jamais Mitterrand sur le plan personnel, il n'était qu'un élément dans sa stratégie de conquête du pouvoir.

« Mitterrand est foncièrement anticommuniste, mais son astuce a été de voir qu'il ne pourrait conquérir le pouvoir qu'avec l'appui du PC au bénéfice d'un rééquilibrage qu'il a réussi. La France était alors un paradoxe. Le grand débat de l'époque était un thème lancé par le PC : la crise est avant tout nationale, sous-entendu, il y a donc des réponses nationales. Au contraire, la droite disait : la crise est internationale. Les Français ont cru aux solutions nationales, mais, pour cela, il fallait un changement de la droite vers la gauche à condition que le Parti communiste ne représente plus une menace. Grâce aux Français le changement s'est fait en 1981. »

Avec les élections de Margaret Thatcher en Grande-Bretagne, de Ronald Reagan aux États-Unis et d'Helmut Kohl en Allemagne, la France vota complètement à contre-courant, selon Le Pors. « L'intelligence de Mitterrand a été de comprendre qu'il pouvait amener la gauche au pouvoir dans un environnement international très défavorable. Son génie politique est d'avoir compris que les Français ne font jamais comme les autres. »

Pour les communistes, la perspective alléchante des nationalisations leur fit surmonter leurs doutes sur le nouveau dirigeant et prendre part au gouvernement de gauche, après les législatives de juin, en occupant quatre ministères. Alors que les 110 propositions mentionnaient neuf groupes industriels, Le Pors estima qu'elles auraient dû concerner 1 450 sociétés et créer ainsi un immense réseau de pression ouvrière. En récompense pour leur nomination au gouvernement, chaque ministre fut gratifié d'un recueil des déclarations de Mitterrand faites pendant sa campagne présidentielle. La lecture de cette bible dévoila des contradictions entre les promesses de Mitterrand et les intentions de Mauroy, et les communistes utilisèrent cet ouvrage pour contraindre le Premier ministre à aligner ses directives sur les engagements du Président.

Avec le report des voix communistes au second tour Mitterrand bénéficia du soutien de candidats mineurs, entre autres l'écologiste Brice Lalonde assuré par les socialistes de restrictions du programme nucléaire, et Michel Crépeau du Mouvement radical de gauche (MRG) qui devint le ministre de l'Environnement. La décision de groupes de pression relativement importants de se joindre à Mitterrand apporta la preuve que le long « travail de fourmi » portait ses fruits. Même la candidate trotskiste Arlette Laguiller surmonta sa répugnance à se ranger derrière Mitterrand. Françoise Giroud, ministre des Droits de la femme sous Giscard, retira de son vocabulaire le qualificatif « misogyne » appliqué à Mitterrand et rallia le camp de gauche en compagnie de Coluche.

Quelques-uns, comme Bertrand Renouvin, bien que soucieux de l'antigaullisme de Mitterrand, se rangèrent derrière lui par aversion pour Giscard, surnommé « l'imposteur » par les royalistes. D'autres supporters se montrèrent très discrets. Depuis 1974 quelques membres du Front national de Jean-Marie Le Pen avaient pris leur distance avec leur parti à cause du soutien de leur leader à Giscard. Ces mécontents établirent des contacts avec le camp de Mitterrand par l'intermédiaire de Charles Hernu. Parmi les membres de ce groupe, connu sous le nom de Parti des forces nouvelles (PFN), se trouvait Gabriel Jeantet, ancien fonctionnaire à Vichy et parrain de Mitterrand pour la remise de la francisque en 1942. Des contacts furent maintenus pendant la campagne de 1981 quand Mitterrand déjeuna avec des membres du Syndicat de la presse parisienne, une association dirigée principalement par les directeurs de lettres confidentielles proches de l'extrême droite. Autour de la table se trouvaient d'anciens vichystes et des sympathisants de l'OAS, le groupe terroriste antigaulliste comptant un virulent antimarxiste, Georges Sauge, supporter de Mitterrand depuis 1965. Dans un livre, *La Tentation néo-fasciste en France*, Joseph Algazy décrivit Sauge comme un catholique ultra-fanatique : « En fait, ce national-catholicisme considérait la religion chrétienne comme le moyen le plus efficace pour lutter contre les théories subversives et révolutionnaires, en premier lieu contre le communisme. »

En 1971, Sauge s'associa au PS et travailla étroitement avec Charles Hernu. Puis, en 1974, sa foi en Mitterrand l'amena à s'insérer dans l'équipe d'élite installée à la tour Montparnasse pour la planification de la campagne présidentielle.

Les relations constantes, directes ou indirectes du candidat socialiste avec des pétainistes, depuis la guerre, lui fournirent des références équivalentes à des lettres de créances. Au cours d'un entretien, en 1992, pour mon livre *L'Affaire Pétain*, Jean Borotra, l'ancien champion de tennis, secrétaire général pour la jeunesse à Vichy et vice-président de l'Association pour la défense de la mémoire du maréchal Pétain, m'expliqua qu'il avait voté sans hésitation pour Mitterrand depuis 1965, ainsi que presque tous les membres de l'association, à cause du respect du président pour Pétain. « Je suis persuadé que la majorité des Français de ma génération pensent comme moi, donc pourquoi ne montrerais-je pas de reconnaissance envers Mitterrand pour sa franchise? Il n'a jamais exclu les fonctionnaires en poste à Vichy comme d'autres leaders l'ont fait. En 1947, il n'a pas hésité à employer un ami de M. Bousquet comme attaché de presse dans son cabinet ministériel. Des membres de son entourage ont toujours entretenu des relations avec notre association, d'une façon personnelle ou officielle, et nous pensons qu'il est juste que le président, dans son rôle de chef d'État, dépose une gerbe sur la tombe du maréchal. Je suis certain que sans cette mauvaise foi sur le rôle de quelques fonctionnaires à Vichy, le président aurait acquiescé à notre requête de transférer les cendres du maréchal à Verdun. »

Avec la division de l'extrême droite, pour et contre Le Pen, et la dispersion de son électorat entre la droite Poniatowski et la gauche Hernu, il est difficile d'évaluer ce que rapporta à Mitterrand en 1981 le soutien des pétainistes et de l'ex-OAS. Le Pen lui-même répéta plusieurs fois, contrairement à 1974, que Giscard était son « ennemi mortel ». Aux législatives de juin les candidats d'extrême droite ne totalisèrent que 90 000 votes, à peine 0,3 % des voix, mais après la compétition bien équilibrée de la présidentielle de 1974 aucun camp ne pouvait négliger le moindre atout.

Bien que l'existence de la seconde famille du président ne fût un secret pour personne au sein du Parti socialiste et du monde de la presse, Danielle Mitterrand assista à la plupart des meetings de son époux, prenant généralement place au premier rang à côté de sa sœur la productrice, Christine Gouze-Rénal, et du mari de celle-ci, Roger Hanin. Mais elle repoussa les demandes d'interview de tous les journalistes, rabrouant même le représentant du *Monde*. Elle profita des réunions pour coller des affiches en faveur de ses combats pour l'Amérique latine, une campagne reprise par son mari, le 21 avril quand il déclara : « Je n'accepte pas de payer par l'abandon du Salvador ou du Nicaragua une volonté américaine de fixation sur ces pays qui lui permettrait en quelque sorte de faire le pendant de l'Afghanistan. »

Il est impossible de connaître les véritables sentiments de Danielle Mitterrand, de savoir si elle éprouva de la gêne ou si elle se sentit bafouée, mais elle dut se rendre compte que leur couple était source de commérages au sein du parti et parmi les journalistes. « En 1981, il y avait beaucoup de petites histoires qui circulaient, y compris au PS, du type : " Une petite fille dans une école crie à ses camarades à la récré : Papa est président ", raconta Patrice Finel, alors membre du Comité directeur. Aux États-Unis, des candidats à la Maison-Blanche ont été écartés de la course à cause de liaisons extra-conjugales, mais cela ne pourrait pas se produire en France. André Labarrère, le maire de Pau, a ironisé là-dessus en disant que, si l'on appliquait de telles mesures dans notre pays, la moitié du comité directeur du PS ne pourrait être candidat à rien... et l'autre moitié non plus, pour cause d'homosexualité. En France, on n'écrit pas ce genre de chose mais on en parle. C'est marrant et puis il faut bien alimenter les conversations. »

Juste quelques semaines après les élections, l'auteur Jean-Edern Hallier offrait à un éditeur un manuscrit : *L'Honneur perdu de François Mitterrand,* précédemment intitulé « Mitterrand et Mazarine ». Un proche collaborateur et confident de Mitterrand, François de Grossouvre, au courant de l'existence de Mazarine depuis 1974, usa de pressions officielles pour stopper la publication de cet ouvrage.

La préparation de la confrontation télévisée de deux heures prévue pour le 5 mai domina la première semaine de la campagne pour le second tour. Parmi les centaines de pages rédigées en France et à l'étranger sur cet affrontement, j'ai choisi un article de Rudolph Chimelli du *Süddeutsche Zeitung* car, d'après ce journaliste, le gagnant du second tour émergeait déjà avec une bonne avance même avant la rencontre médiatisée, et Mitterrand pouvait prendre ses dispositions pour emménager à l'Élysée. À propos de la performance audiovisuelle de Giscard, Chimelli écrivit : « Sa diction était plus rapide, ses chiffres plus précis, sa maîtrise du jeu plus complète, qu'il s'agisse de l'autonomie de la France en matière énergétique ou des retombées financières de la politique sociale envisagée par Mitterrand. Mais son adversaire, qui se présente comme la Force tranquille sur ses affiches, noie les attaques dans le *no man's land* des sentiments populaires. " Mitterrand s'est réfugié dans l'ambiguïté ", triomphaient les partisans de Giscard le lendemain. C'est vrai.

« Cependant le socialiste a su toucher des millions de Français à travers les ondes lorsqu'il tint ces propos en réponse à une question de Giscard sur la présence éventuelle de communistes dans le gouvernement : " Les travailleurs communistes sont nombreux. Si l'on suit votre logique, pourquoi sont-ils là ? Pour produire, travailler, payer des impôts, se faire tuer à la guerre, c'est tout ce à quoi ils sont bons. Presque jamais pour constituer une majorité en France. La manière dont vous parlez d'eux suppose une conception de la vie républicaine que je n'approuve pas. Si les Français choisissent une majorité parlementaire de gauche lors des législatives, il est évident que je travaillerai avec les communistes. »

Giscard pensa remporter le match haut la main et déclara aux journalistes qu'il était désolé pour Mitterrand et ne pouvait se résoudre à lui porter le coup fatal.

Selon Laurent Fabius, l'indéniable sincérité de Mitterrand lors de ses apparitions télévisées joua un rôle déterminant dans la conquête des électeurs indécis. « Il y eut une émission sur la peine de mort. Les gens étaient plutôt pour, et il a dit : " Je sais que les gens sont plutôt pour la peine de mort, mais moi, je vais la supprimer. " C'était psychologiquement très important car les téléspectateurs se sont dit : " C'est quelqu'un qui a du courage. S'il accepte d'affronter l'opinion publique sur ce qu'il a de plus profond, le reste de ce qu'il nous a raconté est vrai. " »

Pour les correspondants étrangers, tels que le correspondant du *New York Times*, Richard Eder, de telles considérations philosophiques n'entraient pas dans l'esprit des électeurs. En ce qui le concernait la campagne s'était réduite à « des coups de griffe, de pied et un assortiment de petits feux d'artifice ». Il souligna le fait que le gendre de Charles de Gaulle, Alain de Boissieu, grand chancelier de la Légion d'honneur, menaçait de démissionner en cas de victoire de Mitterrand tandis que Gaston Defferre émettait le commentaire suivant : « Au moment où François Mitterrand et moi étions pris par la Gestapo, au moment où nos camarades étaient arrêtés et torturés, Giscard d'Estaing et sa famille collaboraient avec l'ennemi. » Au-delà des querelles portant sur une guerre menée et perdue il y a cinquante ans, Eder donna aux Américains une étrange image de Mitterrand, le décrivant comme « déambulant coiffé d'un béret de marinier, vêtu d'un pardessus et de plusieurs écharpes tel un vieux campagnard adouci par la terre et attaché à elle. Il est évident que son visage mélancolique, son élocution lente, son air réfléchi indiquent une certaine authenticité, un refus de l'artifice, qu'il a utilisés pour mettre en lumière les astuces de communication plus mécaniques de M. Giscard d'Estaing. »

La presse étrangère est passée maître dans l'art de relever les informations les moins pertinentes et de les présenter comme des secrets d'État. En parcourant la presse de cette période, je découvris que Mitterrand buvait du thé Earl Grey, préférait *France-Soir* au *Figaro*, lisait Machiavel et utilisait un stylo à encre bleue, tandis qu'on conseillait aux Américains de prononcer son nom

Fran-*swah* *Mit*-ter-ron, puis *Fran*-swah *Mit-ter*-ron. Pourtant ces détails sont moins ridicules que le rapport du Département d'État daté de 1981, quand Ronald Reagan s'inquiéta de savoir si Mitterrand risquait d'être renversé par un coup d'État communiste. Son correspondant à l'ambassade des États-Unis à Paris, John D. Dobrin, écrivit dans son analyse que le candidat PS planait au-dessus des réalités : « Il est moins gaulliste que son prédécesseur et c'est un romantique, un penseur littéraire qui agit moins selon l'évaluation d'une menace objective que selon des préoccupations *a priori* pour des buts perçus confusément. Il est beaucoup plus étranger à la connaissance objective des réalités stratégiques que ne le serait un candidat malheureux aux États-Unis. » En d'autres termes, comme diraient les Américains, c'était un *Turkey*, un nigaud.

Ce jugement fut peut-être la conséquence d'une interview conduite par le journaliste politique américain le plus connu, James Reston du *New York Times*, qui eut la primeur d'un nombre d'images mitterrandiennes insolites : « J'ai choisi une carrière politique, ce qui va contre un trait dominant de ma personnalité. Je ne me voyais pas comme un homme d'action mais je dois l'être. Je ne laisserai pas mes tâches officielles envahir toute ma vie. L'homme est semblable à un arbre, il a besoin de plonger ses racines dans une terre arable. S'il n'y a que la tête, sans les racines dans le sol qui donne vie, il n'y aura qu'un esprit répétant sans cesse les mêmes choses dans le vide. » Et, pour augmenter la perplexité des Américains, le campagnard au béret de marinier poursuivait : « Consacrer du temps à la réflexion solitaire me permet de garder mes racines dans le sol. Sans cela, mes actes pourraient devenir stériles et inefficaces. »

Ces images s'accordent peu avec des preuves plus tangibles qui le désignent comme le politicien le plus professionnel de son époque, menant campagne jusqu'à l'épuisement pour acquérir le droit de devenir chef d'État. Ses derniers meetings avant le 10 mai provoquèrent un torrent d'acclamations, particulièrement à Mulhouse où l'atmosphère fut qualifiée de « terrifiante et délirante » par Paul Quilès. « Les gens sortaient des drapeaux bleu blanc rouge. Ils chantaient *La Marseillaise*. C'était tout à fait nouveau. »

Dans les coulisses, Mitterrand s'écroulait de fatigue. À Toulouse, où allait se tenir l'un des derniers rassemblements, Mitterrand réprimanda Quilès, son directeur de campagne, d'un ton acerbe pour avoir esquissé un applaudissement quand on félicita le candidat pour ses précédentes performances à la tribune. « Mitterrand devait être fatigué et agacé, dit Quilès. Après notre collation, quand j'ai pris de ses nouvelles il m'a répondu : " Je suis épuisé. Je suis comme un boxeur qui a fait un combat de trop. Mais ne vous inquiétez pas, je suis un pro, ils n'y verront rien. " Le soir, 20 000 personnes se pressaient pour l'écouter. J'étais au pied de la tribune et je me disais, il va craquer. Ça va être épouvantable. Mais j'ai vu que c'était vraiment un pro. Il a fait un discours plutôt mauvais que j'avais entendu quinze fois. Il répétait des phrases décousues parce qu'il était crevé. À la sortie j'entendais les gens dire qu'il avait été génial et je me disais qu'en politique il y a décidément un décalage énorme entre le message émis et le message reçu. »

Quilès était beaucoup moins pessimiste qu'Attali et, après le dernier meeting du 8 mai, à Nantes, Mitterrand vint s'asseoir près de lui dans l'avion qui les ramenait à Paris. À Quilès, qui lui exprimait son optimisme, il répondit : « Oui, c'est vrai, mais vous vous rendez compte... si je suis élu, quel étonnement ! Avec toutes les forces des médias, l'argent, tous les pouvoirs contre nous, nous avons gagné ! Quelle aventure, quelle leçon pour l'histoire. » Selon Quilès, il avait déjà le souci de l'histoire. « Il avait conscience d'accomplir quelque chose d'insensé. »

La nuit du 10 mai, les estimations de la marge de victoire de Mitterrand furent transmises à la rue de Solférino par téléphone à 18 h 25, plus de quatre-vingt-dix minutes avant la fermeture des bureaux de vote des grandes villes. Certains cadres du parti, notamment Fabius, essuyèrent quelques larmes de joie. Quand on communiqua ces données à Mitterrand, à l'hôtel du Vieux Morvan, où les caisses de champagne attendaient à la cave depuis la défaite de 1974, il prononça calmement : « Hum, attendez les résultats. »

À Paris, les dirigeants se montrèrent moins prudents. On

 signala aux camions transportant l'équipement audio de se diriger vers la place de la Bastille. À 19 heures tout était prêt pour accueillir les 250 000 personnes qui allaient danser sous la pluie jusqu'au matin pour célébrer la plus grande victoire populaire depuis 1936. Pendant ce temps, dans un hôtel de Compiègne, le général Alain de Boissieu et les P-DG des grands groupes industriels français et des banques s'apprêtaient à fêter l'élection de leur champion autour d'un dîner. Cinq minutes après l'annonce officielle de la victoire de Mitterrand, la salle à manger était déserte. Telle une armée en déroute, les barons de l'industrie avaient rejoint précipitamment leurs places fortes pour affronter un nouveau1789 qui ne vit jamais le jour.

ÉLECTION PRÉSIDENTIELLE – 1981

Second tour

10 mai 1981	Métropole %	Département d'outre-mer %
Inscrits	35 459 328	624 996
Abstentions	4 810 396 (13,56 %)	252 988 (40,48 %)
Votants	30 648 932 (84,43 %)	372 008 (59,52 %)
Blancs ou nuls	887 976 (2,50 %)	7 428 (1,19 %)
Suffrages exprimés	29 760 956 (83,93 %)	364 580 (58,33 %)

Candidats	Nombre de voix obtenues	% expr.	% inscr.	Nombre de voix obtenues	% expr.	% inscr.
F. Mitterrand	**15 541 965**	**52,22**	**43,83**	**103 564**	**28,41**	**16,57**
V. Giscard d'Estaing	14 219 051	47,77	40,09	261 016	71,59	41,76

Entretien avec Alain Duhamel à propos de *Ma Part de vérité*

J'ai demandé à Alain Duhamel de me parler de l'origine de ce livre qui a inspiré de nombreux articles de presse en France et à l'étranger jusqu'en 1995.

P. W.

« C'est moi qui ai eu l'idée de *Ma Part de Vérité*. J'avais lancé une collection de livres chez Fayard, qui s'appelait « en toute liberté ». Le premier était une rencontre avec Raymond Aron *(La Révolution introuvable)* et, très vite, dès le début de la série, j'ai eu envie de proposer un entretien à François Mitterrand. Je ne le connaissais pratiquement pas, lui m'avait un peu lu. Il a réfléchi, puis il a accepté assez rapidement. À l'époque, après 1968, il était au creux de la vague.

« Le fait qu'il n'ait pas tout dévoilé ne me choque pas puisque c'était une part de vérité. C'est lui qui a écrit de sa plume tout ce qui était autobiographique. De toute façon, dès le début du livre, il avait l'élégance de dire que ses propos n'engageaient que lui. Il a donné ce qui était sa part de vérité et ça s'est révélé être une part de la vérité.

« Je ne regrette pas du tout le livre dans la mesure où, à l'époque, c'était quelque chose d'assez neuf et assez marquant. C'est le premier livre explicatif sur lui-même, puisque *Le Coup d'État permanent* était un pamphlet. On en avait beaucoup parlé à l'époque, et il s'était d'ailleurs très bien vendu. C'était un ouvrage qui, évidemment, avec la distance, paraît lacunaire, bel et bien lacunaire. Mais comme ses lacunes ressortaient d'une partie qu'il avait complètement rédigée, c'est lui qui avait fait ce choix, et c'est lui qui en porte la responsabilité.

« Je n'étais pas conscient de ces lacunes à ce moment. L'idée, c'était de faire une esquisse à grands traits. L'objectif du livre n'était pas biographique. Le choix était de rapporter ses idées, son projet, et sa stratégie. C'était lui qui se présentait; au fond, le début n'est pas une biographie, plutôt un autoportrait. »

Déclarations de Mitterrand

Allocution de M. François Mitterrand le 24 avril 1981

Ce soir, quand les derniers mots auront été dits par tous les candidats, ce ne seront plus les responsables politiques qui auront la parole, ce sera vous. Et ce que vous déciderez dimanche pèsera lourd sur le choix final du 10 mai. Je veux vous dire très simplement ce que j'en pense.

Candidat des socialistes, je suis aussi, et vous le savez bien, le seul candidat de la gauche qui soit en mesure de l'emporter. Les voix qui se disperseront sur d'autres candidats, aussi respectables soient-ils, compromettront cette victoire. Plus je serai fort dans le scrutin du premier tour, et plus j'aurai de chances d'être élu pour conduire le changement. C'est pourquoi je demande à celles et à ceux d'entre vous qui veulent ce changement, une autre politique, un autre Président, de m'en donner maintenant les moyens. Seul, je le répète, à pouvoir représenter les forces populaires face à M. Giscard d'Estaing, je le battrai, en votre nom, si vous vous rassemblez dès dimanche sur le mien.

Tout au long de cette campagne, j'ai développé des propositions. Elles sont précises, elles sont ambitieuses, elles sont réalisables. J'ai autour de moi des conseillers et des experts, parmi les meilleurs. Ils travaillent depuis plusieurs années et dans chaque domaine, en faisant la part du souhaitable et la part du possible, sans jamais oublier que, derrière les chiffres, derrière les statistiques, il y a des femmes et des hommes qui vivent aujourd'hui un drame quotidien. Je pense au chômage, à la vie chère, aux inégalités, à l'inquiétude des jeunes, à la solitude des personnes âgées. Mais qu'ils se rassurent : des équipes nouvelles sont là et la relève est prête. Oui, nous sommes prêts à gouverner. Avec votre soutien, avec votre concours, je ferai sortir la France de la crise.

Vous entendrez dans un moment les deux principaux responsables de la situation dont souffre notre pays. Ils parleront de changement, de sécurité et même d'espérance. Mais comment feraient-ils demain ce qu'ils n'ont pas été capables de faire pendant plus de sept ans?

Après tant d'échecs, après tant d'engagements non tenus, ils ont perdu le droit de promettre. Renvoyez-les à leur passé et préparons ensemble l'avenir.

Notre peuple dispose de formidables capacités d'intelligence créatrice, d'initiatives, de renouveau. Nous avons d'immenses possibilités. Remettons la France debout.

Depuis plus de quinze ans, je lutte pour que le rassemblement populaire, que j'appelle de mes vœux, prenne en charge la renaissance du pays. J'ai réuni les socialistes ; j'ai réuni la gauche aussi. Et je souhaite qu'elle sache bientôt se retrouver. Président de la République, je rassemblerai les Français et, sans rien renier de mes convictions, je cimenterai l'unité nationale.

Mais le moment est venu où les forces de la jeunesse, les forces du travail, dans lesquelles j'ai placé mon espoir, assumeront le pouvoir qui leur fut refusé si longtemps. Elles en sont dignes ; elles sont la réalité profonde de la France. La liberté les inspire, et la volonté de rebâtir un grand pays.

Allons, mes chers concitoyens. C'est le moment de décider.

Allocution de M. François Mitterrand le 8 mai 1981

Françaises, Français,

Avant de terminer ce soir cette campagne présidentielle, je répondrai à trois questions qui préoccupent un certain nombre d'entre vous. La première question est celle-ci : si vous m'élisez dimanche Président de la République, que se passera-t-il dans les semaines qui suivront ? Ma réponse sera simple, je nommerai un Premier ministre, avec lui je constituerai le Gouvernement, et ce Gouvernement sera formé de femmes et d'hommes qui auront soutenu mon action ou qui auront rejoint mes options politiques. Pourquoi ? Parce que le Gouvernement de la République doit être cohérent pour agir. Nous serons alors à la fin du mois de mai. Aussitôt après, j'engagerai une vaste consultation avec les organisations syndicales, ouvrières, patronales, cadres, avec la Fédération de l'éducation nationale, avec les organisations agricoles, artisanales, commerciales, avec les mutuelles, avec les grandes associations familiales, culturelles, écologistes. Je leur demanderai, notamment, leur avis sur la réduction du temps de travail, ses moyens et ses conséquences. De son côté, le Gouvernement ne perdra pas une minute pour prendre les mesures économiques et sociales nécessaires à la relance pour lutter contre le chômage. Entre-temps, faute de pouvoir faire autrement, je dissoudrai l'Assemblée nationale dont la majorité aura été désavouée par l'élection présidentielle. Et les élections législatives auront lieu, dans ce cas, conformément à la Constitution dans un délai de vingt à quarante jours, ce seront les organisations politiques, les partis qui auront préparé les élections. Je demanderai pour ma part au pays de donner à la majorité présidentielle son prolongement parlementaire, et c'est vous, Françaises et Français, qui déciderez, nous en serons alors au vingt-huit juin. Ainsi seront scrupuleusement respectées les règles de notre démocratie.

Deuxième question : Qu'y a-t-il de vrai dans les affirmations de M. Giscard d'Estaing, ces derniers jours au sujet de mon programme? Je n'hésite pas à le dire, tout est faux. Je sais que déferle sur la métropole et l'outre-mer une vague de calomnies, nous nous trouvons devant des manœuvres électorales que je vous laisse le soin de qualifier. Je méprise ces méthodes; mais il n'est pas vrai que je veuille taxer le logement et les résidences principales. Il n'est pas vrai que je me propose d'augmenter les droits de succession en ligne directe, alors que, précisément, je veux au contraire les réduire à l'exception des grandes fortunes. Il n'est pas vrai que je veuille m'en prendre à la retraite des cadres. Il n'y aura pas de déplafonnement de la cotisation vieillesse, et je préserverai les régimes complémentaires. Il n'est pas vrai que je veuille nationaliser la médecine et les pharmacies. Il n'est pas vrai que je veuille abandonner les départements d'outre-mer, alors que je prêterai plus d'attention encore à leur condition d'existence comme à celle de tous les Français. Je suis engagé devant vous par mon programme présidentiel et par lui seulement. Mon concurrent a le droit de le critiquer, il n'a pas le droit moral et politique de le déformer. Il serait déplorable que la campagne électorale s'achève autrement que dans la dignité. Le Président de la République de demain sera à l'évidence l'un des deux candidats d'aujourd'hui. Nous avons l'un et l'autre la même obligation : assurer l'avenir de la France dans l'unité des Français.

La troisième question est celle-ci : peut-on changer de politique sans changer de Président? Il suffit pour y répondre de regarder ce qui s'est fait pendant sept ans, de faire le compte des engagements non tenus, de comparer les promesses d'aujourd'hui à celles de 1974, et on ne peut guère attendre, espérer du même homme pour demain que les mêmes échecs et les mêmes défaillances. La voix populaire nous crie : sept ans, cela suffit. Et il est vrai que quatorze ans, ce serait courir trop de risques. Quels Français, je vous le demande, auraient à perdre au changement? Pensez-vous qu'un jeune, fille ou garçon, qui termine ses études, aura plus de chances de trouver un emploi si la même politique continue? Pensez-vous qu'un travailleur, homme ou femme de cinquante ans, aura plus de chances d'échapper au chômage si la même politique continue? Pensez-vous qu'un petit épargnant aura plus de chances de sauver ses maigres revenus, si la même politique continue? Pensez-vous qu'un consommateur aura plus de chances de garder son pouvoir d'achat si la même politique continue? J'arrête là mon énumération; il n'y a rien de plus à attendre du candidat sortant.

Je vous propose cinq objectifs : vaincre le chômage, relancer l'économie, construire une société plus juste, plus libre, plus responsable, restaurer la vigueur et l'indépendance de la France, défendre la paix dans le monde. Élu Président de la République, je serai l'homme de la réconciliation, s'il le faut, du rassemblement, du dialogue. Dans la fidélité à mes engagements, j'entendrai les forces syndicales, toutes les forces syndicales, les partis politiques, tous les partis politiques et les mouvements de la pensée. Je m'efforcerai de rétablir notre unité dans un grand élan de renaissance nationale.

Françaises, Français, en ce jour du huit mai, anniversaire de la victoire, de la liberté sur l'oppression, du courage sur la résignation, je me présente à vos suffrages, sûr de vous, sûr que vous agirez comme vous l'avez toujours fait aux grandes heures de notre histoire.

Élections de 1981

110 PROPOSITIONS POUR LA FRANCE

Nous avons rassemblé ici, dans cette deuxième partie de notre manifeste, les principales propositions, tirées de l'inventaire des quelque trois cent cinquante mesures arrêtées par le Parti socialiste dans son projet de janvier 1980 et dans les textes qui ont suivi (propositions de loi, décisions du Comité directeur et du Bureau exécutif). Certaines de ces propositions ont été énoncées dans l'exposé général qui précède. Nous les avons reprises cependant afin de procurer à l'opinion un document récapitulatif aussi complet que possible.

Le manifeste esquisse le programme de gouvernement qu'il appartiendra de mettre au point lors des élections législatives qui suivront la dissolution de l'Assemblée nationale dans le cas de l'élection de notre candidat.

Il sera ensuite de la responsabilité du nouveau gouvernement d'engager avec l'ensemble des partenaires sociaux une négociation en vue de fixer le calendrier et les modalités de la politique sociale à mettre en œuvre. De son côté, le Parlement, restauré dans la plénitude de ses droits constitutionnels, aura à traduire dans la loi les nouveaux droits et libertés, que revendique le Manifeste socialiste pour les citoyens et les collectivités.

I. – La paix : une France ouverte sur le monde

Défense du droit et solidarité avec les peuples en lutte

1. Exigence du retrait des troupes soviétiques de l'Afghanistan.
2. Condamnation de l'aide apportée par les États-Unis aux dictatures d'Amérique latine.
3. Affirmation du droit des travailleurs polonais aux libertés et au respect de l'indépendance syndicale.
4. Paix au Moyen-Orient par la garantie de la sécurité d'Israël dans des frontières sûres et reconnues, le droit du peuple palestinien à disposer d'une patrie, l'unité du Liban.
5. Indépendance du Tchad. Respect de la souveraineté du Cambodge. Soutien au droit à l'autodétermination de l'Érythrée et du Sahara occidental.

Désarmement et sécurité collective

6. Désarmement progressif et simultané en vue de la dissolution des blocs militaires dans l'équilibre préservé des forces en présence.

7. Action internationale énergique contre la dissémination de l'arme nucléaire et pour le renforcement du contrôle des centrales nucléaires.

8. Ouverture d'une négociation sur la sécurité collective en Europe à partir de la conférence sur la réduction des forces et des tensions proposée par les socialistes français. Retrait des fusées soviétiques SS 20 en même temps que l'abandon du plan d'installation des fusées américaines Pershing sur le sol européen.

Nouvel ordre économique mondial

9. Priorité au dialogue Nord-Sud pour la mise en place d'un nouvel ordre économique mondial. Aide publique au tiers monde portée à 0,70 % du P.N.B. de chaque pays développé.

10. Définition d'un nouveau système monétaire mondial par la réforme du F.M.I., de la banque mondiale et du « panier de monnaies », un moratoire et de nouvelles liquidités pour les pays pauvres du tiers monde.

Une France forte dans l'Europe indépendante

11. Application stricte du traité de Rome. (Marché commun) : poursuite de la démocratisation de ses institutions et mise en œuvre immédiate de ses dispositions sociales. Défense de l'emploi européen par le développement de politiques industrielles communes, par la protection des secteurs menacés par l'invasion de certains produits en provenance du Japon et des États-Unis, par l'élaboration d'un règlement communautaire sur l'activité des sociétés multinationales. Réforme profonde de la politique agricole et de la politique régionale.

12. Avant toute adhésion à la C.E.E. de l'Espagne et du Portugal, respect de quatre préalables (agricole, industriel, régional et sur la pêche maritime), conformes à la résolution socialiste adoptée à Montpellier en septembre 78.

13. Création d'un Conseil des peuples méditerranéens.

II. – L'emploi : la croissance sociale par la maîtrise de l'économie

La relance économique

14. Un programme de relance économique fixera, dès la prochaine session de la législature, les premières orientations : emploi, prix, développement technologique, cadre de vie.

15. Des actions industrielles seront immédiatement lancées dans les secteurs de l'électronique, de l'énergie, des biens d'équipement, des transports et de l'automobile, de la chimie fine et de la bio-industrie, de la sidérurgie et de l'agro-alimentaire afin de reconquérir le marché intérieur et de créer des emplois.

16. Un programme de grands travaux publics, de construction de logements sociaux et d'équipements collectifs (crèches, restaurants scolaires, maisons de l'enfance) sera engagé dès le deuxième semestre de 1981.

17. La recherche sera stimulée pour atteindre, d'ici à 1985, 2,5 % du P.N.B. Des mesures d'aide par le crédit et d'encouragement à l'innovation seront prises en direction des P.M.E.

18. 150 000 emplois seront créés dans les services publics et sociaux en vue d'améliorer les conditions de travail et les capacités d'accueil au public (santé, éducation, P. et T., etc.). 60 000 emplois d'utilité collective seront mis à la disposition des associations et des collectivités locales.

Une nouvelle croissance

19. Le plan, démocratisé et décentralisé, donnera un nouveau contenu au développement économique. La croissance sociale s'appuiera sur le dynamisme du secteur public, l'encouragement à l'investissement, l'augmentation des bas revenus et l'amélioration des conditions de travail.

20. Le franc sera défendu contre les manœuvres spéculatives. Le développement industriel et agricole et les économies d'énergie rendront la croissance moins tributaire des importations. D'ici 1990, la part du commerce extérieur dans le P.I.B. sera ramenée en-dessous de 20 %.

21. Le secteur public sera élargi par la nationalisation des neuf groupes industriels prévus dans le Programme commun et le Programme socialiste, de la sidérurgie et des activités de l'armement et de l'espace financées sur fonds publics. La nationalisation du crédit et des assurances sera achevée.

22. Le contrat de travail à durée indéterminée redeviendra la base des relations du travail ; les capacités d'intervention du syndicat dans l'entreprise seront étendues et affer-

mies : moyens et protection des délégués élus, temps consacré à l'information et à l'expression collective.

23. La durée du travail sera progressivement réduite à 35 heures après négociation entre les partenaires sociaux. La cinquième équipe sera instaurée dans les métiers pénibles. La cinquième semaine de congés payés sera généralisée.

24. L'A.N.P.E. sera démocratisée. Elle sera transformée en un grand service public de l'emploi (coordination de l'ensemble des moyens d'information, de formation et de conversion, travail intérimaire).

25. Une loi fixera les conditions d'évolution de la révision des loyers et de la répartition des charges. En outre, des dispositions particulières seront prises en faveur des locataires des logements sociaux.

26. L'épargne sera fortement encouragée. Un livret A par famille sera indexé sur les prix. Les taux d'intérêt des autres dépôts seront relevés. La réforme des circuits financiers permettra l'affectation de l'épargne des Français aux investissements considérés comme prioritaires par le Plan.

27. Des bonifications d'intérêt ou des avantages fiscaux, sur une base contractuelle, seront accordés pour contribuer à la réalisation des objectifs de la politique économique et sociale, en particulier pour les industries de main-d'œuvre.

28. Les prix des produits pour lesquels la concurrence ne joue manifestement pas seront contrôlés. Les circuits de distribution seront réformés, l'implantation des grandes surfaces réglementée, les pouvoirs des consommateurs renforcés.

29. L'artisanat et le petit commerce verront leur rôle social et humain reconnu et protégé. Le salaire fiscal sera institué pour les travailleurs non salariés.

30. L'assiette des cotisations patronales de la Sécurité sociale sera modifiée afin de ne pas pénaliser les entreprises de main-d'œuvre.

La justice sociale

31. Le S.M.I.C. sera relevé. Son montant sera fixé après négociations avec les organisations syndicales. La nouvelle hiérarchie des salaires inscrite dans les conventions collectives sera respectée. Les prestations pour handicapés et le minimum vieillesse seront portés au niveau des 2/3 du revenu moyen. Les prestations familiales seront revalorisées de 50 % en deux étapes. Les indemnités de chômage seront fortement augmentées.

32. Les taux de la T.V.A. seront ramenés au taux zéro pour les produits de première nécessité.

33. De nouvelles prestations familiales seront progressivement substituées au quotient familial par enfant qui sera, en attendant, plafonné.

34. Un impôt sur les grandes fortunes, selon un barême progressif,

sera institué. Les droits de succession seront réformés afin d'alléger les successions modestes (en ligne directe ou non) et de surtaxer les grosses successions. Le capital des sociétés sera taxé sur la base de l'actif net réévalué.

35. L'impôt direct sera allégé pour les petits contribuables, renforcé pour les gros revenus de manière à réduire l'éventail des revenus. L'avoir fiscal sera supprimé.

36. Règlement des contentieux concernant les anciens combattants, application du rapport constant, retour à la proportionnalité des pensions militaires inférieures à 100 %, bénéfice de la carte de combattant aux anciens d'Algérie.

37. Nouvelle loi d'indemnisation pour les rapatriés, prévoyant la reconstitution des patrimoines familiaux, limitée pour les grosses fortunes.

L'énergie

38. L'approvisionnement énergétique du pays sera diversifié. Le programme nucléaire sera limité aux centrales en cours de construction, en attendant que le pays, réellement informé, puisse se prononcer par référendum. Les crédits en faveur des énergies nouvelles ou des techniques nouvelles d'exploitation des énergies traditionnelles (charbon) seront très considérablement augmentés.

39. Un vaste programme d'investissement destiné à économiser l'énergie sera entrepris. Des clubs d'économie d'énergie animés par des personnels pris en charge et formés par l'État assisteront les ménages. Une politique de normes orientera la production vers des produits, des machines ou des matériaux permettant de réduire la consommation d'énergie.

40. Une loi-cadre garantira le contrôle des citoyens et des élus sur toutes les décisions, et notamment les questions de sécurité touchant au nucléaire.

L'agriculture

41. Le gouvernement proposera aux partenaires de la C.E.E., afin de revenir à l'esprit du Traité de Rome, une réforme de la Politique Agricole Commune. Celle-ci devra tenir compte de la nécessité de supprimer les inégalités de revenu entre les agriculteurs, les salariés de l'agriculture et l'ensemble des travailleurs. Des mesures particulières seront prises pour l'élevage, la viticulture, les fruits et légumes, jusqu'ici défavorisés. Les marchés seront organisés par des Offices par produits ou groupes de produits, chargés de mettre en œuvre des prix garantis, tenant compte des coûts de production, dans la limite de quantum par travailleur. Cette politique prendra en compte les aspirations des consommateurs.

42. Un statut de travailleuses à part entière sera reconnu aux femmes d'agriculteurs. L'installation des jeunes – et notamment l'accès à la terre – sera vivement

encouragée. L'agriculture de montagne fera l'objet de mesures de soutien spécifiques.
43. L'outil de travail – la terre – sera protégé contre la spéculation et contre la surexploitation, par la création d'offices fonciers cantonaux où les représentants de la profession seront majoritaires.

La pêche

44. Une politique de la pêche maritime, élément d'une politique de la mer, sera mise en œuvre : réorganisation des marchés, amélioration des conditions de travail et de rémunération des travailleurs de la mer, aides à l'investissement... Au plan européen le gouvernement proposera l'application d'une politique commune de la pêche fondée sur la garantie d'accès à la ressource, la gestion rationnelle des stocks, l'organisation et la protection du marché communautaire et l'harmonisation des régimes sociaux...

III. – La liberté : des femmes et des hommes responsables

La démocratie respectée

45. Le mandat présidentiel sera ramené à cinq ans renouvelable une fois, ou limité à sept ans sans possibilité d'être renouvelé.
46. Le Parlement retrouvera ses droits constitutionnels. Le recours à l'usage du vote bloqué sera limité.
47. La représentation proportionnelle sera instituée pour les élections à l'Assemblée nationale, aux assemblées régionales et aux conseils municipaux pour les communes de 9 000 habitants et plus. Chaque liste comportera au moins 30 % de femmes.
48. La représentation parlementaire des Français de l'étranger, comprenant non seulement des sénateurs mais aussi des députés, sera assurée selon des procédures qui en garantiront le caractère démocratique.
49. La vie publique sera moralisée : déclarations des revenus et du patrimoine des candidats aux fonctions de président de la République, de député et de sénateur ainsi que des ministres en exercice, avant et après expiration de leurs mandats.
50. La justice sera appelée à faire toute la lumière sur les affaires dans lesquelles ont été mises en cause des personnalités publiques.

Une justice indépendante

51. L'indépendance des magistrats sera assurée par la réforme du

Conseil supérieur de la magistrature.

52. Abrogation des procédures d'exception (cour de sûreté, tribunaux militaires en temps de paix), de la loi anticasseurs et de la loi Peyrefitte. Le principe fondamental de présomption d'innocence sera réaffirmé.

53. Abrogation de la peine de mort.

Des contre-pouvoirs organisés; un État décentralisé

54. La décentralisation de l'État sera prioritaire. Les conseils régionaux seront élus au suffrage universel et l'exécutif assuré par le président et le bureau. La Corse recevra un statut particulier. Un département du Pays Basque sera créé. La fonction d'autorité des préfets sur l'administration des collectivités locales sera supprimée. L'exécutif du département sera confié au président et au bureau du Conseil général. La réforme des finances locales sera aussitôt entreprise. La tutelle de l'État sur les décisions des collectivités locales sera supprimée.

55. Le secret administratif sera limité et l'administration contrainte à motiver ses actes et à exécuter les décisions de justice.

56. La promotion des identités régionales sera encouragée, les langues et cultures minoritaires respectées et enseignées.

57. Les communes, départements, régions bénéficieront pour assumer leurs responsabilités d'une réelle répartition des ressources publiques entre l'État et les collectivités locales. Celles-ci auront notamment la responsabilité des décisions en matière de cadre de vie : développement prioritaire des transports en commun, aménagement des rues, services sociaux, espaces verts. Elles susciteront le développement de la vie associative, contribuant ainsi à l'animation de la ville, au rayonnement de ses activités, à l'affirmation de sa personnalité.

58. Pour les peuples de l'outre-mer français qui réclament un véritable changement, ouverture d'une ère de concertation et de dialogue à partir de la reconnaissance de leur identité et de leurs droits à réaliser leurs aspirations. Entre autres, dans les départements d'outre-mer, institution d'un conseil départemental, élu à la proportionnelle et responsable de la vie locale de chaque département avec consultation obligatoire avant tout accord international touchant à la région du monde où ils se trouvent. La loi déposée à ce sujet par le groupe parlementaire socialiste sera soumise au Parlement dès la prochaine session de la législature.

59. Le projet de loi sur la vie associative sera également soumis au vote du Parlement dès la prochaine session. L'élu social aura un statut reconnu. Les associations d'usagers du cadre de vie verront leurs droits largement accrus et des moyens matériels mis à leur disposition.

La démocratie économique. Des droits nouveaux pour les travailleurs

60. Le Comité d'entreprise disposera de toutes les informations nécessaires sur la marche de l'entreprise. Pour l'embauche, le licenciement, l'organisation du travail, le plan de formation, les nouvelles techniques de production, il pourra exercer un droit de veto avec recours devant une nouvelle juridiction du travail.

61. Le Comité d'hygiène et de sécurité aura le pouvoir d'arrêter un atelier ou un chantier pour raisons de sécurité.

62. La gestion du secteur public sera largement décentralisée. Les instances de direction des entreprises seront, soit tripartites (collectivités publiques, travailleurs, usagers), soit formées par la coexistence d'un conseil de gestion élu par les travailleurs et d'un conseil de surveillance. Les représentants des travailleurs seront élus directement à la proportionnelle et à la plus forte moyenne. Des conseils d'unité et d'atelier élus par les travailleurs seront instaurés.

Un secteur d'économie sociale fondé sur la coopération et la mutualité, expérimentera des formes nouvelles d'organisation des travailleurs.

63. La participation effective des cadres (I.T.C.) sera assurée et leur rôle reconnu au sein des organismes représentatifs de l'ensemble des salariés : comités d'entreprises, comités de groupes et de holdings dans les entreprises de droit privé, conseils d'administration tripartites, conseils d'unité ou d'atelier dans le secteur public.

Des droits égaux pour les femmes

64. L'égalité des chances devant l'emploi sera garantie par une réelle mixité de toutes les filières de formation professionnelle (quotas minima).

Les crédits seront affectés à la formation continue en fonction du nombre et du sexe des salariés de l'entreprise dans chaque catégorie. La loi supprimera la notion de « motif légitime » invoquée pour refuser à une femme l'accès à un emploi.

65. L'égalité de rémunération entre hommes et femmes sera garantie – et appliquée – au terme d'une négociation des conventions collectives dans chaque branche professionnelle.

66. Le statut de travailleuses à part entière sera reconnu aux conjointes d'agriculteurs, de commerçants et d'artisans, actuellement considérées comme sans profession.

67. L'information sur la sexualité et la contraception sera largement diffusée dans les écoles, les entreprises, les mairies, les centres de santé et d'orthogénie, et par les médias. La contraception sera gratuite, les conditions d'obtention de l'I.V.G. seront révisées.

68. La dignité de la femme sera respectée, notamment à travers l'image qui est donnée d'elle dans les manuels scolaires, la publicité, la télévision. Les associations de défense des droits des femmes pourront se porter partie civile en cas de discrimination.
69. Un fonds de garantie, chargé de la récupération des pensions alimentaires, viendra en aide aux femmes divorcées chefs de famille. La pension de réversion sera égale pour les deux conjoints et pourra se cumuler avec des droits propres. Une allocation sera versée aux veuves et divorcées pendant deux ans minimum moyennant leur inscription à l'A.N.P.E. ou à un stage de formation professionnelle.

La famille et l'enfant

70. Un congé parental ouvert pour moitié au père et à la mère, rémunéré et assorti de garanties de réintégration dans l'emploi sera accordé aux parents d'enfants de moins de deux ans.
71. Une allocation familiale unique sera versée dès la déclaration de grossesse et dès le premier enfant.
72. L'égalité devant l'emploi, pour les femmes, exige un vaste programme d'équipements collectifs : 300 000 places de crèche seront créées prioritairement.
73. Un institut de l'enfance et de la famille sera mis en place avec la participation des représentants du Parlement, des syndicats, des associations familiales et de jeunesse, de la profession médicale et des enseignants.

Le droit d'être elle-même pour la jeunesse

74. Les jeunes seront éligibles dès 18 ans pour les élections politiques et dès 16 ans pour les élections professionnelles.
75. La liberté de réunion dans tous les établissements scolaires sera garantie pour les parents d'élèves, ainsi que pour les élèves dans les lycées et les L.E.P.

Les délégués de classe participeront aux conseils de classe et à la gestion des foyers socio-éducatifs sans que leurs droits puissent subir de restrictions.
76. Les appelés au service national auront la liberté de réunion et d'association. L'objection de conscience sera respectée selon les termes de la loi.
77. L'enseignement technique sous toutes ses formes recevra les moyens nécessaires en personnel et en matériel afin qu'aucun jeune, fille ou garçon, n'arrive dans le monde du travail sans qualification professionnelle.
78. La vignette moto sera supprimée.

De nouveaux droits pour les immigrés

79. Les discriminations frappant les travailleurs immigrés seront supprimées. Les refus de délivrance

de cartes de séjour devront être motivés.

80. L'égalité des droits des travailleurs immigrés avec les nationaux sera assurée (travail, protection sociale, aide sociale, chômage, formation continue). Droit de vote aux élections municipales après cinq ans de présence sur le territoire français. Le droit d'association leur sera reconnu.

81. Le plan fixera le nombre annuel de travailleurs étrangers admis en France. L'Office national d'immigration sera démocratisé. La lutte contre les trafics clandestins sera renforcée.

Une société solidaire

82. Le droit à la retraite à taux plein sera ouvert aux hommes à partir de 60 ans et aux femmes à partir de 55 ans. Les retraités auront le droit de siéger dans les instances de la Sécurité sociale et les caisses de retraite. Les cotisations prélevées par le régime général de la Sécurité sociale sur les retraites seront supprimées. Une loi définissant les nouveaux droits des retraités et des personnes âgées en matière de ressources de logement, de santé et de culture, et assurant leur réelle participation à la vie sociale, sera déposée.

83. Les handicapés auront la place qui leur est due dans la société : le travail, l'éducation, le logement, les transports, les loisirs et l'accès à la culture seront adaptés à leurs contraintes particulières.

84. Un système national de protection sociale commun à tous les assurés sera progressivement institué. L'État remboursera les charges indues et affectera des ressources fiscales au financement des dépenses d'intérêt social. Le ticket modérateur d'ordre public sera abrogé.

La santé protégée

85. Un service communautaire de la santé reposera sur le développement de la prévention, le tiers payant généralisé à terme, la création de centres de santé intégrés auxquels chaque médecin pourra adhérer s'il le souhaite. Une nouvelle convention sera négociée. Le Conseil de l'ordre des médecins sera supprimé.

86. Les missions respectives de l'hôpital et du secteur privé seront définies. Adoption d'une nouvelle carte sanitaire. Les équipements seront programmés par région et leur financement réformé (suppression du prix de journée).

87. Une nouvelle politique du médicament sera mise en place en s'appuyant sur le grands pôles industriels nationalisés où la recherche sera intensifiée.

Droit au logement pour tous

88. Une politique de l'habitat social visera à mettre à la disposition des ménages des logements suffisamment grands et assortis des services à proximité (crèches, haltes-garderies, transports collectifs). Des dispositions particulières seront prises pour favoriser aussi le logement des jeunes (construction des F1 er F2).

89. Réforme des instruments de l'intervention publique. Maîtrise du sol urbain par les collectivités locales grâce à l'instauration d'un impôt déclaratif foncier, d'un droit de préemption et de prêts bonifiés par l'État.

Une éducation de qualité

90. Un grand service public, unifié et laïque de l'Éducation nationale sera constitué. Sa mise en place sera négociée sans spoliation ni monopole. Les contrats d'association d'établissements privés, conclus par les municipalités, seront respectés. Des conseils de gestion démocratiques seront créés aux différents niveaux.

91. L'école sera ouverte sur le monde. La pédagogie sera renouvelée pour favoriser l'expression sous toutes ses formes ainsi que l'épanouissement physique. L'enseignement de l'histoire et de la philosophie sera développé. Quel que soit le niveau d'étude, chacun devra disposer en fin de scolarité d'une formation générale et d'une formation professionnelle. Les classes comprendront 25 élèves au maximum.

92. La loi Seguin-Rufenacht sur la composition des conseils d'université et d'U.E.R. sera abrogée ainsi que les décrets modifiant la carte universitaire.

93. Chaque travailleur disposera d'un crédit de formation de deux ans qu'il pourra utiliser tout au long de sa vie active. La gestion de l'éducation continue sera tripartite.

Une information libre et pluraliste

94. La télévision et la radio seront décentralisées et pluralistes.

Les radios locales pourront librement s'implanter dans le cadre du service public. Leur cahier des charges sera établi par les collectivités locales. Sera créé un conseil national de l'audiovisuel où les représentants de l'État seront minoritaires. La création sera encouragée. Les droits des « cibistes » seront pleinement reconnus.

95. Les ordonnances de 1944 sur la presse seront appliquées. Les dispositions assurant l'indépendance des journalistes et des journaux face aux pressions du pouvoir, des groupes privés et des annonceurs seront prises. L'indépendance de l'A.F.P. vis-à-vis de l'État sera garantie.

96. Tout censure de l'information, y compris dans les casernes et les prisons, sera abolie.

La science et la culture

97. La recherche fondamentale sera un objectif essentiel : d'importants crédits publics lui seront consacrés, pour son développement sur le plan régional comme sur le plan national. Les coordinations nécessaires seront réalisées.

98. L'implantation sur l'ensemble du territoire de foyers de création, d'animation et de diffusion, sera encouragée par l'État qui en assurera un financement partiel. En dehors de nos frontières, une présence active et rayonnante de la culture française sera assurée.

L'enseignement de l'art à l'école sera développé et des facilités accordées pour accéder aux grandes œuvres : extension des heures d'ouverture des musées, des bibliothèques, des monuments, grâce au recrutement du personnel nécessaire.

99. Le soutien à la création cinématographique, musicale, plastique, théâtrale, littéraire, architecturale placera la renaissance culturelle du pays au premier rang des ambitions socialistes.

Un conseil international pour la science et la culture, une école européenne de cinéma, et un centre international pour la musique seront créés.

100. La libération du prix du livre sera abrogée.

Les équilibres naturels

101. Une charte de l'environnement garantissant la protection des sites naturels, espaces verts, rivages marins, forêts, cours d'eau, zones de vacances et de loisirs, sera élaborée et soumise au Parlement après une large consultation des associations et des collectivités locales et régionales avant la fin de l'année 1981.

102. La lutte contre les pollutions de l'eau et de l'air sera intensifiée. Les entreprises contrevenantes seront pénalisées.

103. Les normes de construction de machines et moteurs dangereux à manier et générateurs de bruit seront révisées et strictement appliquées.

Le sport

104. L'indépendance du mouvement sportif vis-à-vis de l'État et des puissances d'argent sera garantie. L'éducation physique et sportive deviendra une dimension essentielle des enseignements dispensés par l'Éducation nationale.

IV. – La France : un pays libre et respecté

Sa sécurité et son identité

105. Développement d'une stratégie autonome de dissuasion et organisation nouvelle du service national réduit à six mois.

106. Définition claire de la portée et du contenu de l'Alliance atlantique. Cohésion accrue de l'Europe.

107. Développement des relations entre la France et l'Union soviétique dans le respect des traités existants.

108. Renforcement des échanges avec la Chine.

109. Liens privilégiés avec les pays non alignés de la zone méditerranéenne et du continent africain, spécialement l'Algérie.

110. Établissement de relations étroites avec le Québec. Création d'une académie francophone.

CHAPITRE VII

PRÉSIDENTIELLE, 24 AVRIL - 8 MAI 1988

« Moi, je ne promets pas, j'agis. »
Rennes, 7 avril 1988.

Si l'on compare les campagnes électorales de la Ve République, celle de 1988 ressemble à un match expéditif où les jeux furent faits avant même le début de l'affrontement. Le meeting public inaugural de Mitterrand, à Rennes, le 7 avril, confirma la supériorité du candidat socialiste dès le premier round. Après le scrutin du second tour, le 8 mai, quand il eut connaissance de son triomphe sur Jacques Chirac, il avoua aux journalistes qui l'accompagnaient dans l'avion, de Château-Chinon à Paris : « La victoire était dans l'air. Cela se sentait. Vous savez, on sait toujours, avec un peu d'habitude, lorsque ça marche et lorsque ça ne marche pas. »

Le rassemblement de Rennes reste l'un de mes plus remarquables souvenirs parmi ceux récoltés en couvrant des campagnes électorales dans plus de trente pays, de la Grande-Bretagne au Bangladesh. Même les préparatifs rappelaient ceux d'une célébration, avec cet immense chapiteau blanc destiné à l'accueil de 15 000 personnes. Un directeur de campagne confiant loua un Boeing 737 pour transporter depuis Paris 150 journalistes qui rejoignirent une multitude d'autres venus par leurs propres moyens. Je n'avais jamais vu une telle concentration de correspondants américains pour un meeting électoral français; beaucoup s'attendaient à voir Mitterrand s'écrouler, suite à la propagation de rumeurs sur une maladie grave. Ils semblaient partager l'opinion de l'ambassadeur des États-Unis, à la retraite depuis peu, Evan Galbraith, le critique étranger le plus excessif de Mitterrand. D'après lui, le président sortant n'était guère plus qu'une marionnette en papier mâché qui « a pactisé avec le diable aux dépens de la nation ».

L'humeur optimiste des organisateurs contrastait avec le scepticisme d'une grande partie de la presse. Je pris personnellement plaisir à tester ma théorie selon laquelle la qualité du buffet réservé à la presse reflète les certitudes profondes d'un parti politique. Ce soir-là le PS nous combla, comme il le fit d'ailleurs pour chaque réunion jusqu'aux festivités du 6 mai, à Toulouse, où la campagne se clôtura avec un véritable banquet, une abondance de spécialités culinaires et de vins du Sud-Ouest.

Des années plus tard, lorsque le mouvement commença à essuyer des revers auxquels s'ajoutèrent des rapports sur l'origine douteuse des fonds du parti, la nourriture, les boissons et l'accueil amical diminuèrent progressivement avec les espoirs électoraux.

À Rennes, l'ambiance promettait la consécration d'un roi socialiste. Le ministre de la Culture, Jack Lang, l'ancien directeur du festival du théâtre de Nancy, assisté de Christian du Pavillon et Patrick Bouchin, le « spécialiste des cérémonies funéraires et festives de la République », auteur du très kitsch cérémonial au Panthéon en 1981, conçurent un décor imposant inspiré d'une sculpture d'Arman et du tableau de Delacroix *La Liberté guidant le peuple*. Sur l'estrade, quarante-six panneaux de tissu constituaient un arrière-plan aux couleurs de l'emblème national avec des dégradés de rouges et de bleus pour créer un fondu tricolore, frissonnant sous une brise artificielle. La tribune était nue à l'exception d'un petit pupitre blanc décoré de deux bandes étroites bleue et rouge. De l'ensemble se dégageait un sentiment harmonieux de grandeur et d'humilité.

Dans ce cadre théâtral, Gérard Depardieu, assis au premier rang, écoutait avec un grand sourire Charles Trenet égrener le succès des années de Vichy, *Douce France*, choisi par Mitterrand comme l'hymne de campagne. Cette chanson, comme les posters de 1981, devait traduire son attachement à une France profonde et sereine. Le meeting fut caractérisé par un respect inhabituel de l'horaire à l'opposé du joyeux chaos qui marqua le meeting inaugural à Strasbourg, en 1974. Danielle Mitterrand, toujours hostile aux interviews, arriva avec Roger Hanin à 19 h 40 précises. Quelques minutes plus tard, la chanteuse Barbara s'installait au piano tandis que Jérôme Savary stimulait l'assemblée en interrogeant : « C'est un rassemblement mou ? » Ce à quoi la foule répondait : « Non ! – Voilà qui n'est pas flou, qui n'est pas vague. Voilà une grande vague ! »

Sur ces derniers mots, Barbara entonna les premières notes de sa chanson *Regards*. Un silence révérencieux tomba sur la salle au moment où les lumières baissaient pour magnifier l'hommage de l'artiste à « l'homme une rose à la main qui, un jour, a ouvert le chemin vers un autre demain ». Après les premières images en direct diffusées à 20 heures sur TF1 et Antenne 2, aucun doute ne pouvait subsister sur l'identité de l'homme à la rose. Les caméras et les spots s'étaient concentrés sur l'allée centrale inondée de lumière que Mitterrand descendit, altier comme Auguste, pour s'installer derrière le pupitre au pied de la bannière frémissante. Quand il leva la main pour commander le silence, l'attente respectueuse laissa entrevoir la victoire avant même les premiers mots du discours. Les sceptiques correspondants américains se regardèrent, médusés, mais durent convenir à contrecœur que l'heure avait de nouveau sonné pour l'homme sans montre.

Ce *one man show* magistral détourna l'attention du public d'une subtile révolution. L'Élysée avait confisqué les symboles du parti. Les roses et les poings, ainsi que les références au socialisme avaient disparu. La veille, une longue *Lettre aux Français,* pleine de bonnes intentions, dont *Le Monde* publia une version expurgée sur cinq pages, avait remplacé le traditionnel manifeste. Le texte intégral représentait treize pages de propagande diffusées avant le meeting dans vingt-cinq publications nationales et provinciales. Cette très onéreuse profession de foi mérite une place dans le *Guinness des records* comme le placard publicitaire électoral le plus long et le moins lu dans l'histoire de la propagande politique ; une facture extravagante à ajouter aux autres frais de campagne dont le coût global s'éleva à 99 842 170 francs.

Le financement suspect de la campagne et du Parti socialiste, qui conduisit à l'inculpation du trésorier Henri Emmanuelli, Premier secrétaire du PS depuis juin 1994, jeta une ombre sur une opération considérée jusqu'alors comme impeccable et dont l'issue aurait sans doute été la même sans des dépenses immodérées. Derrière la prodigalité, se profilait la légère inquiétude que le statut du président sortant ne serait pas suffisant pour lui assurer un deuxième septennat face à des concurrents de droite, en apparence dangereux, tels que Jacques Chirac et Raymond Barre, l'ancien Premier ministre de Giscard. Et pourtant, le second tour ne ménagea aucun suspense, la marge entre les deux scores fut aussi franche que celle qui figurait entre de Gaulle et Mitterrand en 1965. Selon Laurent Fabius, Mitterrand possédait la carte maîtresse : « Il était le président et son adversaire n'était que Premier ministre, c'est ainsi que l'électorat voyait les deux hommes, c'était aussi simple que cela. Il existait une hiérarchie et seul un tremblement de terre aurait pu y changer quelque chose. Une image éloquente est celle des deux hommes à la cérémonie commémorative de la victoire du 8 Mai, le jour du second tour. Leur rang respectif apparaissait clairement ; le Premier ministre debout derrière le président. Chirac ne fut jamais perçu comme un chef d'État. »

Pourtant la facilité de la victoire ne peut être redevable de la seule stature du président. Pendant son premier septennat, de nombreux facteurs d'influence s'étaient modifiés. La menace communiste, qui avait pesé sur le scrutin de 1974 et plané sur celui de 1981, ne représentait maintenant aucun danger, libérant Mitterrand de l'obligation d'aborder l'idéologie marxiste. Le communisme régressait partout en Europe et particulièrement en France par suite d'une diminution importante du nombre de ses militants ouvriers et de l'anéantissement de ses capacités de lutte sous la pression et la crainte du chômage. L'histoire internationale et la conduite du parti par Georges Marchais sur un mode stalinien dépassé contribuèrent beaucoup plus à la chute du prestige communiste qu'aucune décision du président. Pourtant, une grande partie de l'électorat mettait à l'actif de Mitterrand la réduction du PCF à son niveau électoral le plus bas. En 1988, Marchais, terrifié par la perspective d'une autre humiliation, décida d'envoyer André Lajoinie, le leader parlementaire du parti, au sacrifice des urnes. Cette tentative laborieuse et sans espoir ne fit que confirmer l'affaissement du mouvement avec seulement
 7 % des voix, la moitié du score du Front national.

Pendant ce temps, le PS, la seule organisation capable de contraindre Mitterrand à entreprendre des réformes de gauche audacieuses, passait de la suffisance arrogante aux divisions internes. En dépit de la direction du parti, entre les mains de Lionel Jospin, un socialiste conventionnel issu de l'Éducation nationale, pendant sept ans, il ne restait des doctrines rénovatrices qu'une fade dilution devenue compatible avec les théories prudentes de Michel Rocard, héritées de Mendès France. Ainsi, après avoir souffert de tant de dénigrations, venant du sommet, Rocard recouvrait les faveurs de ses pairs et du public, et pouvait se considérer comme le prochain Premier ministre.

Un glissement vers la social-démocratie, avec ses relents de radical-socialisme aux idéaux flous, s'était amorcé en 1983 quand le financement des mesures sociales votées par le Parlement dans l'euphorie de 1981, entraîna un rigoureux programme très peu marxiste d'austérité. Quand j'en discutai avec Pierre Mauroy, l'exécuteur d'un premier virage, continué par Laurent Fabius, loin d'un programme socialiste traditionnel, je pensais que le premier chef du gouvernement sous Mitterrand souffrirait d'avoir été l'architecte de la destruction de vastes bases du pouvoir de la classe ouvrière. Mais Mauroy n'exprima aucun regret, surtout parce qu'il pensait sincèrement que l'empreinte sur l'histoire serait laissée seulement par les premiers mois généreux des années socialistes.

« Je suis persuadé que dans cinq ou six ans il existera une mythologie autour de cette période, exactement comme il en existe une autour du Front populaire de 1936 », dit-il. Peut-être, mais encore fallait-il expliquer pourquoi le socialisme idéaliste tomba en panne sèche juste quelques mois après l'enthousiasme réformateur de 1981.

« Il a fallu moins d'un an au réalisme, pour nous rattraper, expliqua Mauroy. Nous n'avons pas pu profiter de l'élan électoral parce que le contexte national était déplorable. L'inflation était de 14 % (héritage du gouvernement Barre) et elle était en voie d'atteindre 20-25 %. La solidarité que nous attendions des autres pays européens ne s'est pas concrétisée. Nous avions à choisir entre une popularité à court terme, comme en 1936, ou un gouvernement à long terme. Gouverner signifiait maîtriser l'économie, une chose que la gauche n'avait jamais faite. Nous avons gelé les prix et les salaires en 1982. Ce fut dur, très dur, mais au printemps 1983 l'inflation descendait à 5 %. Nous n'avons pas procédé d'une façon cynique. Nous avons rempli une mission sociale et il restait à accomplir la mission économique. »

L'expérience de Mauroy tendait à confirmer la sagesse de la formule Mendès-Rocard de 1974, selon laquelle une stabilité économique doit précéder les réformes sociales ; mais elle démontrait aussi que la discipline d'un calendrier pragmatique des aménagements sociaux, dans la vaine attente de temps meilleurs, aurait entraîné peu d'innovations importantes.

« Tous les économistes nous disaient que la croissance reprendrait en 1983. Mais, en définitive, il ne s'agissait pas d'une crise mais d'un changement profond, continua Mauroy. Il fallait doter la France d'une industrie de base solide. Nous avons fermé les mines de charbon, les aciéries en déficit, et réorganisé l'industrie textile. C'était un travail gigantesque. Pour la première fois, la gauche devait traiter avec les employeurs. »

Des centaines de milliers d'emplois disparurent à tout jamais et particulièrement dans les régions minières du Nord-Pas-de-Calais que Mitterrand, dans sa campagne de 1981, avait promis de réhabiliter. Avec l'effondrement de l'industrie lourde, malgré les nationalisations, les syndicats, et notamment la CGT communiste, furent laminés et virent leur pouvoir énormément diminué. La gauche réalisa ce que Giscard n'aurait jamais réussi : l'électorat de gauche perdit simultanément ses emplois et la possibilité de revendiquer. Même pour un socialiste daltonien, il était évident que la politique de Mauroy n'obtenait pas les résultats espérés et qu'il était temps de changer d'homme et d'orientation.

La position du Premier ministre était déjà chancelante quand l'Église catholique et les partis de droite suscitèrent et animèrent les grandes démonstrations de 1984 pour la défense de l'enseignement privé. Mitterrand annula les réformes prévues en faveur de l'éducation publique préconisées par le ministre de l'Éducation nationale, Alain Savary, l'un des garants de l'attachement du gouvernement aux séculaires traditions socialistes. Cette décision du chef de l'État engendra dans son électorat la plus grande désillusion sur les objectifs socialistes et entraîna la démission de Mauroy et son remplacement par Laurent Fabius.

Aucun de ces événements, ni les nombreux scandales attachés à l'Élysée comme le sabotage du *Rainbow Warrior*, le bateau de Greenpeace, ne peuvent être entièrement ignorés dans la campagne de 1988, bien que leur influence sur la présidentielle se révélât minime malgré le déclin de la gauche aux législatives de 1986, avec la perte de sa majorité parlementaire. Le système électoral le plus précis, la représentation proportionnelle, avait été réinstauré pour ce scrutin où les suffrages socialistes tombèrent de 37,5 % en 1981, à 31 %. Avec une nouvelle majorité parlementaire RPR-UDF et la réduction du nombre de sièges PS de 269 à 206, une bonne partie du groupe de pression des prof-instit, les « barbus », fut balayée de l'Assemblée.

Cette déconfiture n'était pas préméditée – paradoxalement Laurent Fabius, le Premier ministre sortant en 1986, restait fier de ce qu'il considérait comme d'excellents résultats – et pourtant cette défaite fut à l'origine du second succès présidentiel de Mitterrand. La cohabitation lui alloua du temps pour préparer sa prochaine compétition, tout en donnant l'impression à ses éventuels concurrents qu'il n'était pas intéressé par un second septennat, et lui fournit maintes occasions d'humilier et de discréditer son futur adversaire, son Premier ministre gaulliste, Jacques Chirac.

Sur la question d'une nouvelle candidature présidentielle, voici, prises au hasard, quelques-unes des dénégations de Mitterrand les plus convaincantes : « Chaque fois que je réfléchis sur cette affaire, tout m'invite à me dire; non je ne serai pas candidat » (13 octobre 1986); « L'an prochain, j'aurai davantage de temps pour me promener en forêt. Mais je n'aurai plus les mêmes possibilités de transport » (26 mars 1987); « Je n'ai pas l'intention de me représenter » (29 mars 1987); « Deux mandats présidentiels, c'est trop pour un seul homme » (16 juillet 1987). Graduellement, à partir de la mi-janvier, les réponses devinrent de plus en plus ambiguës.

Fabius, le porte-parole du candidat pendant la campagne de 1988 ne fut avisé par Mitterrand de sa résolution que quelques jours avant sa déclaration officielle sur Antenne 2, le 23 mars, au journal télévisé de 20 heures. « Mais, me dit Fabius, à mesure que le temps passait, je ne voyais pas la nécessité pour lui de se taire à moins d'être candidat. »

De ce point de vue, l'annonce du 23 mars ne surprit personne au sein du mouvement socialiste. Quand Paul Amar, le présentateur, demanda à Mitterrand quand il avait finalement pris sa décision, il répondit : « Je n'en sais rien moi-même. Vous savez, déjà depuis quelques mois, j'ai beaucoup écouté les discours des uns et des autres, et dans tout ce bruit j'aperçois un risque pour le pays de retomber dans les querelles et les divisions qui, si souvent, l'ont miné. Eh bien, je veux que la France soit unie, et elle ne le sera pas si elle est prise en main par des esprits intolérants, par des partis qui veulent tout, par des clans ou par des bandes.

« J'ai dit que la France ne sera pas unie non plus si des intérêts particuliers, égoïstes, exercent leur domination sur le pays, au risque de déchirer le tissu social, d'empêcher la cohésion sociale qui correspond à la cohésion nationale nécessaire. Alors, je dis : il faut la paix sociale, il faut la paix civile. »

En d'autres termes, il reformula le jugement d'un monarque – après moi le déluge –, en retenant les mots clés pour son slogan de campagne : la France unie. Aux yeux de la population, il apparut comme un chef contraint par la situation de diriger de nouveau ses troupes à l'âge de 71 ans. La vérité était tout autre ; depuis deux ans le président redynamisait discrètement son électorat de base provincial en utilisant les bonnes vieilles méthodes de 1946.

« Tout au long de l'année 1987, tirant profit des espaces de liberté offerts par la cohabitation, François Mitterrand sillonne la France profonde, inaugurant ici, décorant là, distillant telle réflexion à la seule presse locale, écrit Hugues Portelli, professeur de sciences politiques à Nanterre, dans une étude pour *La Documentation française*. Le jour où la campagne officielle s'ouvre, sa campagne de premier tour est terminée. Au moment où ses adversaires guerroient pour le premier tour, il peut donc mener en fait une campagne de second tour sur le thème du rassemblement et cela d'autant plus facilement qu'il est le seul candidat assuré de figurer au second tour de piste. Tout au long de la campagne, on peut considérer que François Mitterrand a un tour d'avance sur ses challengers. »

 Dans l'organisation méticuleuse de sa précampagne, antérieure à sa déclaration du 23 mars, Mitterrand organisa la protection de son « mariage morganatique ». Il confia à deux amis fidèles, François de Grossouvre et Roger-Patrice Pelat, la sécurité de sa seconde famille, et seules quelques publications d'extrême droite, telles que *National Hebdo* et *Minute*, osèrent des allusions à un arrangement conjugal curieux où maîtresse et enfant naturel étaient hébergés dans une annexe de l'Élysée.

Pendant cette période, Mitterrand décida d'une action d'une grande portée pour René Bousquet, alors poursuivi pour crime contre l'humanité en relation avec la déportation de juifs, et son groupe de pression vichyste. Les deux anciens fonctionnaires de Vichy furent vus ensemble pour la dernière fois en décembre 1986, huit ans après les révélations de *L'Express* sur le rôle de Bousquet dans la rafle du Vél' d'hiv', lors d'une brève cérémonie à la mémoire de Jean-Paul Martin, le protégé et attaché de presse de Mitterrand en 1947. Peu de temps avant cette rencontre, au moment où s'affermissait la certitude que son rival en 1988 serait le leader gaulliste du RPR, le président fit déposer sa première gerbe sur la tombe du maréchal Pétain à l'île d'Yeu. Ce geste ne fut pas porté à la connaissance du grand public mais ne passa pas inaperçu du puissant lobby de Bousquet.

La communauté juive aurait pu élever des protestations, mais elle se sentit rassurée par la présence de juifs influents dans l'entourage de Mitterrand, dont celle de Jacques Attali, son proche conseiller, de Robert Badinter, président du Conseil constitutionnel, et de Georges Kiejman, son avocat personnel. L'amitié du chef de l'État avec l'historien et lauréat du prix Nobel de la paix, Elie Wiesel, contribua aussi à détourner l'attention de l'hommage au maréchal, surtout lorsque les deux hommes décidèrent de travailler ensemble sur un livre fondé sur leurs discussions philosophiques.

Dans un entretien donné au *Journal du Dimanche*, le 4 septembre 1994, Elie Wiesel, parlait de son amitié avec le président : « C'est la Bible qui nous a réunis. Un jour il m'a entendu sur son autoradio parler du Livre. Il l'aime, je l'adore. Pour lui, la Bible, c'est presque un musée. Il choisit ses propres tableaux, ses personnages. Il n'aime pas Jérémie, il aime Jacob. Ce jour-là je parlais de Jacob, ce pauvre maladroit qui n'a jamais réussi quoi que ce soit. Ce qui l'intéresse, c'est l'éternité.

– Vous livrez un scoop : il veut se retirer à Jérusalem?

– Il me l'a dit plusieurs fois. Je le vois très bien dans la vieille ville méditer, travailler, écrire. Ira-t-il? »

Qu'aucune de ces éminentes personnalités juives n'ait décelé les curieuses relations de Mitterrand avec Bousquet, dont les activités pronazies furent explicitement démontrées en 1946 par Edgar Faure, l'avocat de la France au procès de Nuremberg, restera l'un des grands mystères des deux mandats présidentiels de Mitterrand.

Dans *La Parole de Dieu*, Jacques Seguela prétend avoir été le premier à suggérer à Mitterrand de jeter ses idées sur le papier pour dégager « le fil conducteur de la campagne ». C'était en juin 1987, cinq mois avant que Mitterrand ne mette dans le secret ses plus proches amis et futurs membres de son équipe de campagne, Pierre Bérégovoy, Jean-Louis Bianco, Édith Cresson, Pierre Joxe, Jack Lang et Louis Mermaz, qu'il se présenterait.

La rédaction de la *Lettre aux Français* commença peu après Noël, selon le publicitaire. « Mitterrand se mettra un mois durant à sa table d'écriture – parfois des nuits entières – pour penser chaque ligne et finir de gagner la bataille par le poids des mots, raconte Seguela. Je verrai le président raturer et changer son texte jusqu'à l'ultime seconde. Il viendra même un soir à l'agence relire les épreuves jusqu'à trois heures du matin et mettre son dernier coup de patte à la mise en page. »

L'image du président, travaillant à la Balzac jusqu'à l'aube, raturant et récrivant son message diffusé aux 35 millions d'électeurs sous la forme d'un texte de 49 pages, correspond bien à son profil studieux et littéraire. Tandis que Chirac planifiait une campagne où il évoluerait dans des décors futuristes, le président évoquait les solides valeurs du XIXe siècle.

Ce nouveau chapitre de la légende de Mitterrand semblait trop beau pour être vrai, et j'ai demandé à Laurent Fabius s'il était plausible que le président ait pris l'avis de Seguela. « Mitterrand sollicite les conseils de chacun mais, en général, il ne les suit pas, me dit-il. Il a certainement écrit la *Lettre aux Français* de sa main, à l'aide de documents fournis par certains membres de son cabinet. Hervé Hannoun joua un rôle très important, au même titre que d'autres, et les collaborateurs développent souvent un certain mimétisme ! »

De 1984 à 1988, Mitterrand disposa du talent de rédacteur d'Hervé Hannoun, inspecteur des finances, né en Algérie en 1950. Pur produit de l'ENA, l'Élysée le recruta parmi les membres du cabinet de Pierre Mauroy. Malgré le mimétisme mentionné par Fabius, le libellé du document ne présente pas la finesse habituelle de Mitterrand. Si des « nègres » collaborèrent à la préparation du texte, on comprend pourquoi ce manifeste, écrit par l'un des grammairiens les plus méticuleux du monde politique, comporte des fautes de syntaxe. Néanmoins, la *Lettre aux Français* fut officiellement interprétée comme « une claire affirmation de la supériorité des thèses présidentielles sur les points de vue éventuellement divergents de la majorité élue en 1986 », et comme le projet sur lequel « la France aura à se prononcer les 24 avril et 8 mai, pour les sept années à venir ».

Malgré des formulations alambiquées qui dissimulent la faiblesse du contenu, cette lettre est instructive sur le degré de fidélité de Mitterrand à ses idéaux. L'une des nouvelles doctrines exposées par le président équivaut à un retour partiel à ses critiques de 1946 contre l'emprise de l'État. Cette théorie du ni-ni, ni tout État ni pas d'État du tout, mit un terme au dogme des nationalisations de 1981 et au programme de privatisations proposé par Chirac en 1986. Le chef de l'État accorda leur place habituelle aux réformes constitutionnelles, mais après tant de promesses, personne ne pouvait vraiment croire qu'il souhaitait réduire le mandat élyséen à cinq ans. Il honora son engagement sur l'utilisation plus étendue des référendums, lors de la révision du statut de la Nouvelle-Calédonie et de la ratification du traité de Maastricht, comme il respecta la proposition de mise en place d'un Conseil supérieur de l'audiovisuel pour réguler le fonctionnement de la radio et de la télévision.

L'attachement de Mitterrand aux mesures sociales apparut dans la proposition d'instituer un revenu minimum – le RMI – tandis que sa déclaration : « La France est notre patrie, l'Europe est notre avenir », était accompagnée par une longue liste de mesures concrètes allant du renforcement des pouvoirs du Parlement européen à l'établissement d'une monnaie unique. Même si la *Lettre aux Français* était dépourvue d'innovations audacieuses, Mitterrand n'avait donc pas totalement dévié du courant de pensée qu'il avait suivi depuis 1965.

Cependant l'essence de cette plate-forme ne risquait pas de choquer les partis du centre – Alain Duhamel la qualifia de radicale-socialiste – et l'on eut l'impression grandissante que Mitterrand jetait les bases d'une coalition avec les centristes pour mettre un point final à l'influence des communistes. Pendant quelque temps, Valéry Giscard d'Estaing crut qu'il serait choisi comme Premier ministre mais les rumeurs portant sur de nouvelles négociations se révélèrent être caractéristiques de l'intoxication régnant pendant les campagnes électorales. Mitterrand donna souvent de faux espoirs à la longue liste des prétendants à Matignon, tels Raymond Barre ou François Léotard.

Le conservatisme de la profession de foi de Mitterrand ne sembla pas troubler des militants de gauche tels que Jean-Luc Mélenchon, trotskiste, puis membre du PS à partir de 1977, sénateur et bras droit du Premier secrétaire, Henri Emmanuelli, en 1995. L'affection de Mélenchon pour le président prouve que les facultés de séduction, qui furent si utiles à Mitterrand à son arrivée dans la Nièvre, faisaient toujours effet presque cinquante ans plus tard.

« J'ai fait cinq voyages officiels avec lui, cela a été cinq fois l'occasion de l'approcher, de constater son extraordinaire gentillesse à l'égard des gens et de ceux qu'il considère comme les siens. Il prend le temps d'exposer ses vues à chacun, il est toujours d'une disponibilité incroyable pour un homme de pouvoir. Je l'ai rencontré pour la première fois en 1979. J'étais allé l'écouter dans un meeting et, comme je suis très sensible à l'art oratoire, j'avais été subjugué. Il nous avait parlé du droit au bonheur. J'avais 23 ans, j'étais complètement enragé mais je l'ai écouté bouche bée.

« Plus tard, pendant un entretien dans sa bibliothèque, il m'a raconté sa trajectoire socialiste. Il m'a dit : " Vous savez, j'ai toujours voté toutes les lois sociales proposées par les socialistes. Je ne vous parle pas de leurs appareils ni de leurs théologiens " et me regardant dans les yeux, il ajouta : " ... si brillants soient-ils ". J'ai été un peu choqué mais j'ai compris ce qu'il voulait dire. Ma propre vision de l'histoire et du mouvement socialiste est très marquée par le marxisme, ce qui n'est pas du tout le cas de la sienne.

« Mais, contrairement à ce qu'on dit, la vision du socialisme de Mitterrand est matérialiste et repose sur une analyse des réalités sociales, et pas simplement cordiale, affective, caritative ou bienveillante. Il a une vision de la lutte. Il nous disait toujours, à Julien Dray et moi. " Bon, maintenant il faut proposer des réformes, des vraies, pas des trucs de gentils garçons. " »

Mélenchon figure sur la longue liste de ceux – à commencer par le sabotier Camille Marchand dans la Nièvre – qui ont eu l'impression d'être au centre des pensées de Mitterrand et, en guise de remerciement pour la gentillesse du président à son égard, il joua un rôle actif dans les appels – spontanés en apparence – à la candidature de Mitterrand qui foisonnèrent entre novembre 1987 et 1988. Ces appels furent en vérité orchestrés par Pierre Joxe, ancien ministre de l'Intérieur. La longue série commença avec le slogan « Pour nous, c'est lui », auquel succéda « Tonton laisse pas béton », cautionné par le chanteur Renaud. En janvier cette pétition fut suivie de l'initiative Fabius plus sobrement formulée, « Avec François Mitterrand ». Mélenchon joua la carte de l'originalité : avec son Photomatonton, il invitait les usagers du RER à se faire photographier avec un ami portant un masque de Mitterrand en échange d'une contribution de 10 francs. « C'était incroyable à voir, il y avait des queues interminables de gens qui se formaient pour se faire photographier devant un type déguisé. Mais on s'était fait rapidement foutre dehors par les flics. »

La *Lettre aux Français* était le signe évident du caractère personnel de la campagne de François Mitterrand et les leaders du PS furent cantonnés dans des rôles de figuration. Parmi ceux qui poussaient dans les coulisses, on trouve Claude Estier, un personnage clef de toutes les campagnes de Mitterrand depuis 1965. Il se livra à une comparaison entre 1988 et le triomphe de l'émotion en 1981.

« En 1981, nous avions fait une campagne industrielle, si j'ose dire. Le soir de la victoire, lors du retour du nouveau président à Paris, il pleuvait à torrent. Il est entré dans le bureau de Solférino. J'étais près de la porte et il m'a embrassé. C'est arrivé deux fois dans notre histoire, la première étant en 1967, quand j'avais été élu député de Paris.

« La campagne de 1988 était très différente. J'y ai peu participé, à part quelques meetings, parce que c'était une campagne très officielle, c'était le président qui voulait rester président, il n'y avait pas de conquête. Il s'agissait de conserver des acquis. La campagne a été organisée de l'Élysée comme elle est organisée de Matignon en 1995. Pour les militants que nous étions, il n'y avait pas de participation possible. Nous n'avions pas notre place dans cette campagne et, d'ailleurs, même les meetings étaient d'une autre nature. »

Si la réduction du rôle militant du parti a permis au président de mener sa campagne sans contraintes idéologiques, elle a également causé d'immenses dommages pour l'avenir à long terme du PS. Quand le président-candidat fut photographié marchant ostensiblement sous la pluie avec Michel Rocard – les deux hommes semblaient avoir acheté leurs manteaux et leurs chapeaux chez le même tailleur –, il était clair que l'opinion du parti sur la nomination du futur Premier ministre n'était pas la bienvenue. Avec Rocard, éternelle incarnation de la minorité au sein du mouvement, vantant les vertus du consensus et de l'ouverture vers le centre, les militants socialistes pouvaient uniquement être mobilisés sur leur détermination à barrer la route à un candidat de droite.

En fait, le défi de la droite fut un coup d'épée dans l'eau et s'effondra de lui-même : Chirac fut la victime de ses conseillers en communication qui essayèrent de lui créer une image de marque d'homme du XXIe siècle, en transformant l'estrade mobile en studio de télévision, dans lequel des Français moyens interrogeaient le candidat au cours d'un faux *talk show* qui n'aurait pas provoqué la moindre oscillation de l'Audimat. Ses ambitions ruinées, depuis le moment où Mitterrand tira la première salve à Rennes, Chirac tenta d'éviter une humiliation totale en rapatriant l'« héroïne » du *Rainbow Warrior*, Dominique Prieur, en cautionnant l'assaut contre des dissidents canaques en Nouvelle-

Calédonie, et en mettant au point le retour des derniers otages du Liban – des gestes qui confirmèrent l'atmosphère de violent désespoir et de défaite qui avait saisi le RPR.

Au même moment, Barre montra sa naïveté électorale en se réfugiant dans le passé, en recréant des meetings style années cinquante avec des intervenants verbeux mais auxquels manquait l'ingrédient essentiel : des contradicteurs apportant la contestation. L'opération s'enlisa bientôt dans l'ennui, et même les directeurs de campagne de Barre semblèrent se désintéresser de leur candidat. Au cours d'une réception à Saint-Étienne, je trouvai Barre seul, attendant que quelqu'un veuille bien s'adresser à lui et je ressentis une pointe de sympathie pour le candidat à la présidence, incapable de se débarrasser de son image d'universitaire aux manières effacées, perdu dans un monde de requins politiques.

Mis à part une brève alerte quand les sondages donnèrent une lueur d'espoir à Chirac, qui obligea Mitterrand à étoffer son programme de meetings clairsemé, le président-candidat fut en mesure de s'épargner les côtés ingrats d'une campagne électorale. Le score des principaux candidats au premier tour ne surprit personne (cf. page suivante), et laissa les analystes se concentrer sur le progrès du Front national et le recul du PCF.

Le second tour nécessita peu de commentaires. L'un des seuls traits marquants fut la maîtrise avec laquelle Mitterrand humilia Chirac lors du débat télévisé de la dernière semaine. Contrairement au présomptueux Giscard, sept ans plus tôt, le président ne fit preuve d'aucune pitié au moment d'assener le coup fatal, ridiculisant son adversaire lors du seul échange qui capta l'attention du public.

Chirac : « Permettez-moi de vous dire que ce soir je ne suis pas le Premier ministre et que vous n'êtes pas le président de la République. Nous sommes deux candidats qui se soumettent au jugement des Français, c'est la raison pour laquelle je vous appelle monsieur Mitterrand. »

ÉLECTION PRÉSIDENTIELLE – 1988

Premier tour

24 avril 1988	Métropole %			Départements d'outre-mer %		
Inscrits	37 048 689			735 930		
Abstentions	6 667 123			296 471		
Votants	30 381 566			439 459		
Blancs ou nuls	606 555			18 201		
Suffrages exprimés	29 780 011			421 258		
Candidats	Nombre de voix obtenues	% expr.	% inscr.	Nombre de voix obtenues	% expr.	% inscr.
F. Mitterrand	**10 094 408**	**33,90**	**27,25**	**227 600**	**54,03**	**30,93**
J. Chirac	5 883 857	19,76	15,88	84 528	20,07	11,49
R. Barre	4 914 548	16,50	13,27	80 474	19,10	10,93
J.-M. Le Pen	4 351 465	14,61	11,75	7 168	1,70	0,98
A. Lajoinie	2 042 473	6,94	5,51	11 991	2,85	1,63
A. Waechter	1 141 893	3,83	3,08	2 980	0,71	0,40
P. Juquin	634 913	2,13	1,71	2 071	0,49	0,28
A. Laguiller	601 098	2,02	1,62	3 402	0,81	0,46
P. Roussel	115 356	0,39	0,31	1 044	0,25	0,14

Mitterrand : « Mais vous avez tout à fait raison, monsieur le Premier ministre. »

Si le président avait été plus charitable et laissé Chirac s'en aller l'honneur sauf, le leader du RPR n'aurait probablement pas passé plusieurs années à comploter et à rêver de vengeance en 1995.

La dernière semaine de meetings du président fut organisée de manière à lui épargner tout effort superflu. Le planning était considérablement moins chargé qu'en 1965, 1974 et 1981. Malgré cela, il paraissait épuisé et malade ; lors du dernier rassemblement à Toulouse le 6 mai, c'était un autre homme par rapport à sa performance de Rennes. Il fit constamment allusion à la mort et à ses doutes concernant sa capacité à terminer son mandat. Tel un vieillard brisé, il s'appuyait sur le pupitre et s'exprimait d'un ton confidentiel qui aurait pu convenir à un adieu. Au cours des sept années suivantes, le président donna souvent l'impression qu'il allait succomber à son cancer à tel point qu'il sera difficile de croire la nouvelle lorsque sonnera l'heure fatale.

En vérité, le Parti socialiste était bien plus atteint en 1988 que le fondateur du mouvement moderne. Les résultats du 8 mai ne suscitèrent même pas suffisamment d'euphorie pour danser dans les rues.

ÉLECTION PRÉSIDENTIELLE – 1988

Second tour

8 mai 1988	Métropole %			Départements d'outre-mer %		
Inscrits	37 039 196			735 992		
Abstentions	5 689 959			246 161		
Votants	31 349 237			489 831		
Blancs ou nuls	1 144 853			14 072		
Suffrages exprimés	30 204 384			475 759		
Candidats	Nombre de voix obtenues	% expr.	% inscr.	Nombre de voix obtenues	% expr.	% inscr.
F. Mitterrand	**16 304 512**	**53,98**	**44,02**	**309 425**	**65,04**	**42,04**
J. Chirac	13 899 872	46,02	37,53	166 334	34,96	22,60

Ce livre n'avait pas pour objectif d'analyser en détail le dernier septennat de Mitterrand. Dire que ces années déçurent les militants socialistes est une évidence. De désillusion en désillusion, le PS perdit plus de la moitié de ses adhérents. En mettant le mouvement en parenthèse pendant l'élection de 1988, Mitterrand démobilisa une force qui avait prospéré grâce à des idées vigoureuses et une lutte révolutionnaire. Ses allusions répétées à sa mauvaise santé provoquèrent des guerres de succession prématurées qui agitèrent le congrès de Rennes en 1990 et causèrent une hémorragie de démissions. L'allégation courante que Mitterrand aurait aidé à affaiblir le mouvement socialiste pour ne pas subir de pression de la gauche pendant son second septennat ne peut être totalement écartée, mais le parti dut également son déclin au gouvernement frileux de Michel Rocard entre 1988 et 1991 et à son année dévastatrice comme Premier secrétaire en 1993 et 1994. Une partie du blâme peut aussi être attribuée au deux autres Premiers ministres inadéquats, Édith Cresson et Pierre Bérégovoy, et aux prédécesseurs de Rocard au Premier secrétariat : Pierre Mauroy et Laurent Fabius.

De plus, la question du manque de moralité au sommet de la vie politique fit voler en éclats la confiance des électeurs de gauche. Il y avait eu trop de scandales financiers, trop de cadavres – René Bousquet, Charles Hernu, Roger-Patrice Pelat, Pierre Bérégovoy et François de Grossouvre – et trop d'interrogations sur la probité de François Mitterrand liées à son attachement aux survivants du régime de Vichy.

Les éléments d'analyse concernant la question spécifique de la fidélité de Mitterrand à ses convictions politiques personnelles ont fait l'objet de cette étude et seront des facteurs déterminants dans le jugement posthume porté sur sa contribution au destin de la France. Les critiques des progrès économiques et sociaux du second septennat, réduits comme peau de chagrin, seront peut-être considérées comme insignifiantes au regard du rôle de Mitterrand dans la construction d'une Europe forte et sûre de son identité.

Décider si Mitterrand, en fonction de ses actes pendant ses quatorze ans au pouvoir, mérite d'être considéré comme un grand homme plutôt que comme un politicien habile, chacun le fera selon ses propres critères. L'étranger que je suis regrette vivement que le chef d'État ait esquivé l'actualisation et la défense des deux principes essentiels pour lesquels la France est admirée : la Déclaration des droits de l'homme, et la notion de terre d'asile. Malgré les festivités, en 1989, du bicentenaire de la Révolution et la commémoration de la rafle du Vel'd'hiv', trois ans plus tard, la bienveillance de Mitterrand à l'égard d'anciens hauts fonctionnaires de Vichy, dont René Bousquet et Maurice Papon, ainsi que l'amnistie des généraux félons de la guerre d'Algérie, a ajouté a la confusion et au manque de repères sur les limites de la responsabilité personnelle.

Confronté à une autre crise morale de dimension nationale égale, proche ou lointaine dans le futur, ou à la persécution d'une autre communauté minoritaire, les exécuteurs d'une violence d'État pourront toujours s'innocenter en se référant à l'indulgence d'un président de gauche.

La « Lettre à tous les Français » de François Mitterrand

Le 7 avril 1988 une « Lettre à tous les Français », signée François Mitterrand, paraît, en publicité, dans deux quotidiens nationaux, Libération *et* Le Parisien libéré, *et vingt-trois journaux de province. Les éditions du journal* Le Monde, *datées des 8 et 9 avril 1988, la reproduisent également, mais sous forme de document banalisé.*

Les institutions

Le rôle du chef de l'État

Sous le titre « Un président responsable et arbitre », François Mitterrand distingue nettement le rôle du chef de l'État, qui est à la fois responsable, arbitre et garant, de celui du Premier ministre, qui gouverne. Son espoir? Que l'on ne retourne « ni au président absolu des débuts de la Vᵉ République » ni au « président soliveau de la IVᵉ République ». Son avis? En tant que responsable, le président de la République définit « les grands choix », indique « la route à suivre par la Nation » en matière de sécurité, de politique extérieure et de défense du pays; gardien des institutions et arbitre, il assure le fonctionnement régulier des pouvoirs publics et la continuité de l'État; il est, enfin, le garant de l'indépendance nationale, de l'intégrité du territoire et du respect des traités. Sa conclusion? « Celui qui garde l'État, c'est le président de la République », par le Premier ministre.

La Constitution

« Des décisions constitutionnelles » : à cette enseigne, le président-candidat propose que soient examinées quatre réformes, dont deux impliquent une révision éventuelle, de la Constitution. Il s'agirait :

– **de réduire de 7 à 5 ans la durée du mandat présidentiel** [1], à condition, toutefois, que ce mandat ne soit renouvelable qu'une fois et qu'une large majorité parlementaire et le gouvernement s'accordent sur ce projet;

– **d'élargir le champ du référendum à des problèmes de société,**

---

1. Les phrases figurant en caractères gras dans le corps du texte renvoient aux propositions concrètes nouvelles présentées par le président-candidat ou aux initiatives qu'il souhaite voir prendre au cours des années à venir.

sous réserve que le Conseil constitutionnel émette un avis public sur la conformité de la question référendaire à la Constitution et aux lois fondamentales de la République;

– **d'envisager l'institution éventuelle du référendum d'initiative populaire;**

– **d'intégrer dans la Constitution un conseil supérieur de l'audiovisuel,** composé de 7 à 9 professionnels qui auraient le statut de magistrats et échapperaient à toutes les influences politiques directes ou indirectes. Un large consensus des familles poliiques sur la structure et les compétences de cet organisme serait nécessaire.

L'après-8 mai 1988

Au titre de « la continuité de l'État », François Mitterrand envisage le court terme et annonce ce qu'il fera en cas de réélection : il nommera un Premier ministre chargé de former le gouvernement; si quelque « grève du pouvoir » empêche ce Premier ministre d'agir, il dissoudra l'Assemblée nationale; à l'issue des élections législatives qui s'ensuivront, il appellera « un Premier ministre représentatif de l'opinion majoritaire dans son dernier état ».

Rappelant, dans le même chapitre, que la France est sans doute promise à d'autres alternances, il récuse toute « tentation d'accaparer l'État » : il faut bannir « les mauvaises mœurs de la chasse aux sorcières » dans les administrations.

La politique extérieure

Rappelant systématiquement les divergences qui l'ont opposé à la majorité issue des élections législatives du 16 mars 1986 sur les problèmes de défense et de politique étrangère, le président-candidat relève que ces désaccords « ont fait long feu », la majorité parlementaire et gouvernementale s'étant progressivement « alignée » sur ses thèses. Mais il recense aussi les points d'accord et se félicite, en définitive, que la France ait pu, presque toujours, « parler d'une seule voix ».

La défense

Le point de vue présidentiel a ainsi prévalu notamment sur :

– *la « guerre des étoiles » :* le refus français d'adhérer à l'initiative de défense stratégique (IDS) proposée par les Américains a été réitérée;

– *le Tchad* : ce pays a recouvré sa souveraineté sans envoi d'un corps expéditionnaire français;

– *la stratégie nucléaire en Europe :* la doctrine française a été confirmée ; « la stratégie autonome de la France reste fondée sur la dissuasion nucléaire » (« l'armée nucléaire a pour objet d'empêcher la guerre, non de la gagner ») ; elle exclut toute dissociation dans l'emploi des armes tactiques (à très courte portée) et stratégiques (à longue portée) ainsi que toute « stratégie graduée » ;

– *le désarmement en Europe :* la France approuve l'accord de Washington conclu entre MM. Reagan et Gorbatchev sur l'élimination, en Europe, des armes nucléaires à moyenne portée (« option zéro ») et à courte portée (« option double zéro ») ; « le désarmement et la sécurité sont les deux faces d'une même pièce ».

La diplomatie

Les principaux généraux de la politique extérieure (Europe, indépendance nationale, équilibre entre les blocs militaires, développement du tiers monde, droit des peuples à disposer d'eux-mêmes), confirmés par le président après mai 1981, ont été respectés, à quelques entorses près (indulgence excessive de la majorité gouvernementale pour l'Afrique du Sud ; « tracasseries » au Nicaragua ; insuffisance de l'aide aux pays pauvres).

Plus précisément :

– *Afghanistan, Cambodge, Sahara occidental :* pas de dissentiments ;

– *Méditerranée occidentale :* le projet d'entente entre pays riverains a continué de progresser ;

– *Amérique centrale :* entente sur le « plan Arias » de règlement des conflits (Salvador, Nicaragua) ;

– *Moyen-Orient :* accord de tous pour une **conférence internationale pour la paix au Proche-Orient** (question palestinienne et droits d'Israël) ; continuité de la diplomatie française dans les pays de cette zone (contrats de fourniture d'armements à l'Irak conclus en 1976 honorés ; amitié avec le Liban ; espoir d'une prochaine libération des otages français détenus à Beyrouth ; maintien des relations diplomatiques avec la Libye, mais vigilance sur ses « foucades ») ;

– *terrorisme international :* silence et fermeté de la France ; continuité de la politique de sécurité pendant tout le septennat.

L'Europe

L'Europe a été « la principale difficulté » entre le chef de l'État et le Premier ministre qui a fini par souscrire « sans drame à ce qu'il avait naguère condamné » en ce qui concerne, notamment : l'élargissement de la Communauté à l'Espagne et au Portugal, la ratification de l'Acte unique lançant le grand marché intérieur européen, la maîtrise du budget agricole, l'augmentation des quotas laitiers, le doublement en 5 ans des fonds structurels d'aide aux régions pauvres et le soutien au programme Erasmus (échanges d'étudiants). Bref, une « bonne gestion de la cohabitation » et « une volonté devenue commune au service de l'Europe » ont permis la signature, en février 1988, de l'accord de Bruxelles sur les mesures nécessaires « à la bonne marche de la Communauté jusqu'à l'ouverture du grand marché ».

Désormais, « la Communauté existe » et constitue une « étonnante réussite ». Première puissance commerciale du monde, elle pourrait « devenir la première puissance scientifique et technologique, la première puissance agricole, et disputer au Japon et aux États-Unis le titre de première puissance industrielle » si une dizaine d'initiatives étaient prises. Le président-candidat propose en particulier :

– **de développer des politiques communautaires nouvelles** (recherche, culture, **environnement**, espace social);

– **de faire de l'Écu une véritable monnaie de réserve gérée par une banque centrale européenne;**

– de poursuivre le renforcement des institutions communautaires; à cet égard, il regrette que **l'allongement de la durée de la présidence du Conseil européen et le renforcement des pouvoirs du Parlement européen** n'aient pas encore été prévus;

– **de prendre les décisions qui rendront le grand marché réversible** tout en rendant l'économie française assez compétitive pour qu'elle puisse relever le défi du grand marché qui devrait, en outre, être « mieux protégé que ne l'est l'actuel Marché commun » face aux extra-Européens;

– **de renforcer les programmes culturels Erasmus et Comett;**

– **d'avancer vers une défense européenne commune;**

– **de réaliser l'équilibre des forces militaires conventionnelles en Europe;**

– **de concrétiser l'espace social européen** (salaires, protection sociale, temps de travail, conditions de travail...);

– sur le plan technologique, de compléter et développer les réalisations existantes (en particulier Eurêka, Ariane et Hermès) par le projet d'**Eurêka audiovisuel et les grands travaux d'infrastructure** (tunnel sous la Manche, TGV vers les grandes villes d'Europe).

En conclusion, F. Mitterrand relève que l'unité politique n'a pas vraiment pris son essor, malgré les progrès de la coopération sur les problèmes de politique étrangère. L'Europe, dit-il, « vit toujours à l'heure américaine ». Mais il a confiance : elle « se fera par elle-même – ou jamais ». Pour sa part, il « veut » que se réalisent, un jour, ces États-Unis d'Europe dont rêvent certains. Car, si « la France est notre patrie, l'Europe est notre avenir ».

Le tiers monde

François Mitterrand dénonce d'abord un scandale : les pays pauvres, qui souffrent plus que l'Europe des effets de la crise, fournissent néanmoins plus de transferts financiers qu'ils n'en reçoivent : « cruelle vérité : ce sont les pauvres qui nous aident ».

« L'idée d'affecter au développement les ressources que dégagera le désarmement » est « sans doute prématurée », mais, sur le fond, « il n'y a pas d'autre issue qu'un **plan mondial de développement** qui serait à l'économie du tiers monde ce que le plan Marshall a été à la reconstruction de l'Europe. En attendant, la France, qui « refuse l'indifférence », pourrait :

– **porter à 0,7 % du PIB son aide au développement;**

– **annuler ses créances sur les pays les plus pauvres; aménager la dette des autres et lier les modalités de remboursement de leur dette par les pays pauvres aux variations des cours des matières premières.**

L'économie

Sauf sur le chômage, « la majorité de 1981 a laissé la France de 1986 en meilleur état qu'elle ne l'avait trouvée ». Estimant que la santé de l'économie repose largement sur celle des entreprises et comparant la stratégie économique à la stratégie militaire qui exige « la meilleure préparation, les mouvements les plus rapides, l'offensive sur terrain adverse, de bons alliés, la volonté de vaincre », François Mitterrand préconise une série de mesures destinées à « muscler » les entreprises françaises, notamment dans la perspective du grand marché de 1992 et de la « guerre » économique mondiale. Le mot d'ordre est à la modernisation industrielle, qui passe par une double priorité : former les hommes et privilégier la recherche.

La formation des hommes

Ainsi, « l'État doit placer au premier rang de ses impératifs budgétaires celui de l'éducation nationale, quitte à comprimer ses autres dépenses ». Il faudrait, en particulier :

– **augmenter d'au moins 15 milliards de francs, d'ici à 1992, les crédits destinés à moderniser les enseignements, revaloriser la fonction enseignante et améliorer la qualité des équipements;**

– **créer un crédit-formation,** ouvert aux jeunes qui ont quitté leurs études avant 18 ans, pour qu'ils acquièrent une formation professionnelle;

– **valoriser la formation continue et instituer une incitation financière en sa faveur** : « la formation ne s'arrête... pas à la jeunesse. Elle est l'affaire de toute la vie »;

– réformer les congés de conversion.

La recherche

« Cinquième pays industriel du monde, la France n'arrive qu'au septième rang pour le nombre de ses chercheurs par rapport à sa population active. Mauvais signe. » « Le chercheur est comme la pointe de diamant d'une société avide d'accéder aux formes supérieures du savoir et, par là, du progrès. » Il faut donc :

– **aider davantage les instituts, laboratoires, centres d'essai et les grands organismes de recherche** (CNRS, INSERM, INRA);

– **rendre une forte priorité budgétaire à la recherche;**

– encourager la coopération entre universitaires et industriels;

– ne pas dissocier le public et le privé en matière de recherche dont les retombées « servent indifféremment aux entreprises publiques ou privées », mais assurer un suivi plus strict de l'emploi que les entreprises privées font des deniers publics.

Étatisme ou libéralisme

Affirmant que « l'économie française est mixte par nature » et qu'il faut se méfier aussi bien du *tout État* que du « *moins d'État* qui glisse vite au *pas d'État du tout*, alibi des affaires qui ne supportent pas la lumière du jour, invitation aux razzias officielles sur le patrimoine national », François Mitterrand met en cause, au passage, les choix effectués en ce qui concerne les « noyaux durs » d'actionnaires des récentes privatisations. Il estime toutefois que l'évolution des sciences, des mœurs et des modes remet en cause les choix dirigistes qui ont pu avoir leur utilité en d'autres temps ou d'autres lieux. À partir de ces prémisses, il :

– se félicite de la décentralisation;

– préconise la diffusion de la « responsabilité directe » partout où l'on vit et travaille : c'est ce qui « donne à la liberté son véritable contenu »;

– **préconise l'arrêt du va-et-vient nationalisations-privatisations**, tout en rappelant le succès économique et financier des nationalisations qui ont doublé, voire triplé, en cinq ans la valeur marchande des sociétés concernées, permis de remodeler des secteurs en crise, évité des ventes à des multinationales étrangères; il regrette au passage « qu'on n'ait pas créé... à partir de capitaux publics, un secteur puissant de la machine-outil ».

La politique économique

« Bien entendu, la santé des entreprises s'épanouit ou se détériore selon la façon dont l'État les traite. » Rappelant, à travers une citation de Michel Rocard, ce qu'est le rôle économique de « l'État social-démocrate », François Mitterrand prend position sur :

– *Le jeu boursier* : « Il est temps que la Bourse redevienne le lieu où l'épargne s'investit pour créer et bâtir », mais une « intervention régulatrice de la puissance publique » est nécessaire pour éviter les OPA sauvages » (ou l'inobservance du cahier des charges des sociétés audiovisuelles);

– *la planification* : il faut restituer au Plan « l'esprit et les moyens de la mission confiée naguère à Jean Monnet par Charles de Gaulle » ;

– *les prix* : succès de la lutte menée contre l'inflation depuis 1981;

– *le taux d'intérêt* : le futur gouvernement devra s'efforcer d'**obtenir la baisse des taux réels en agissant au niveau international et français;**

– *les prélèvements obligatoires* (impôts + charges sociales) : réduire le poids des prélèvements (44,7 % du revenu national en 1987) sera difficile, mais l'effort pour « les ramener à un niveau plus bas » devrait être facilité par **l'harmonisation européenne des taux de TVA qui devraient baisser en France « au rythme des marges de manœuvre budgétaires qui pourront être dégagées »; une aide fiscale à l'investissement des entreprises pourrait prendre la forme de crédit d'impôt** ou d'une baisse de l'impôt sur les bénéfices réinvestis; rétablissement souhaitable de l'exonération fiscale des entreprises nouvelles; **pas de nouvelle baisse de l'impôt sur le revenu; retour à un impôt sur les grandes fortunes remanié** pour financer en partie le revenu minimum envisagé pour les nouveaux pauvres;

– *le budget* : le prochain ministre des Finances devra combler le déficit budgétaire qu'a artificiellement réduit le produit des privatisations en 1987 (« ce n'est pas en vendant sa maison, ses meubles et son chien pour aller en villégiature qu'un ménage arrondit son bien. L'État est à la même enseigne »); il devra aussi « tailler dans le vif des dépenses et imposer des priorités »;

– *la croissance* : elles est, à elle seule, la réponse au chômage. Elle procède de 3 facteurs déjà recensés : l'investissement économique matériel (les machines) et immatériel (la recherche, les réseaux commerciaux, la force de vente); l'investissement éducatif (traitement social du chômage et éducation); l'investissement européen. Doit s'y ajouter « l'investissement social qui donne leur juste place aux travailleurs dans l'entreprise et dans la nation » (cf. la cohésion sociale).

En définitive, le président-candidat insiste sur « l'urgence d'un contrat de stabilité liant les entreprises et l'État pour une durée déterminée ». Cette stabilité des règles du jeu économique implique qu'on ne revienne pas au contrôle des prix, des changes, du crédit que les socialistes avaient commencé de démanteler.

La cohésion sociale

Récusant implicitement la vieille querelle entre partisans de la priorité à l'économie et les avocats « du social d'abord », François Mitterrand affirme : « L'économique tient le social : impossible de répartir des richesses qui n'existent pas. Le social tient l'économique : impossible de créer des richesses, du moins durablement, sans cohésion interne de l'entreprise, sans cohésion de la Nation. » Les clés de cette cohésion? La défense du « bloc d'acquis sociaux » que constituent les lois Auroux, la politique contractuelle, la sécurité sociale, le SMIC et le droit de grève et, plus généralement, la justice, le dialogue, le refus des exclusions de toute nature, le partage des responsabilités et des profits, la généralisation des contrats. Cette démarche l'amène à passer en revue les grands thèmes de l'actualité sociale française.

– *Droit du travail.* Il faut : **prolonger les lois Auroux** de 1982, qui ont constitué « une petite révolution », **en invitant les partenaires sociaux à débattre de l'organisation, l'aménagement et la réduction du temps de travail, l'introduction et les effets des nouvelles technologies, la formation des personnels à ces technologies, la gestion prévisionnelle des emplois et des qualifications**; rechercher systématiquement « une complémentarité entre le droit d'expression directe des salariés et la négociation collective employeurs-syndicats »; **réformer les congés de conversion** et créer une **incitation financière à la formation continue**;

– *Sécurité sociale :* refus de toute déviation vers une Sécurité sociale à deux vitesses, l'une pour les riches fondée sur l'assurance personnelle, l'autre pour les pauvres fondée sur la solidarité; à cet égard, **priorité à la solidarité**. Parmi les mesures à prendre, il faut : **faire un état des lieux; réviser les dispositions récentes qui ont réduit la prise en charge de certaines maladies; trouver, dans les prochaines années, des ressources nouvelles pour financer les retraites** qui ne posent pas de problème immédiat; **chercher les économies possibles** (évaluation des techniques médicales, soins à domicile, formation du personnel médical à l'économie de la santé, prévention).

– *Pauvreté :* nécessité urgente d'**instituer un revenu minimum pour les victimes de la nouvelle pauvreté, c'est-à-dire « celles et ceux que notre société abandonne sous les coups de chômage », ceux qui « n'ont rien, ... ne peuvent rien, ... ne sont rien ».**

– *Nouvelle-Calédonie :* « La Nouvelle-Calédonie avance dans la nuit, se cogne aux murs, se blesse »; il faut sortir d'une crise qui « rassemble, en miniature, tous les composants du drame colonial », sans léser ni les Canaques, dont l'antériorité historique sur le territoire ne suffit pas à fonder le droit, ni les Calédoniens d'origine européenne, qui « ont aussi, par leur labeur, modelé ce sol »; **impossibilité de l'indépendance dans « l'état de rupture » actuel entre les communautés locales; nécessité de « restaurer la paix intérieure par une politique de réduction des inégalités entre les communautés** (égalité dans le traitement des régions, réforme foncière, office culturel; révision éventuelle, par la loi, de la loi statutaire actuelle). « ... La République doit être juste. L'exclusion des minorités n'est pas de notre tradition. »

– *Code de la nationalité :* utilité de **simplifier, humaniser et, éventuellement, rendre plus solennelles les procédures actuelles de naturalisation** dont les garanties sont suffisantes; appliquer humainement la législation sur le refoulement des immigrés clandestins; assurer l'égalité de traitement des immigrés « réguliers » avec les Français; regret que l'état des mœurs et de l'opinion ne permette pas le vote des immigrés. Refus d'excuser « le regain de racisme auquel nous assistons », le président-candidat conjure les Français d'éloigner d'eux « l'égarement raciste ».

– *DOM-TOM :* **avancer par étape vers l'égalité sociale avec la métropole; négocier le statut des DOM pour favoriser leur intégration dans le grand marché européen en tenant compte de leurs caractères particuliers.**

– *Lutte contre les inégalités.* **Nécessité de : procéder à un réexamen paritaire des procédures de licenciement économique**; revenir à un **nouvel équilibre des rapports entre propriétaires et locataires** mis en difficulté par la libération des loyers, surtout dans certaines grandes villes; **assurer dans les faits l'égalité professionnelle des femmes et des hommes** prévue par la loi Roudy de 1983; promouvoir la justice fiscale (IGF, baisse de la TVA);

– *famille :* « La France sera forte de ses familles et s'épanouira dans ses enfants. Les générations nombreuses sont les générations créatrices »;

– *jeunesse :* évitant délibérément de parler au nom de la jeunesse, François Mitterrand célèbre en revanche la capacité des jeunes à rejoindre les adultes pour se mobiliser sur de grandes causes, en particulier la culture (« nous avons créé des espaces de culture mais la jeunesse les a remplis »); rappel des réalisations culturelles du septennat écoulé, l'écologie (« endommager l'équilibre écologique est un crime contre l'avenir »), l'égalité, l'antiracisme, les droits de l'homme.

Concluant brièvement cette longue « Lettre aux Français », le président-candidat rappelle que « rien n'est jamais donné, qu'une vie se construit à chaque instant, que l'effort est la loi », et résume l'ambition du projet qu'il présente aux Français par une citation de Jean Jaurès : « Aller à l'idéal et comprendre le réel. » Ambition difficile, certes, à réaliser individuellement; mais « la France unie, elle, le pourra ».

L'AUTRE HISTOIRE

« Je pensais à l'histoire d'un peuple,
écrite par ses vivants et nourrie par ses morts. »
(La Mutualité, 8 avril 1974)

Le 5 février 1995, pendant le congrès extraordinaire réuni à la Mutualité, sur la rive gauche, le PS ratifia la désignation de Lionel Jospin pour représenter les socialistes aux présidentielles. Ces circonstances me donnèrent l'occasion de relire le discours inaugural de la campagne de François Mitterrand, dans le même lieu, vingt et un ans plus tôt.

En 1974 il avait été plébiscité par le PS comme l'unique candidat de l'Union de la gauche. Son discours d'investiture alliait puissance du verbe et métaphores mystiques :

« Hier, j'étais dans ma petite ville de Château-Chinon, ma circonscription de la Nièvre, et je revenais, par une admirable journée, avec cette lumière un peu grise du début de printemps, sur la route qui va de Château-Chinon à Paris. Mais nous avons fait le détour par Vézelay, et nous sommes restés là, deux, trois heures, à regarder, à respirer, à nous émerveiller. Comment n'aurais-je pas été porté par l'émotion, sachant ce que je savais de l'accueil qui me serait fait ici même? Je pensais à la France, notre mère, à son corps visible, le corps visible de notre terre. D'où que vous soyez, vous savez bien ce que cela représente : ville ou village, fleuve ou colline. Et je pensais à l'histoire d'un peuple écrite par ses vivants et nourrie de ses morts, cette immense continuité. Je me disais : voilà, c'est à nous maintenant de préserver et de transmettre. Mais je pensais aussi, au-delà de la poésie des mots, qu'il était une autre histoire, plus profonde, faite de sang, de peine et de travail, celle qu'on n'a pas écrite, celle des travailleurs, celle du socialisme international, celle de tous ceux qui n'ont même pas eu le temps d'espérer avant de mourir ; et c'est cette histoire-là dont il faut maintenant reprendre le fil pour la raconter à notre tour. »

En contraste, l'intervention de Jospin était précise mais sans poésie : le langage d'un énarque accomplissant la difficile tâche de reconstituer un parti en perte d'espérance, tout en essayant d'identifier les causes de sa désillusion. L'une des raisons étant l'incapacité de Mitterrand à organiser sa propre succession. Pendant cinq ans, le président sembla porter la guigne à tout dauphin potentiel. Laurent Fabius, Michel Rocard, Édith Cresson et Pierre Bérégovoy, tous tombèrent en semi-disgrâce après avoir reçu la bénédiction de Mitterrand. Sa dernière victime fut Henri Emmanuelli, le premier secrétaire du PS. Une semaine avant les primaires qui l'opposaient à Jospin, il avait été l'invité du président, en qualité de candidat préféré, le temps d'une visite au musée du Septennat à Château-Chinon, pour voir ses ambitions déçues quelques jours plus tard à la Mutualité.

Il n'est pas aisé de décider de mettre le point final à cette « autre histoire » en partie à cause de l'obsession de Mitterrand pour l'après-vie. Le philosophe catholique, Jean Guitton, rappelait dans *Libération*, en décembre 1994, cette surprenante conversation qu'il eut avec le président.

« Il était venu me voir dans ma chaumière et je l'avais enfermé à double tour dans ma chapelle pour lui faire un cours de religion éclairé, raconte Guitton. Il m'a dit : " La religion, c'est un ensemble d'absurdités. " Je lui ai dit : " Non, c'est un ensemble de mystères. " Je lui ai expliqué que l'absurdité, c'était le néant, avec une seule solution : se tirer une balle dans la tempe. Tandis que le mystère, c'est une échelle dont on grimpe les barreaux. Il m'a demandé : Quel est le dernier barreau ?

– Monsieur le président, c'est très simple. C'est la mort...

– Mais après la mort ? m'interrogea-t-il.

– Après la mort, c'est ce qu'on appelle l'au-delà.

– Mais qu'est-ce que l'au-delà ? »

Alors je lui ai répondu : « Mais je n'en sais rien puisque ça s'appelle l'au-delà ! »

À l'image de « Dieu » conversant par personne interposée avec le Tout-Puissant, on peut opposer celle, beaucoup plus humble, de Mitterrand dissertant dans le modeste gymnase de Château-Chinon, transformé en restaurant improvisé, le 28 janvier 1995, loin de monuments prestigieux tels que la pyramide du Louvre et l'arche de la Défense. Environ cinq cents militants de base, parmi lesquels des amis du président depuis la guerre, s'étaient réunis pour célébrer, au cours d'un déjeuner, les quatorze ans à l'Élysée de leur ancien maire et son cinquantième anniversaire de mariage. Danielle était à ses côtés, preuve vivante que les dures contraintes de la politique peuvent souder un couple autant que le diviser.

Comme Georges Pompidou, luttant avec courage contre la maladie, Mitterrand vient d'une famille où l'on ne se couche que pour mourir. « Ceux qui l'ont aimé se souviennent qu'il savait rire, sentir, donner, imaginer. Mais on ne rachète pas par des vertus privées le passif d'une vie publique. »

Le PS pense déjà à autre chose.

FRANÇOIS MITTERRAND
LES GRANDES DATES

1916 *26 octobre.* – Naissance de François Mitterrand à Jarnac (Charentes).

1934 *octobre.* – « Monte » à Paris pour étudier et s'installe au « 104 » rue de Vaugirard, chez les pères maristes.

1938 Licencié ès lettres, diplômé de sciences politiques et de droit, Mitterrand est appelé sous les drapeaux en septembre.

1939 Mobilisé, le jeune sous-officier est envoyé en Alsace, puis dans les Ardennes.

1940 *juin.* – Blessé près de Verdun, il est fait prisonnier par les Allemands.

1941 *décembre.* – Réussit sa troisième tentative d'évasion du stalag.

1942 *janvier-avril.* – Accepte un poste dans l'administration vichyssoise à la Documentation générale du directoire de la Légion des combattants et des volontaires de la Révolution nationale.

juin 1942 à *janvier* 1943. – Fonctionnaire au Commissariat général aux prisonniers de guerre à Vichy, il devient progressivement résistant sous le pseudonyme de « Morland ».

1943 Reçoit la francisque, distinction récompensant les fidèles du régime du maréchal Pétain.

novembre-décembre. – Mitterrand se rend à Londres pour faire connaître son réseau de prisonniers aux chefs de la Résistance, puis à Alger, où il rencontre de Gaulle.

1944 *mars.* – Rentré en France dans la clandestinité, il fonde le Mouvement national des prisonniers de guerre et déportés.

août. – Secrétaire général chargé des prisonniers et anciens combattants désigné par de Gaulle.

octobre. – Épouse Danielle Gouze.

1945 *juillet.* – Membre apparenté de l'Union démocratique et sociale de la Résistance (UDSR) présidée par René Pleven.

1946 *juin.* – Candidat malheureux aux élections de l'Assemblée constituante dans le département de la Seine.

novembre. – Élu député de la Nièvre à la tête d'une liste d'Action et d'unité républicaine.

1947 *janvier.* – Devient le plus jeune ministre de France (30 ans) avec le portefeuille des Anciens combattants dans le cabinet Ramadier, puis Schuman.

1948 *juillet-août.* – Secrétaire d'État à l'Information (cabinet Marie).

septembre 1948 à *octobre* 1949. – Secrétaire d'État à la vice-présidence du Conseil (Matignon).

juillet 1950 à *août* 1951. – Ministre de la France d'outre-mer (gouvernements Pleven puis Queuille).

1953 *juin.* – Ministre délégué au Conseil de l'Europe (cabinet Laniel), il démissionne pour protester contre la déposition du sultan du Maroc, et est élu président de l'UDSR.

juin 1954 à *février* 1955. – Ministre de l'Intérieur dans le cabinet Mendès France au début de la guerre d'Algérie, il défend l'Algérie française.

février 1956 à *mai* 1957. – Ministre de la Justice dans le gouvernement Guy Mollet.

1958 *mai-juin.* – Mitterrand s'oppose au retour au pouvoir du général de Gaulle et à son projet de régime présidentiel. Il perd son siège de député de la Nièvre mais il est élu sénateur de ce département (jusqu'en 1962) et maire de Château-Chinon.

1959 *octobre.* – Après l'affaire de l'Observatoire, il entame sa « traversée du désert ».

1962 *novembre.* – Élu député de la Nièvre.

1965 *septembre.* – Création de la Fédération de la gauche démocrate et socialiste (FGDS) et de la Convention des institutions républicaines dont il prend la tête.

décembre. – Candidat de la gauche pour la première élection présidentielle au suffrage universel, il met de Gaulle en ballottage au premier tour avant d'être battu.

1968 *mai-juin.* – La mauvaise performance de Mitterrand pendant les « événements » provoque, pour une part, l'échec de la gauche aux législatives et la dissolution de la FGDS en novembre.

1969 *avril.* – Fait campagne pour le « Non » au référendum sur la régionalisation et la réforme du Sénat organisé par de Gaulle.

1971 *juin.* – Au congrès d'Épinay, Mitterrand devient Premier secrétaire du nouveau Parti socialiste.

1972 *juillet.* – Signature avec Georges Marchais (PC) et Robert Fabre (radicaux de gauche) d'un Programme commun de gouvernement de la gauche.

1974 *mai.* – Candidat unique de la gauche à l'élection présidentielle après la mort de Georges Pompidou, il obtient 49,19 % des voix face à Valéry Giscard d'Estaing.

1977 *septembre.* – Rupture entre socialistes et communistes lors de l'actualisation du programme commun.

1978 *mars.* – Recul de la gauche aux législatives.

1979 *avril.* – Le congrès de Metz voit la formation d'une nouvelle majorité autour de Mitterrand, rejetant les courants Mauroy et Rocard dans la minorité.

1981 *janvier.* – Mitterrand est désigné candidat à l'élection présidentielle lors du congrès du PS à Créteil. Mauroy et Rocard se rangent à ses côtés.

10 mai. – François Mitterrand est élu à la présidence de la République : la gauche est au pouvoir pour la première fois depuis vingt-trois ans.

21 mai. – Investiture officielle et nomination de Pierre Mauroy à Matignon.

21 juin. – Le PS obtient la majorité absolue à l'Assemblée nationale.

24 juin. – Entrée de quatre ministres communistes au gouvernement.

30 septembre. – Abolition de la peine de mort.

1982 *13 janvier.* – Instauration des 39 heures de travail hebdomadaire et de la cinquième semaine de congés payés.

13 février. – Nationalisation de cinq groupes industriels, trente-neuf banques et deux compagnies financières.

12 juin. – Premier plan de rigueur qui prévoit le blocage des prix et des salaires.

1984 *24 juin.* – Manifestation en faveur de l'école privée, retrait du projet de loi sur l'enseignement privé le 12 juillet.

17 juillet. – Démission de Pierre Mauroy, remplacé par Laurent Fabius. Les communistes quittent le gouvernement.

1985 *10 juillet.* – Sabotage du *Rainbow Warrior*, le navire de Greenpeace, en Nouvelle-Zélande, par les services secrets français. Démission du ministre de la Défense, Charles Hernu, le 20 septembre.

1986 *16 mars.* – Victoire de la droite aux élections législatives. Jacques Chirac est nommé Premier ministre. Début de la première « cohabitation ».

1988 *8 mai.* – Réélection de François Mitterrand par 54 % des voix contre Jacques Chirac.

10 mai. – Michel Rocard nommé Premier ministre.

12 juin. – Le PS n'obtient qu'une majorité relative à l'Assemblée nationale.

1989 *16 février.* – Roger-Patrice Pelat inculpé de recel de délit d'initié dans l'affaire Péchiney.

7 mars. – Mort de Roger-Patrice Pelat.

1991 *17 janvier.* – La France entre en guerre contre l'Irak aux côtés des alliés.

15 mai. – Démission de Michel Rocard. Édith Cresson devient la première femme locataire de Matignon.

1992 *2 avril.* – Démission d'Édith Cresson, l'un des Premiers ministres les plus impopulaires de la Ve République (19 % de satisfaits). Arrivée de Pierre Bérégovoy à Matignon.

septembre. – Mitterrand est opéré de la prostate. Le 16, on annonce qu'il est atteint d'un cancer.

11 novembre. – Le dépôt annuel de la gerbe présidentielle sur la tombe du maréchal Pétain relance la polémique sur la reconnaissance de la responsabilité du régime de Vichy.

1993 *1er février.* – Le juge Thierry Jean-Pierre établit l'attribution d'un prêt sans intérêt de 1 million de francs en 1986 par Roger-Patrice Pelat à Pierre Bérégovoy.

mars. – Victoire de la droite aux législatives. Édouard Balladur est nommé Premier ministre et Mitterrand entame une deuxième cohabitation.

1er mai. – Suicide de Pierre Bérégovoy. Lors de ses obsèques nationales, Mitterrand nie ses responsabilités personnelles dans le drame et dénonce « ceux qui ont pu livrer aux chiens l'honneur d'un homme ».

1994 *7 avril.* – François de Grossouvre, intime et conseiller déchu de François Mitterrand, se suicide par balle dans son bureau de l'Élysée.

septembre. – Deuxième opération de la prostate.

1995 *28 janvier.* – Sous le prétexte de célébrer le quatorzième anniversaire de sa candidature de 1981, François Mitterrand réunit ses dauphins, Jospin et Emmanuelli, à Château-Chinon.

LES AMIS DU PRÉSIDENT

Jacques ATTALI : né en 1943 à Alger. Major de promotion à Polytechnique, ingénieur au corps des Mines, diplômé de sciences politiques, docteur ès sciences économiques, ancien élève de l'ENA, conseiller d'État à 27 ans. Surnommé le « petit ordinateur personnel » de Mitterrand, directeur de campagne en 1974 sous le pseudonyme de Simon Ther, puis « conseiller spécial » de 1981 à 1990, il « place » ses amis Jean-Louis Bianco, Alain Boublil et François Hollande à l'Élysée. En 1992, il devient président de la Banque européenne pour la reconstruction et le développement (BERD), mais il est contraint d'abandonner sous le scandale (provoqué notamment par son amour trop prononcé pour le marbre) sa carrière de banquier à la City. En 1993, il publie ses mémoires *Verbatim* et est accusé de plagiat par le prix Nobel de la paix Elie Wiesel.

Pierre BÉRÉGOVOY : né en 1925, autodidacte, titulaire d'un CAP d'ajusteur, résistant FFI, puis agent technico-commercial à Gaz de France. Membre de la direction du PSU, puis secrétaire général de la présidence de la République avant d'obtenir en juin 1982 son premier portefeuille ministériel. Maire de Nevers depuis 1983, il fut l'ultime Premier ministre de gauche de François Mitterrand avant l'échec cuisant du PS aux législatives de mars 1993. Mis en cause dans une affaire de prêt gratuit d'un million de francs accordé par Patrice Pelat pour l'achat de son appartement parisien et abandonné de tous, il se donne la mort, le 1er mai 1993, sur les bords du canal à Nevers.

Pierre BERGÉ : Charentais, né en 1930, courtisan à l'ego très développé. Mentor d'Yves Saint-Laurent, fondateur de *Globe* dans lequel il tenta de concrétiser ses aspirations journalistiques et directeur controversé de l'Opéra-Bastille. En mars 1995, il soutient J. Chirac à la présidentielle.

Jean-Louis BIANCO : énarque bon teint, copain de classe d'Attali au lycée Janson-de-Sailly. Passe sans transition de l'élevage de moutons dans les Alpes-de-Haute-Provence à la « cellule stratégique pour la réflexion à moyen terme » de l'Élysée. Secrétaire général de l'Élysée puis conseiller d'État.

René BOUSQUET : né le 11 mai 1909 à Montauban, il entame une brillante carrière dans l'administration avant de devenir l'un des hommes clés de la déportation des juifs sous le régime de Vichy. Secrétaire général à la police du ministère de l'Intérieur d'avril 1942 à décembre 1943, il collabore activement avec les autorités allemandes d'occupation dans la déportation vers les camps de la mort de plus de 75 000 juifs, organisant notamment la rafle du Vel'd'hiv' (13 000 personnes). Il décide également d'annuler certaines dispositions mettant à l'abri des arrestations les juifs de moins de 18 ans et les parents d'un enfant de moins de 5 ans. De retour en France après la guerre, il échappe miraculeusement à la justice et reprend une brillante carrière à la Banque de l'Indochine, dont il démissionne en 1979. Inculpé le 19 juin 1992 de crimes contre l'humanité, il est assassiné en juin 1993 par un illuminé. De 1949 aux années quatre-vingt, il était demeuré un des proches de François Mitterrand, participant notamment au financement de ses campagnes électorales et lui servant de lien avec certains éléments d'extrême droite.

Georges DAYAN : né en 1915 à Oran où il commence sa carrière d'avocat. Conseiller et confident de François Mitterrand depuis leurs années de régiment. Chef de cabinet de Mitterrand dès 1947, il reste à ses côtés pendant la IVe République, puis devient député FGDS en 1965, assistant du premier secrétaire du PS en 1971 et sénateur de Paris en 1977. Il meurt le 28 mai 1979. Le président Mitterrand se rendra sur la tombe de son ami le lendemain de la victoire de la gauche en 1981.

Régis DEBRAY : écrivain, né en 1940, ex-compagnon de lutte de Che Guevara, puis conseiller tiers-mondiste de Mitterrand de 1981 à 1985. Relégué au Conseil d'État en 1985 (qu'il quittera depuis) après avoir osé remettre en cause la parole de « Dieu ».

François de GROSSOUVRE : P-DG de la société Le Bon Sucre, de la SA Berger, conseiller occulte mais bavard de Mitterrand. Les deux François s'étaient rencontrés à la fin des années 1950 sous le chaperonnage de PMF. Depuis le 1er juillet 1985, de Grossouvre n'occupait plus aucune place officielle et laissait libre cours à ses rancœurs. À 76 ans, le 7 avril 1994, il se suicide par balle dans son bureau de l'Élysée : ultime vengeance d'un ami bafoué.

Roland DUMAS : né à Limoges en 1922, fils d'un résistant exécuté par les Allemands en 1944. Compagnon de route de Mitterrand depuis quarante ans, avocat de renom, il défend son ami lors de l'« affaire de l'Observatoire ». Député socialiste et émissaire de François Mitterrand pour les grands dossiers internationaux, ministre des Affaires extérieures, il fut critiqué pour son manque de perspicacité concernant la réunification allemande et sur les conditions de la venue en France, début 1992, du chef du FPLP, Georges Habache. En 1995, il est nommé président du Conseil constitutionnel.

Claude ESTIER : né en 1925 à Paris, journaliste engagé, fidèle parmi les fidèles de François Mitterrand depuis la création de la FGDS. Président du groupe socialiste au Sénat depuis 1988.

Roger HANIN : le « beauf » du président, né en 1925 à Alger. L'un des metteurs en scène de la campagne de 1981, comédien très présent sur les petits écrans français.

Charles HERNU : (1923-1990), pétainiste, mendèsiste puis mitterrandiste, ce fils de gendarme de Quimper fut le moteur de la campagne de 1965. Élu radical-socialiste de la Seine à l'Assemblée nationale de 1951 à 1958, il devint député socialiste du Rhône (1978-1988). Très proche de Mitterrand qu'il seconda à la FGDS et à la CIR, Hernu obtint le poste de ministre de la Défense en 1981, quatre ans après son élection à la mairie de Villeurbanne près de Lyon. Paratonnerre de l'Élysée dans l'affaire du *Rainbow Warrior* (le bateau de Greenpeace coulé en 1984), il démissionna soudainement en septembre 1985, et succomba à une crise cardiaque en janvier 1990. Homme à femmes, il se maria cinq fois.

Lionel JOSPIN : l'héritier contestataire. Successeur de Mitterrand à la tête du PS en 1981. Né en 1937 à Meudon, énarque puis enseignant en économie. Marginalisé temporairement par le clan de son ennemi intime Laurent Fabius, il prend sa revanche le 5 février 1995 lorsque les militants socialistes le choisissent comme candidat socialiste à l'élection présidentielle contre Henri Emmanuelli.

Jack LANG : metteur en scène de la culture. Grand ordonnateur de l'investiture présidentielle au Panthéon, ministre « kitsch » de la Culture (1981-1993), puis de la Communication et de l'Éducation (1988-1993). Artisan des Grands Travaux sur fond de polémique : arche de la Défense, pyramide du Louvre, Opéra-Bastille.

André ROUSSELET : ami personnel, collaborateur et partenaire de golf de Mitterrand. Député FGDS en 1967, puis trésorier des campagnes présidentielles du candidat socialiste (1965, 1974 et 1981), en 1982, il abandonne l'Élysée pour se consacrer à l'audiovisuel. Il lance Canal+ en 1984, et devient l'actionnaire parfois contesté d'*Infomatin* un an plus tard.

Roger-Patrice PELAT : compagnon de captivité de Mitterrand au Stalag C. Ancien ouvrier, ex-communiste, devenu aventurier des affaires et milliardaire. Le 16 février 1989, il est inculpé de « recel de délit d'initié » dans l'affaire Péchiney (achat d'actions Triangle, avant l'annonce – qui devait faire quintupler les cours – du rachat de sa filiale American Can par Péchiney), il meurt d'une crise cardiaque un mois plus tard, « victime d'une campagne de presse honteuse », selon l'Élysée qui avait pris ses distances avec cet ami de longue date depuis plus d'un an.

Jacques SEGUELA : « Créateur de Dieu. » Publicitaire fervent. Inventeur autoproclamé du slogan de 1981 « La Force tranquille ». A publié en janvier 1995, *La Parole de Dieu*, un ouvrage dans lequel il explique que c'est lui qui... c'est lui que...

BIBLIOGRAPHIE SÉLECTIVE

Ouvrages de François Mitterrand

Les Prisonniers de guerre devant la politique, Rond-Point, Paris, 1945.
Aux frontières de l'Union française, « Indochine-Tunisie », Julliard, Paris, 1953.
Présence française et abandon, Plon, Paris, 1957.
La Chine au défi, Julliard, Paris, 1961.
Le Coup d'État permanent, Plon, Paris, 1964.
Ma part de vérité, « De la rupture à l'unité », Fayard, Paris, 1969.
Un Socialisme du possible, Le Seuil, Paris, 1970.
La Rose au poing, Flammarion, Paris, 1973.
L'Abeille et l'Architecte, Flammarion, Paris, 1974.
La Paille et le Grain, « chronique », Flammarion, Paris, 1975.
Ici et maintenant, Fayard, Paris, 1980.

Autres ouvrages

DUHAMEL, Alain, *La République de Mitterrand*, Grasset, 1982.

EVIN, Kathleen, *François Mitterrand, Chronique d'une victoire annoncée*, Fayard, 1988.

ESTIER, Claude, *Journal d'un fédéré*, Julliard, 1970.
Mitterrand président, Stock, 1981.

FAUX/LEGRAND/POREL, *La Main droite de Dieu*, Seuil, 1994.

FROMENT, Pascal, *René Bousquet*, Stock, 1995.

GIESBERT, F.-O., *François Mitterrand ou la tentation de l'Histoire*, Seuil, 1977. *Le Président*, Seuil, 1990.

GOUZE, Roger, *Mitterrand par Mitterrand*, Le Cherche-Midi, 1994.

LAUGHLAND, John, *The Death of Politics*, M. Joseph, Londres, 1994.

NAY, Catherine, *Le Noir et le Rouge*, Grasset, 1984.

PÉAN, Pierre, *Mitterrand, une jeunesse française, 1934-1947*, Fayard, 1994.

PINGAUD, Bernard (collectif), *Mitterrand. L'homme, les idées*, Flammarion, 1974.

SEGUELA, Jacques, *La Parole de Dieu*, Albin Michel, 1995.

STASSE, François, *La Morale de l'histoire*, Seuil, 1994.

TABLE DES MATIÈRES

Première partie : la IVe République

Deuxième partie : la Ve République

Principaux textes et documents cités

OUVRAGES DE PAUL WEBSTER

Extraits de presse

L'Affaire Pétain

« Bon connaisseur de la France, Paul Webster, correspondant du *Guardian* à Paris, essaie d'expliquer à ses compatriotes ce mystère des rapports surprenants qu'entretiennent les Français avec le Maréchal. Rapports qui lui paraissent empreints d'une indulgence et d'une admiration historiquement inadmissibles. » *(L'Express)*

« Le titre anglais, *Petain's Crime (Le Crime de Pétain)*, indique mieux le contenu du livre que sa traduction française : il s'agit de juger la politique anti-juive du gouvernement de Vichy et le rôle du maréchal Pétain. » *(Revue française de science politique)*

« Une plongée dans l'univers de Vichy. Il ne fait aucun doute qu'il s'agit d'un régime autoritaire dont la politique antisémite fut tout aussi violente qu'en Allemagne. » *(Tribune juive)*

« Rien ne vaut le regard d'un intellectuel étranger pour faire émerger les chapitres les plus douloureux de l'histoire de France. » *(Ouest France)*

« Ce livre est à la fois un acte d'accusation pour Pétain mais aussi un plaidoyer pour un peuple trompé par celui qui avait promis d'être le " bouclier des Français ". » *(Paris Normandie)*

Saint-Exupéry, vie et mort du petit prince

« Cette biographie abonde en informations inédites. Ses relations avec sa femme, Consuelo, sont notamment éclairées d'une lumière nouvelle. De même, ses sentiments politiques après le désastre de 1940. » *(Le Figaro-Magazine)*

« L'essai de Paul Webster a le mérite de nous faire souvenir de cet OVNI des lettres, trop souvent limité à la grande aventure de l'Aéropostale, un prince qui ouvre des espaces qui sont en nous. » *(Le Quotidien de Paris)*

« Cette excellente biographie va bien au-delà du récit d'une existence. Saint-Exupéry avait attendu la paix dans la mort. Webster nous fait comprendre comment cette vie avait mérité cette mort. » *(L'Express)*

« Ce que l'on sait moins et qu'éclaire bien ce livre, c'est que l'homme dont la mort reste un mystère... était lui aussi un mystère. » *(Les Dernières Nouvelles d'Alsace)*

« Il se passe – Webster le montre – que les Français ont besoin plus que jamais d'Antoine de Saint-Exupéry. » *(El Pais)*

« Une biographie absolument fascinante. » *(BBC)*

« La meilleure biographie de l'aviateur-poète. » *(Globe)*

CET OUVRAGE, PUBLIÉ SOUS L'ÉGIDE DE KIRON,
CENTRE D'ART, DE CULTURE ET DE COMMUNICATION,
DU GROUPE PALLADIUM,
A ÉTÉ RÉALISÉ PAR LA
SOCIÉTÉ NOUVELLE FIRMIN-DIDOT
MESNIL-SUR-L'ESTRÉE
POUR LE COMPTE DES ÉDITIONS DU FÉLIN
EN MARS 1995

KIRON

Imprimé en France
Dépôt légal : mars 1995
N° d'impression : 29967